日本考古学協会2003年度滋賀大会シンポジウム1

弥生の大型建物とその展開

広瀬和雄・伊庭功 編

SUNRISE

発刊にあたって

二〇〇三年十月二十六〜二十八日の三日間、滋賀県立大学において日本考古学協会滋賀大会が開催された。大会は県内大学の教員と学生、そして行政の埋蔵文化財担当者が集まって実行委員会を結成し、大会委員長に滋賀県立大学西川幸治前学長を迎えて、約二年の準備期間を経て、開催にこぎつけることができた。本大会では記念講演のほかに、三つのテーマで研究発表とシンポジウムを開催した。本書はそのうちのシンポジウム一である「弥生集落における大型建物・方形区画の出現と展開」の記録である。

約十年前に発見された大阪府池上曽根遺跡の大型建物、それより数カ月早く発見された滋賀県栗東市下鈎遺跡と守山市伊勢遺跡の大型建物、また北部九州ではさらに早くから吉武高木遺跡をはじめとする弥生時代の大型建物が発見され、弥生時代の時代性をよく反映した考古事象として今日まで常に話題となってきた。そしてこれをもとにして、活発な弥生集落論が展開されているところである。

その一方で、弥生遺跡の大型建物や棟持柱建物は、周囲の状況や集落の構造などを詳しく検討する前に首長居館や祭殿といった推測が先行し、そのような評価が一人歩きしてしまう風潮も出てきている。このシンポジウムでは、大型建物や集落中央の方形区画の事例を集成して、大型建物や方形区画がいかに解釈できるものであるのか、改めて検討してみようという趣旨で開催したものである。

このシンポジウムでは討論を含めて四部構成とした。第一部は大型建物を持つ集落の内部構造と周辺集落の動態のなかで大型建物と方形区画の様子がわかる例として、滋賀県南部の遺跡群（近藤広氏）、鳥取県の妻木晩田遺跡をはじめとする伯耆地域（濵田竜彦氏）、そして佐賀県吉野ヶ里遺跡（七田忠昭氏）の三例を取り上げた。第二部では、集落の内部構造や周辺集落の動態が判明していないケースを含めて、東海・関東地方（鈴木敏則氏）、中国・四国地方（大久保徹也氏）、近畿地方（森岡秀人氏）、北部九州地方（久住猛雄氏）の四地方について発表いただいた。大型建物の展開の帰結として古墳時代における首長層の確立という事態が想定されているわけであるが、その古墳時代の状況と比較するために、辰巳和弘氏に古墳時代の様子について発表をお願いした。

本書は、研究発表の録音テープから文字を起こし、司会者と発表者による補訂を加えたうえで刊行したものである。したがって、当日交わされた議論はすべて本書に収められている。文章では煩雑になりがちな所論説明は、本書に掲載した口頭発表においてより直截に表明されており、これに基づく討論でも議論の進展をみることができたし、より本質的な課題を浮き彫りにすることができたと自負している。また、一般の読者にとっても、口語で記録された本書は、大阪府池上遺跡以降活発に行われた弥生集落論の現在を知っていただく、よい導きになればと願っている。

本書が、地域の、さらには列島の弥生時代に関する認識を深めていただく際に活用いただければ幸いである。

二〇〇五年十一月

伊庭　功

目次

第一部
大型建物と方形区画を有する遺跡

近江南部における弥生集落と大型建物

近藤 広

滋賀県の遺跡

皆さん、おはようございます。滋賀県栗東市の近藤です。

私に与えられたテーマは、滋賀県の大型建物、及び特殊な方形区画を持つ弥生集落遺跡として、下之郷遺跡、伊勢遺跡、下鈎遺跡の事例について発表をさせていただきます。

最初に、滋賀県の地域区分ですが（図1）、琵琶湖を中心に北から湖北、湖西、湖東、湖南というように、大きく四つの地域に分けられます。現在私たちがいる滋賀県立大学は、図1右上の地図でいうと、琵琶湖の「湖」の字が書かれている右側のあたりに位置します。今回の発表で主

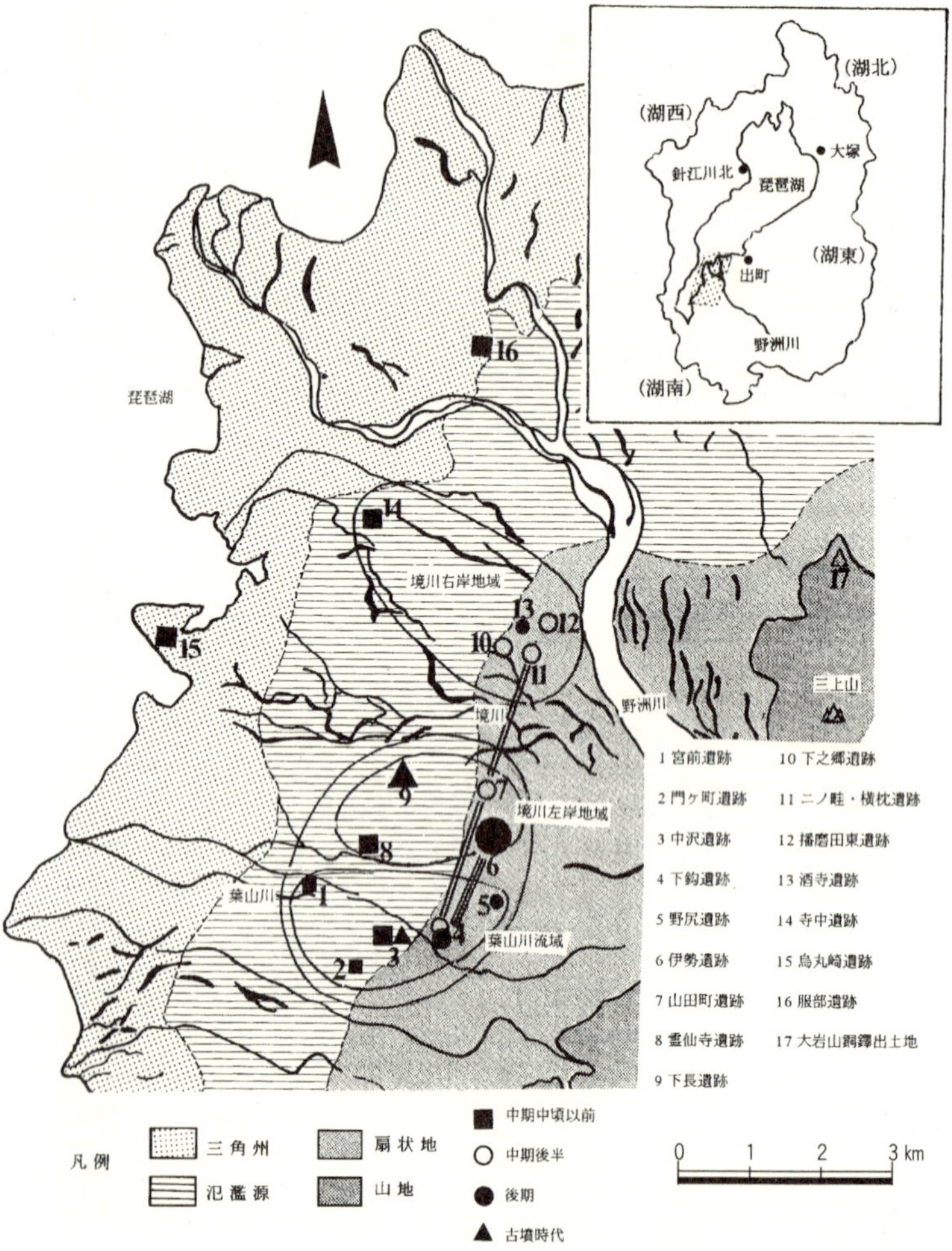

図１　野洲川左岸地域の主要弥生集落

にとりあげる伊勢遺跡、下鈎遺跡などの弥生時代集落は、湖南地域の東側中央を流れる野洲川の左岸地域にあたります。図1に大きく示した地図は、野洲川左岸地域の地形分類図に主要な弥生集落の分布を示した地図でございます。この地図の中に小地域区分を示してあります。北から、下之郷遺跡(10)が存在する境川右岸地域、その南に境川左岸地域、これは伊勢遺跡(6)が存在する地域です。そして、下鈎遺跡(4)が存在する葉山川流域。このように野洲川左岸地域は、弥生遺跡の分布から河川を単位にしたこの三つの地域に、大きく分かれるというように考えています。

現在、この野洲川左岸地域では、弥生時代中期後半の初頭の頃に属する下之郷遺跡から、滋賀県で一番古い独立棟持柱付大型建物が見つかっています。この下之郷遺跡の中心部には、後ほど詳しくお話するように、コの字状に囲んだ溝が出現しています。つまり、中期後半の段階の初め頃に、下之郷遺跡には典型に近い方形に区画する溝が出現するわけですが、それ以前の中期前半、畿内の第Ⅲ様式併行期ぐらいの時期に宮前遺跡と門ヶ町遺跡という集落がありまして(図2、図3)、その段階において既に、集落の中心と思われる場所に小区画が、またやや大型の周溝付きの平地式建物も中心部分に位置するという集落の形がみられます。こうした集落構造が下之郷に受け継がれて、さらに大型建物という新しい建築技術が導入されながら、下之郷遺跡のような集落景観へと変化をたどっていくのではないかと思われます。

それで、下之郷遺跡ですが、図4に示したのがその全体図です。この集落は六～九条の溝が巡

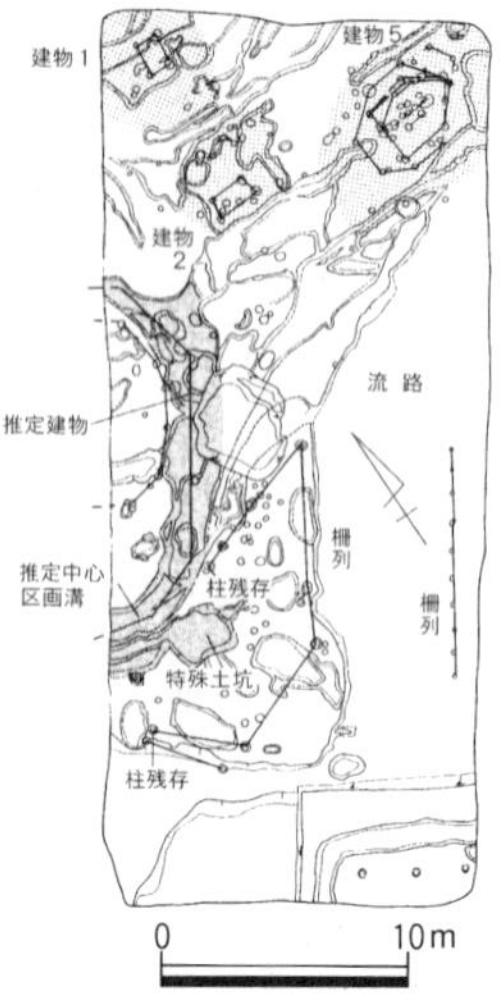

図２　宮前遺跡集落中心部付近遺構図

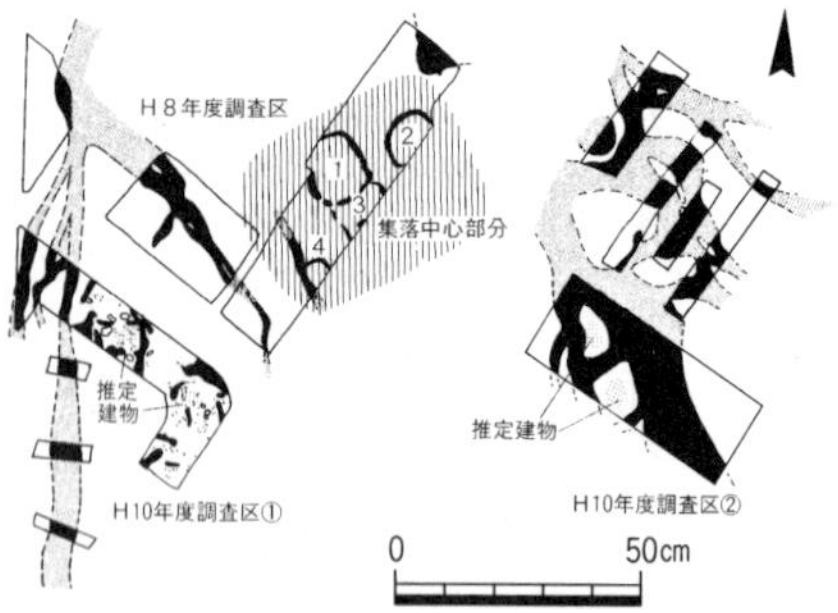

図３　門ヶ町遺跡遺構配置図
（番号は周溝付建物を示す）

図４　下之郷遺跡遺構図（番号は調査次数を示す）

らされた環濠集落で、東西三三〇m、南北二六〇mの規模を持つことがわかっております。その中心部に溝によって方形区画が築き上げられています（図6〜7）。図7が方形区画といわれている中心部分の平面図です。方形区画は全周が確認されているわけではありませんが、東西七五m、南北一〇〇mに推定復元されています。その南東端部分において、一辺が約二〇mのコの字状に検出された溝があり、その内部に大型建物が少なくとも三回にわたって建て替えられていたようです（図6）。また、推定方形区画の北西端には、同じ場所に主軸方向をほとんど変えずに5回の建て替えを行っている大型建物が存在します。それは、図5に模式的に示していますが、建物の間数や柱間などを変えたり、建物を溝で区画するなど、さまざまな変遷が見られますが、同じ場所で何度も建て替えを行っているところに特徴があります。後で大型建物の機能的な議論が行われることになると思いますけれども、環濠集落のど真ん中にあるコの字状の小区画の中にある大型建物と、方形区画の北西端にある五回の建て替えを行っている建物とは、性格が異なっていると容易に推測がつくのではないかと思われます。

下之郷遺跡が出現したあと、境川右岸地域では中期後半の短期間のうちに播磨田東遺跡（12）、二ノ畦・横枕遺跡（11）といった、いずれも環濠を持った集落が、下之郷遺跡にごく近接した場所に存在するという、特殊な集落形成の仕方をしています。二ノ畦・横枕遺跡というのは中期末頃の集落ですが（図10）、集落の南西の地区に直径が一〇〇m以上になる大型竪穴建物が集中して存在するという特殊な集落です。残念ながら中心部の様相はわかっていません。

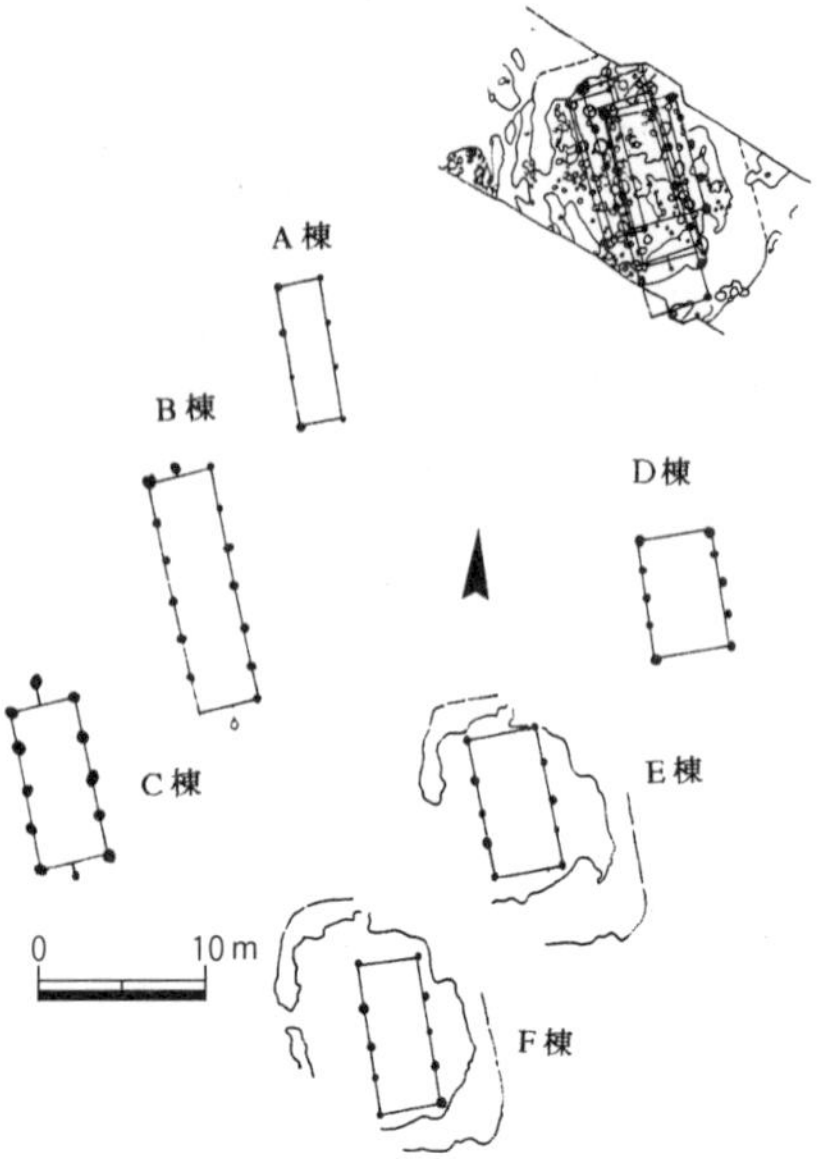

図5　下之郷遺跡44次調査建物

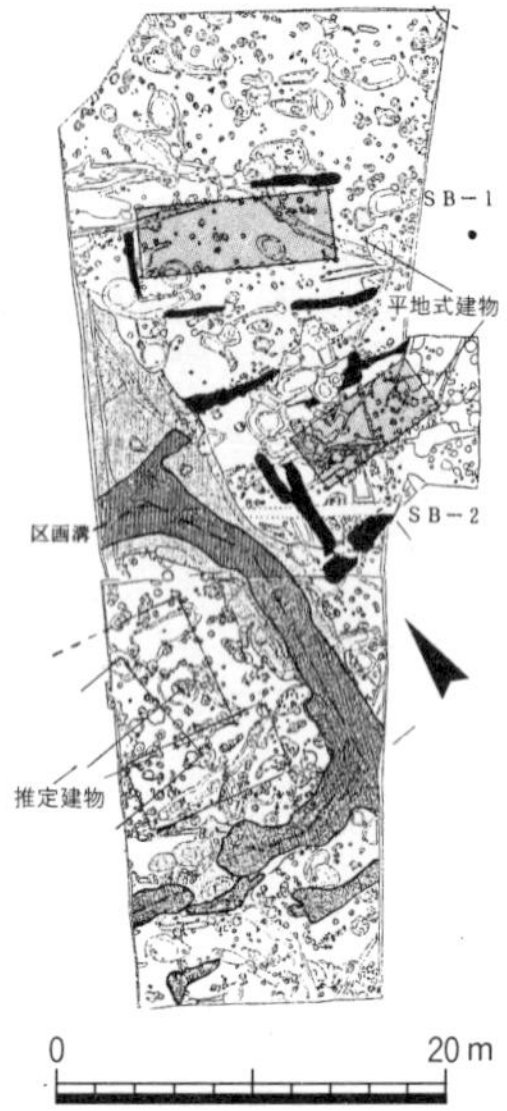

図6　下之郷遺跡区画溝周辺遺構図

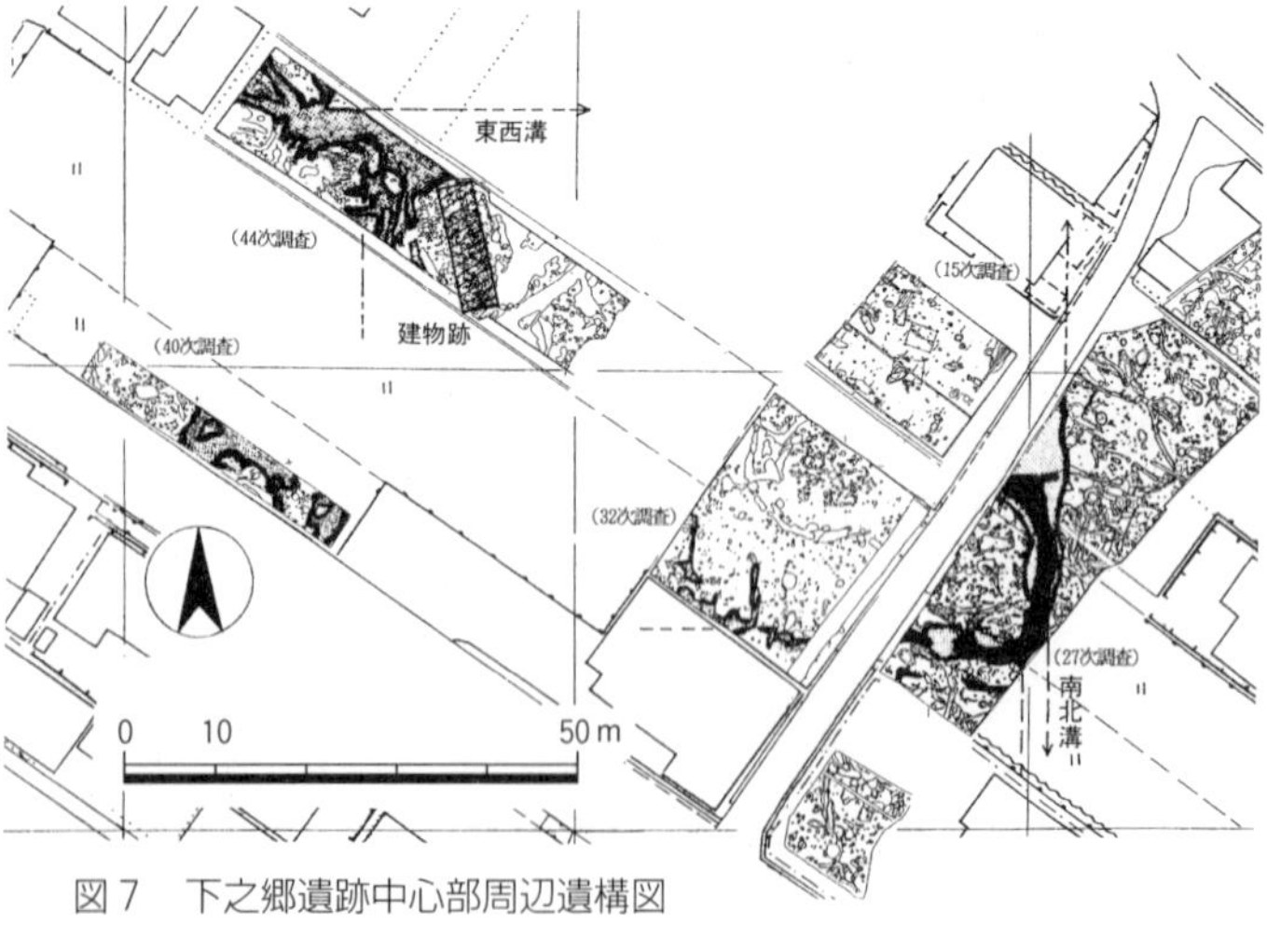

図7　下之郷遺跡中心部周辺遺構図

また、境川左岸地域、伊勢遺跡のある地域ですが、この地域には二ノ畦・横枕遺跡と同じ時期に環濠集落と考えられる山田町遺跡（7）があります。山田町遺跡では平行する三重の溝が検出されており（図8）、二ノ畔・横枕遺跡と同じように特殊な遺跡と推定されます。

葉山川流域の地域では、下鈎遺跡で環濠を持つ集落が存在します。下鈎遺跡は後期後半の時期に独立棟持柱を持つ大型建物が発見されていることで知られていますが、中期後半の段階にも他の地域と同様に特殊な施設が存在しています（図9）。環濠内部からは、導水施設や三重に区画された溝が巡り、周囲からはミニチュアの銅鐸や銅釧等の遺物が出土しています。

このように中期末の段階には、河川を単位としたそれぞれの地域に大きな環濠があり、さらにその内部に特殊な区画を持つという集落が確認されています。これらの集落は、均等と言っていいのかどうかわかりませんが、だいたい等間隔の距離を置いて交易のコミュニケーションを図るように存在していたということになります（図1）。お互いの集落同士の関係が注目されるところです。

その後、後期前半になると、これらの地域では、突然のように集落が少なくなってしまいます。しかしながら、後期の中頃になると境川左岸地域では伊勢遺跡（6）が出現し、後期後半まで勢力を強めていきます。この時期に突然大きな建物を持った集落が出現してくるということが重要です。また葉山川流域の地域では、後期後半になると、後期初頭以降衰退していた下鈎遺跡が再び集落を拡大してきます。この2つの遺跡はお互いに共通点を持っており、後で話しますが、一

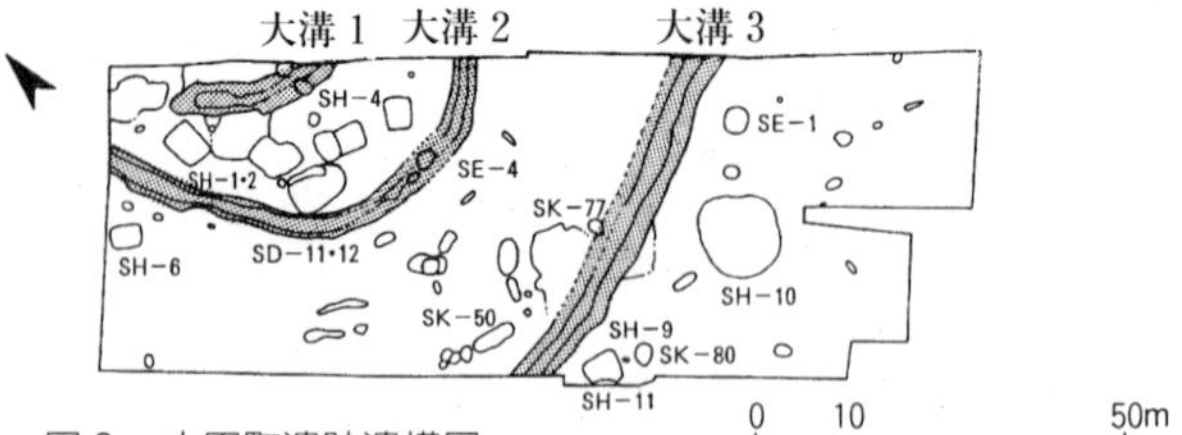

図8　山田町遺跡遺構図

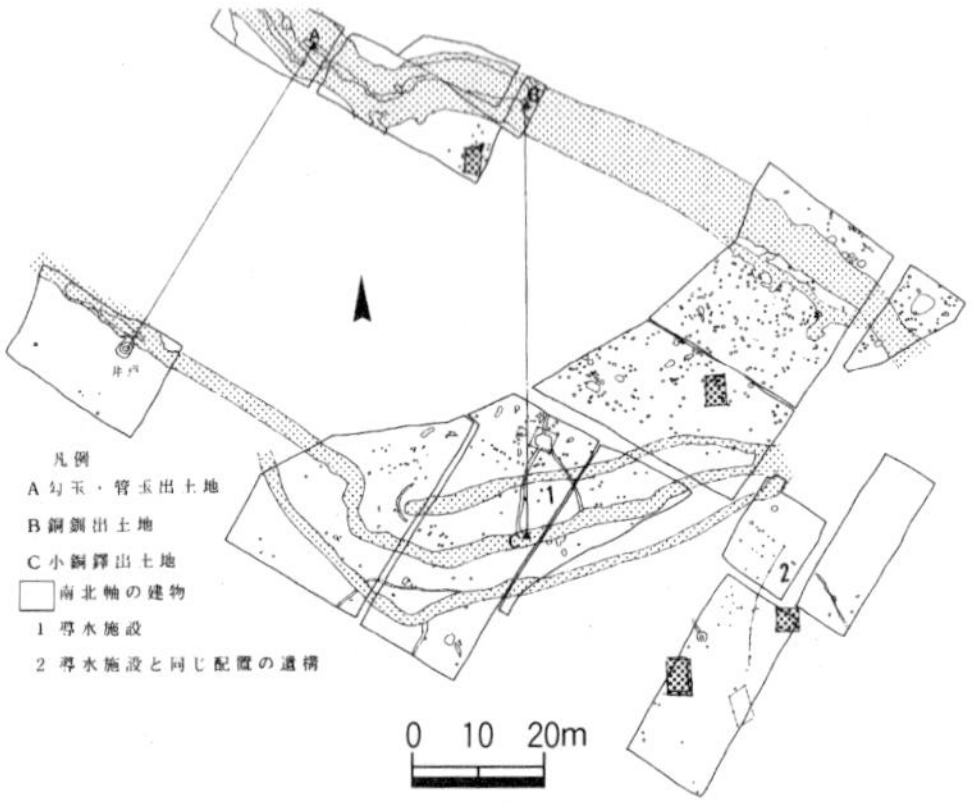

図9　下鈎遺跡弥生中期（南部）遺構図

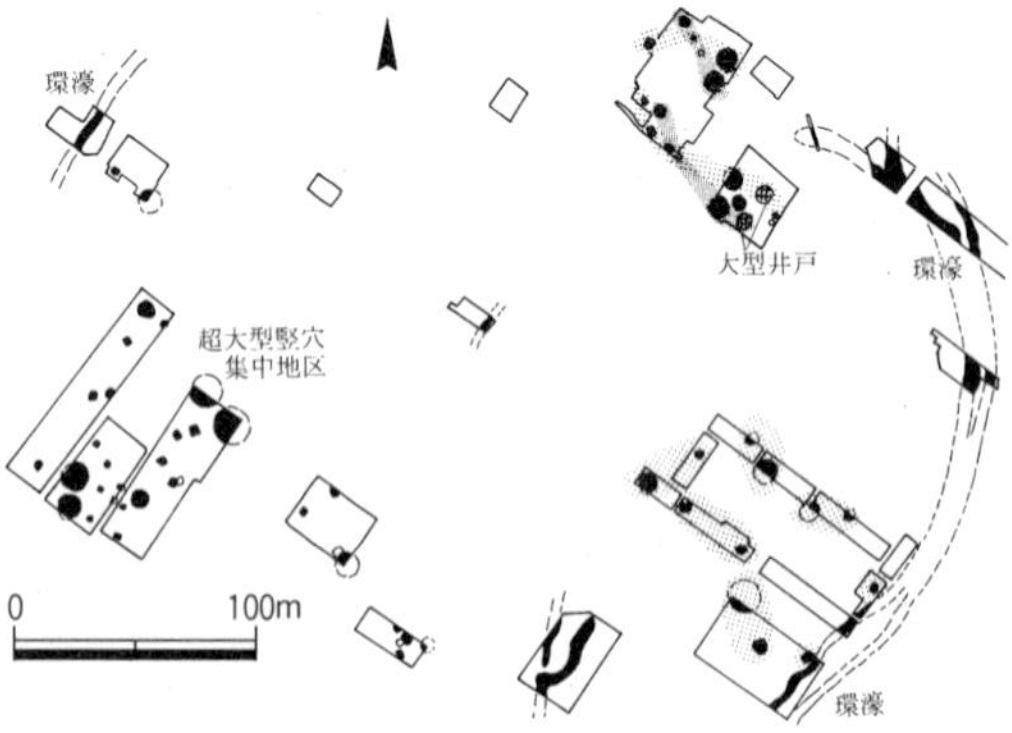

図10　二ノ畦・横枕遺跡南部集落構成図

つの大きな勢力を持っていたということがわかります。

さらに古墳時代になると、伊勢遺跡は衰退し、かわって下長遺跡（9）という大きな遺跡が現れます。下長遺跡には北陸や東海地方をはじめとする各地の土器や、大和政権との関係をうかがわせるような立派な祭祀関連の遺物が出土している集落です。この下長遺跡では古墳時代に入っても大型建物が存在します。葉山川流域の地域では、下鈎遺跡の後には中沢遺跡（3）に中心が移っていくと考えていますが、実態はまだよくわかっていません。

ここで問題となるのは、古墳に副葬された三角縁神獣鏡等の鏡ですが、その分布状況を見ていくと、野洲川左岸地域より、むしろ隣の野洲川右岸地域、古くからの神体山である三上山があって、大岩山銅鐸を出した地域なんですけれども、この地域のほうが三角縁神獣鏡の出土量が多い状況が見られます。集落に目を向けてみますと、野洲川右岸地域にはこの時期の目立った集落は今のところ見つかっていないという状況があります。これは仮説なんですが、もしかしたら伊勢遺跡や下鈎遺跡のような遺跡が、野洲川左岸だけではなく、大岩山銅鐸を出土した右岸地域を含めた両岸地域を支配していた、そういう勢力が生まれていたという想像もできます。大型建物をめぐる集落動向は、このような感じに流れていきます。

次に、伊勢遺跡と下鈎遺跡の内部構造の検討に入っていきます。先程、伊勢遺跡と下鈎遺跡には互いに共通点があると言いましたが、図11・12は二つの遺跡における中心部の図です。この図は、方位を無視して中心と考えられる区画施設の建物を基準に主軸を合わせて並べた図です。図

12の中心に伊勢遺跡の柵で囲まれた方形区画があります。これに相当する下鈎遺跡の施設というのが、図11左端の方位印の下の方に板塀状の柵が想定される細い溝で囲まれた大型建物（一九九七ＳＢ１）が存在する部分です。二つの遺跡には、区画施設が存在し、建物や入口の位置関係に共通点が見られます。また建物の大きさという点でも似たところがあります。伊勢遺跡では、楼閣風建物の遺構といわれている方形区画の東端に位置する正南北方向の軸を持つ建物のＳＢ10がありますこの建物と方形区画内の建物の位置関係は、下鈎遺跡の祭祀区域としている大量な遺物が出土した溝の主軸と中心施設内の建物との位置関係に共通点が見られます。

こうした中心的遺構群の外側に、下鈎遺跡では布掘りの大型建物跡（一九九二ＳＢ１）が少し離れて存在し、伊勢遺跡では棟持柱を持つ建物跡が中心的遺構群を囲むように環状に配置されていく、という状況を示しています。

伊勢遺跡の場合、変遷が大事になってまいります。図12は、遺構の時期別にトーンを変えて示しています。一番最初の時期に、東側外側に柱穴群としてあるたくさんの柱の穴が確認されているところと、その北側に隣接して13ｍを測る超大型級の竪穴建物跡（図15）があります。この超大型級の竪穴建物跡はマスコミ報道で話題になりましたが、床面が堅く焼きしまっていて、竪穴の壁にレンガ状の塼のようなものを積み上げた特殊な構造を持つ建物でございます。この竪穴建物の性格は、現段階での調査担当者側の公式発表では首長居館ということにされていますが、私はあえて今回一つの案として、やはり工房的な遺構という仮説を提起させていただきたいと思い

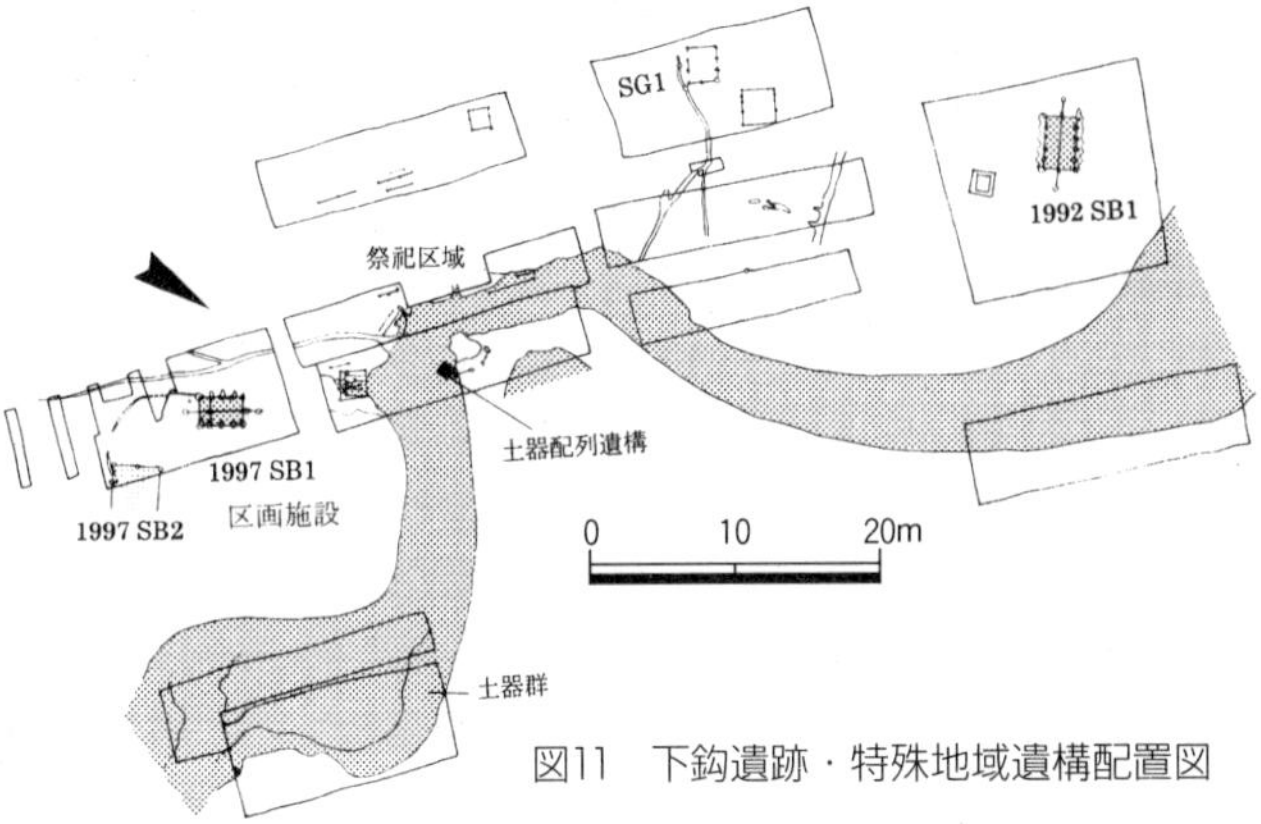

図11　下鈎遺跡・特殊地域遺構配置図

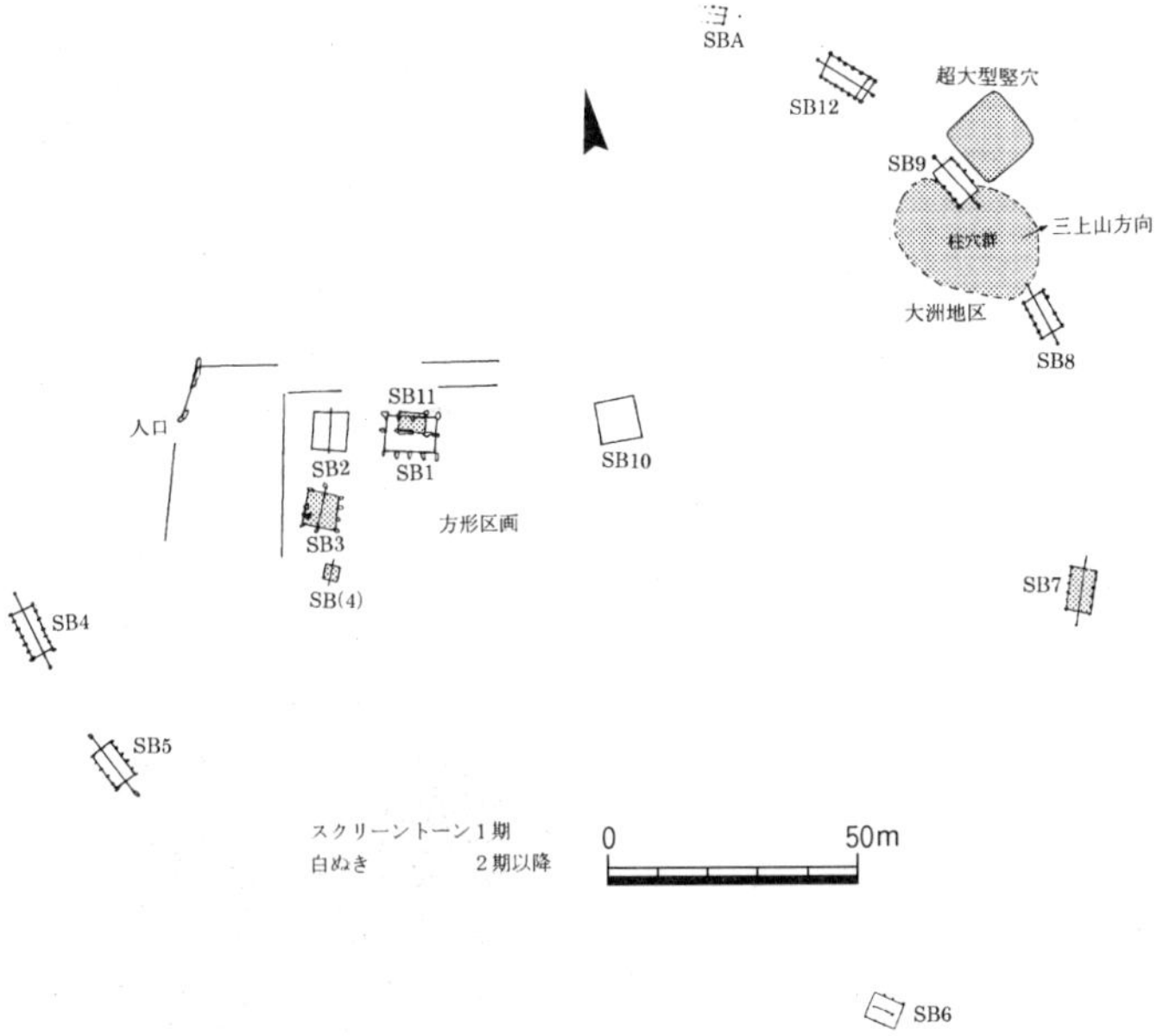

図12　伊勢遺跡・特殊地域遺構配置図

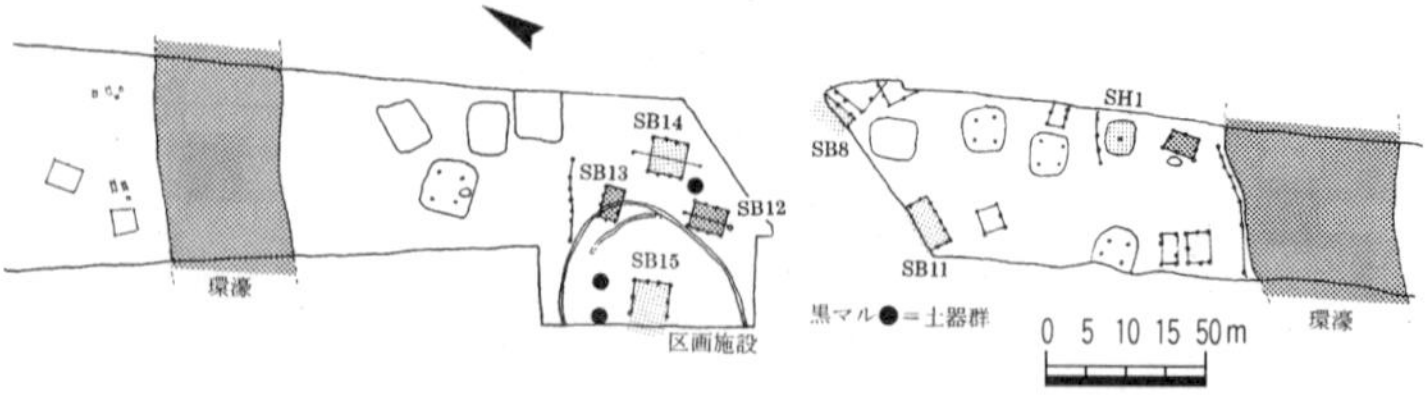

図13　針江川北　遺跡主要遺構配置図

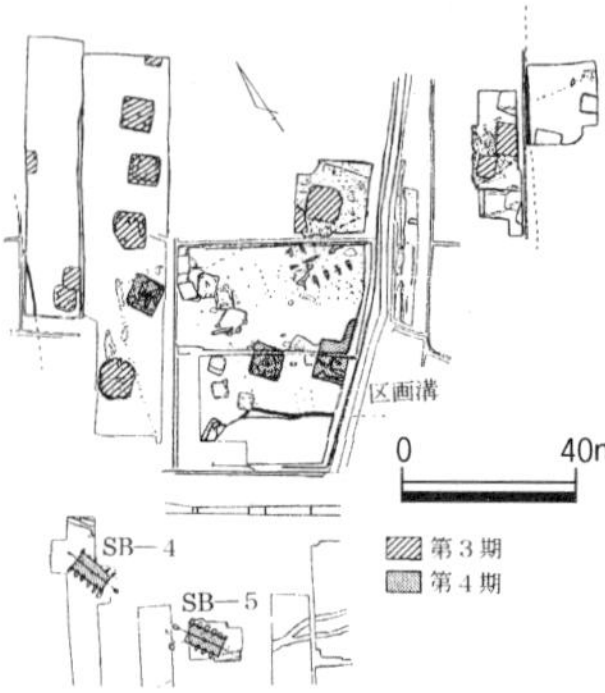

図14　伊勢遺跡中心部建物

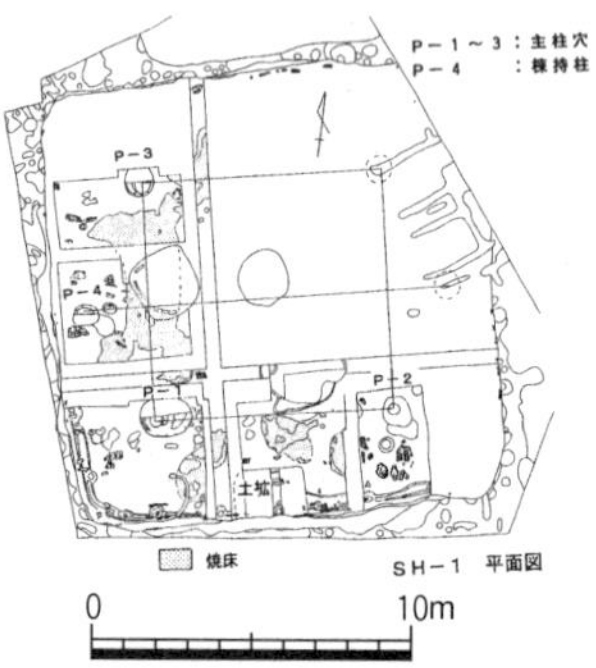

図15　超大型竪穴SHI遺構図

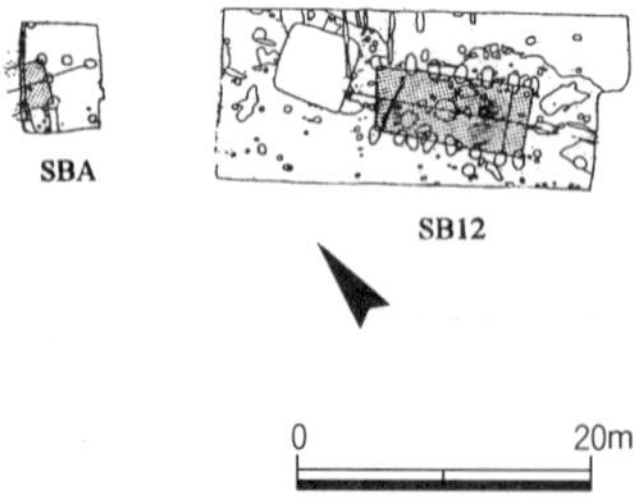

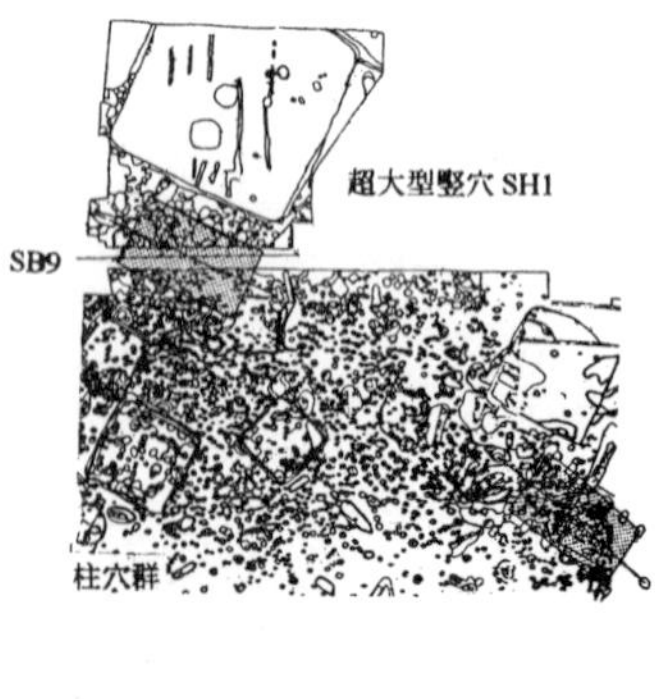

図16　大洲地区周辺遺構図

ます。超大型竪穴建物の周りにたくさんある柱穴群（図16）は短期間に建てられた建物群のような感じを受けます。おそらく建物が幾つも密集して存在していたのだろうと思います。だから、作業小屋というと少しイメージが違うかも知れませんが、何回も修復して長期間使用できるような建物ではなく、一定期間（作業期間）のみ必要とする構造の簡単な建物を想起させます。青銅を含めた金属製品や石器等を作る工房もあれば、大型建物を建設するにあたっての施設ですとか、周辺の水路や大溝を掘削するような開発を行なうにあたっての技術舎など、いろんなことをするための関連施設群がここにあって、大型の竪穴建物もこのようなことに関連した建物の一つ、たとえば管理棟的な建物というようなことも推測できないかなと思っているわけです。

それで、伊勢遺跡の時期変遷に話を戻しますが、この環状に大型建物が配置された景観は、実際にはそれぞれ建物の時期が違いまして、一度にこの建物配置が成立したわけではないようです。まず伊勢遺跡の一期の段階には、超大型竪穴建物とその南にあるＳＢ７といわれる独立棟持柱建物と、さらにその南西にあります SＢ６という屋内棟持柱建物があります。おもしろいことに、これらの遺構の間隔が大体一定しており、後期後半に明確になってくる二棟の独立棟持柱建物が並列するパターンの先駆が、伊勢遺跡ではこの時代におぼろげながら開始されていると考えているわけです。つまり、大型建物が環状に巡るようになる前段階に、超大型竪穴建物、ＳＢ７とＳＢ６という建物群が、最初に設計された等間隔配置のパターンとして存在したのではないかなと思っています。

図13は湖西の新旭町にある後期後半段階の針江川北遺跡ですが、ここでも棟持柱を持つ建物と、首長居館といわれている溝で囲まれた建物が確認されています。そして、伊勢遺跡や下鈎遺跡と同様に二時期にわたって大きく変遷しています。また中心部とされている区域の周囲では、SB8、SB11というような、掘立柱建物の中では比較的大きな建物が環状に配列しているように見えます。規模は小さくても、大型建物が環状や等間隔に配置される、そういう設計思想というものが滋賀県の弥生集落に、ある時期導入されたのではないかと思います。そのきっかけとしましては、大陸からの影響も候補の一つとして考えておきたいと思います。先ほど言いましたように、正南北に軸をとるような設計思想ですとか、超大型竪穴建物に施された、床面の焼き締めや壁にレンガ状の塼のようなものを積み上げたりするような特殊な構造というのは、やはり大陸的な影響を考えておかなくてはならないのではないか、少なくとも在地の伝統だけではなく、他のいろんな地域との交流がないとこのようなものは生まれてこないのではないかなと思っています。

さて、図17に近江の独立棟持柱建物を、弥生後期後半から古墳時代後期まで集めているわけですけれども、これをひと目見てわかるとおり、伊勢遺跡ですとか下鈎遺跡の大きさが突出しているのがわかります。同じ弥生時代後期後半でも、湖西地域の針江川北遺跡SB14などを比較すると、同じような建物を囲む施設が確認されており共通点が見られますが、かなり建物の大きさに差があります。片方を仮に「クニ」といいますか、大きい広い範囲での勢力的な建物とすれば、針江川北遺跡の場合は流域単位ですとか、その地域の首長といいますか、集団の施設ということ

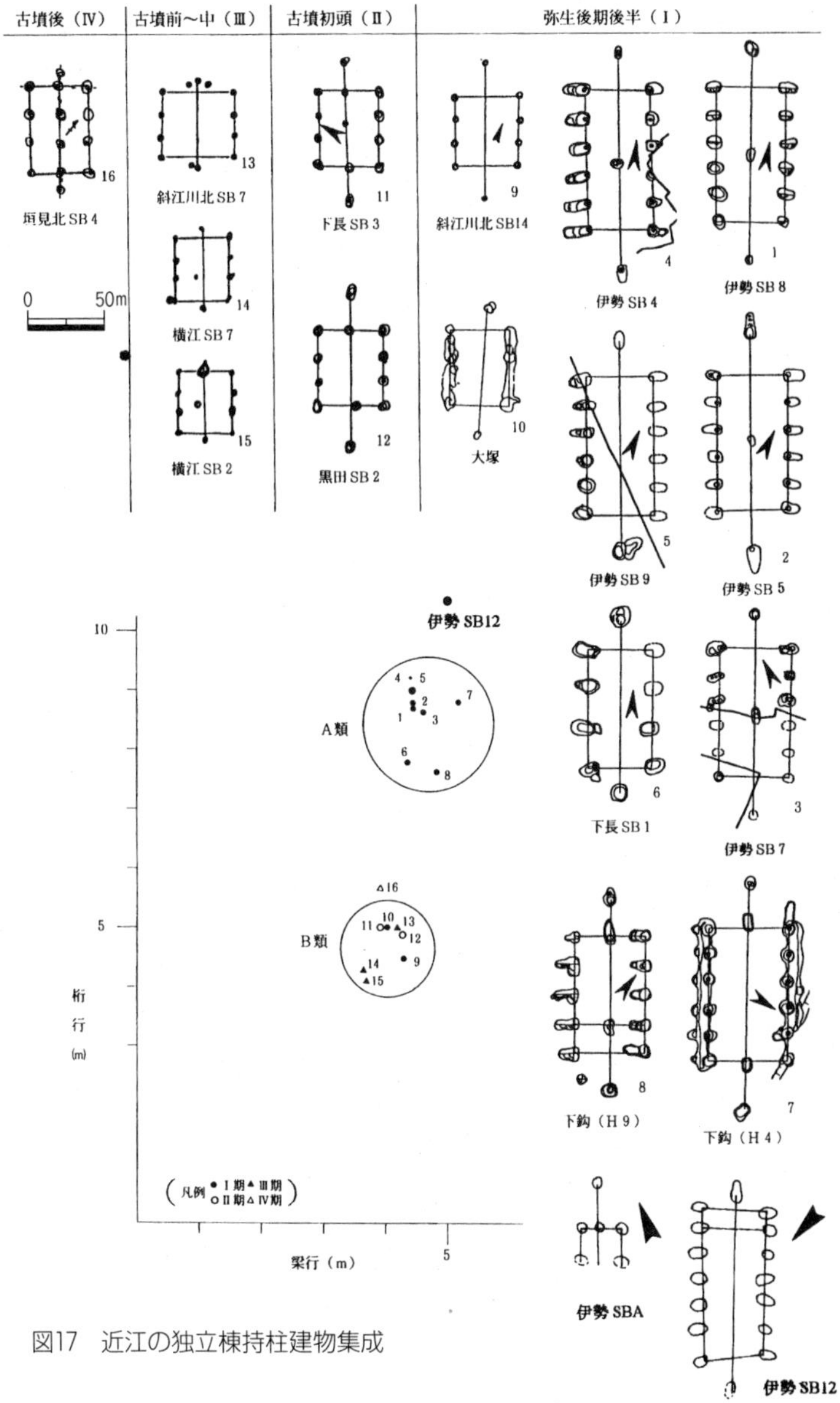

図17　近江の独立棟持柱建物集成

が考えられないかと思っています。

最後に大型建物、棟持柱建物の性格について考察します。先ほど述べた伊勢遺跡の2棟並列の独立棟持柱建物、SB4、SB5ですとかSB9とSB8などは、神体山である三上山の位置と深く関係していそうに思えます。つまり、2棟が並列する建物それぞれの中央を西から東へ見通しますと、ちょうど真正面に三上山が見えるという配置になっているわけです。それぞれの建物が少しでもずれたとしたら、三上山が正面に見えないわけですから、最初の設計時に三上山の存在が意識されていたのではないかなということです。一般に棟持柱を持つ建物に関しては、祭殿、神殿、祭式の建物ということがよくいわれております。秋の収穫期ですとか、なにかのお祭りのときにこういう建物が使われたと思われますが、普段は収穫物を納めた倉庫としても機能していたのではないかと考えるわけです。おもしろいことに、棟持柱をもつSB5の柱穴から稲籾が出土した例がありまして、こういうことからもやはり収穫に関連する祭儀が関連しているのでないかなと考えられます。

また、同じ棟持柱建物でも伊勢遺跡でいいますとSB12、下鈎遺跡でいいますと一九九七SB1という建物跡がありますが、これはテラスのようなものである、露台状の施設を持っております。祭殿といわれているような普通の棟持柱建物とは、少し構造に違いが見られます。構造が違うということは機能が違うと考えたいと思いますので、そういうことから露台状施設を持つ建物の性格も、他の棟持柱建物とは違うと考えています。

以上述べてきたような配置関係ですとか、構造的な違いをヒントに、集落内における建物の性格などをこれから考えていきたいと思っています。

〈参考文献〉

宮本長二郎　一九九一「弥生時代・古墳時代の掘立柱建物」『弥生時代の掘立柱建物-本編-』埋蔵文化財研究会
岩崎直也　一九九一「弥生時代の建物」『弥生時代の掘立柱建物-本編-』埋蔵文化財研究会
伴野幸一　一九九九「伊勢遺跡」『滋賀考古』第21号　滋賀考古学研究会
　　　　　二〇〇一『弥生のタイムカプセル下之郷遺跡』守山市教育委員会
川畑和弘　一九九八『下之郷遺跡発掘調査現地説明会資料-第27次・29次・31次調査の速報-』守山市教育委員会
近藤　広　一九九九「平地式建物をもつ弥生集落-近江の例を中心に-」『滋賀考古』第21号　滋賀考古学研究会
小島睦夫　二〇〇一『山田町遺跡1次発掘調査報告書』守山市教育委員会
近藤　広　二〇〇二「近江における弥生中・後期集落の構造」『究班』Ⅱ　埋蔵文化財研究会
大東　悟　一九九九「大型建物（伊勢遺跡・下鈎遺跡・下長遺跡）」『滋賀考古』第21号　滋賀考古学研究会
　　　　　二〇〇二『連続シンポジウム徹底討論「伊勢遺跡の謎を解く」』皇子山を守る会
近藤　広　二〇〇一「独立棟持柱付建物をもつ首長居館の一形態-針江川北遺跡の検討-」『花園大学考古学研究論叢-花園大学考古学研究室20周年記念論集-』花園大学考古学研究室20周年記念論集刊行会
清水　尚　一九九二『針江北遺跡・針江川北遺跡（Ⅰ）』滋賀県教育委員会・㈶滋賀県文化財保護協会

伯耆地域における弥生時代中期から古墳時代前期の集落構造

濵田竜彦

今日は、鳥取県西部、伯耆地域の弥生時代中期〜古墳時代前期の集落構造と、大型建物・方形区画の出現と展開について考えてみたいと思います。また、伯耆地域では、妻木晩田遺跡に代表される弥生時代後半期の大規模な集落遺跡が丘陵上に点在していますので、こうした大規模な集落遺跡の構造についても考えてみたいと思っています。

なお、ここでは弥生時代中期中葉以降の資料を取り上げます。時期区分については、弥生時代中期中葉をⅢ期、後葉をⅣ期、後期をⅤ期、終末期をⅥ期とし、このうち、Ⅲ〜Ⅴ期を三細分、Ⅵ期を二細分します。また、掘立柱建物跡について、一〇㎡未満を小型、一〇㎡以上二〇㎡未満を中型、二〇㎡以上のものを大型と呼んでいます。二〇㎡程度の建物跡を大型とは呼ばない地域もありますが、これは伯耆地域の掘立柱建物跡にみる規模の大小であることをお断りしておきます。

1．弥生時代中期の集落構造

では最初に、弥生時代中期の集落構造について見ていきます。鳥取県西部の米子市にある青木遺跡では、昭和四十年代に団地の造成に伴う大規模な発掘調査が行われています。ここでは谷地形にへだてられた丘陵を数地区に分けて調査が行われていまして、F地区とD地区と呼ばれる地区に弥生時代中期の遺構が集中しています（図1）。そのほかの地区には、弥生時代中期の遺構が広がっていませんので、おそらく一つの集落の居住域が概ね完掘されている状況ではないかと考えられます。

竪穴住居跡等の遺構に伴う土器をみる限り、Ⅳ期の間、営まれた居住域のようです。また、竪穴住居跡以外に、たくさん掘立柱建物跡が報告されています。しかし、掘立柱建物跡は、遺物をともなうものが少なく、それぞれを土器の小様式毎に細かく分けることは困難です。そこで、ここでは遺構の累積状況について評価を試みます。

まず、竪穴住居跡と掘立柱建物跡の分布を見ますと、F・D地区の中に大きく二つの空間が存在するように思われます。一つは竪穴住居跡と小型ないしは中型の掘立柱建物跡が散在する空間、もう一つは中型や大型の掘立柱建物跡が密集する空間です。仮に、前者を空間a、後者を空間b

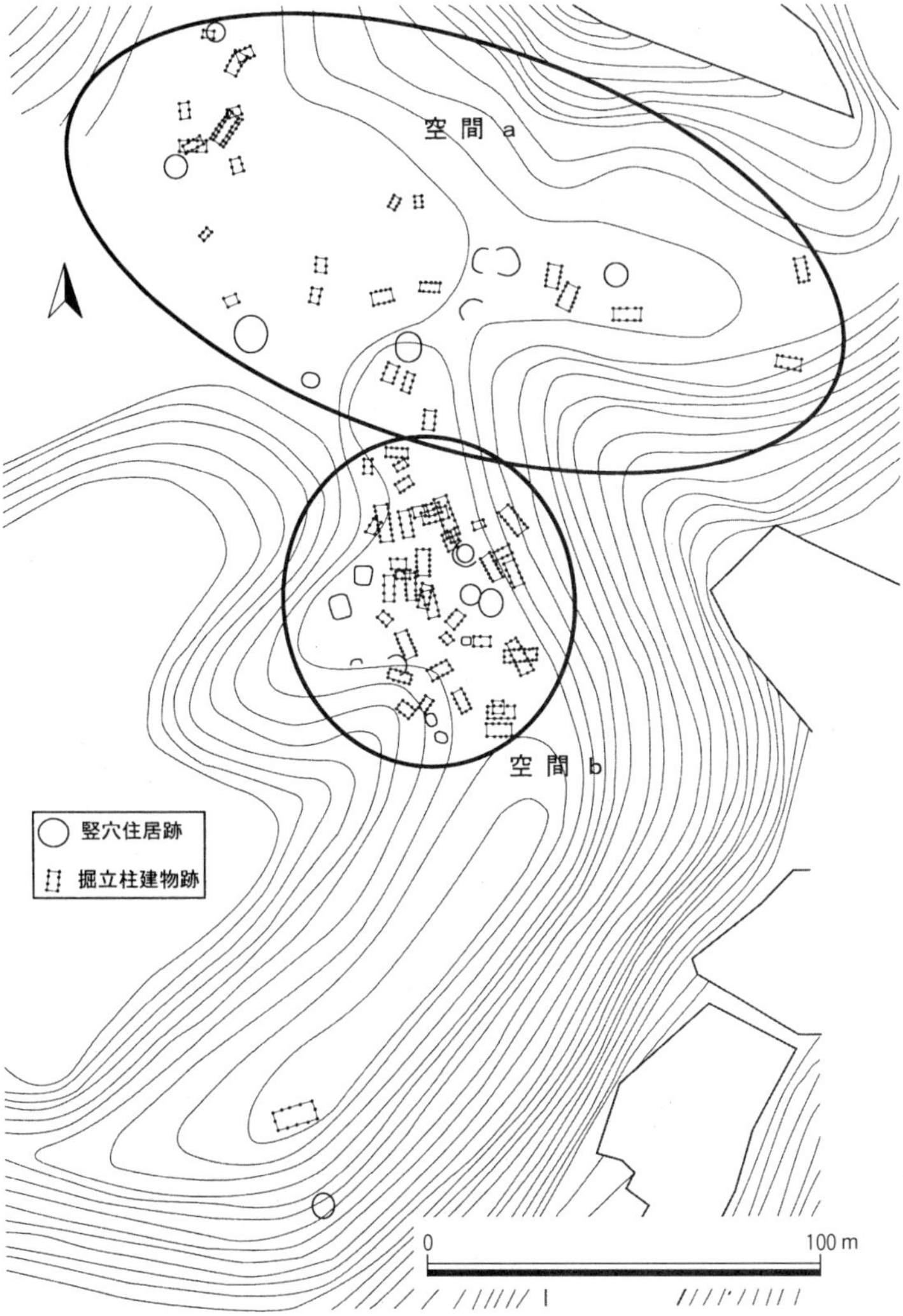

図１　青木遺跡F・D地区遺構配置図（Ⅳ期）

と呼んでおきます（図1）。

このうち、空間bには、竪穴住居跡と中・大型の掘立柱建物跡が近接するように分布しています。ところが、竪穴住居跡が本来二〜三m程度の周堤を備えていたと考えますと、近接する中・大型掘立柱建物と竪穴住居跡が同時併存する可能性は低いと思われます。このことを前提に、竪穴住居跡に近接する中・大型掘立柱建物跡を空間bから差し引きしますと、残った建物跡のあり方は基本的に空間aとよく似ています。つまり、空間bは、空間aにみられる建物跡群と、中・大型の掘立柱建物跡群が重複した状態にあると考えることができます。したがって、青木遺跡には、竪穴住居跡と小型・中型の掘立柱建物跡で構成される空間aのような空間と、空間bに認められる中・大型の掘立柱建物跡で構成される空間があったことが推測できます。

では、こうした空間について、別の遺跡を取り上げて検討してみましょう。まずは、鳥取県倉吉市（旧関金町）にあります大山池遺跡です。遺構の重複が認められないので、この遺跡は弥生時代中期後葉の非常に限られた期間に営まれた集落跡と考えられます。そして、建物跡の分布をみますと、やはり竪穴住居と小型の掘立柱建物跡が点在する空間と、庇や独立棟持柱を伴う建物跡を含む中型・大型の建物跡が集中する空間が存在しています（図2）。

次に、鳥取県西伯郡大山町（旧名和町）にある茶畑山道遺跡では、Ⅲ-3期〜Ⅳ-2期の建物跡が検出されています。この調査区からみつかった当該期の建物跡はいずれも掘立柱建物跡ばかりで、竪穴住居跡は含まれていません。また、この中には独立棟持柱を伴う大型掘立柱建物跡が含

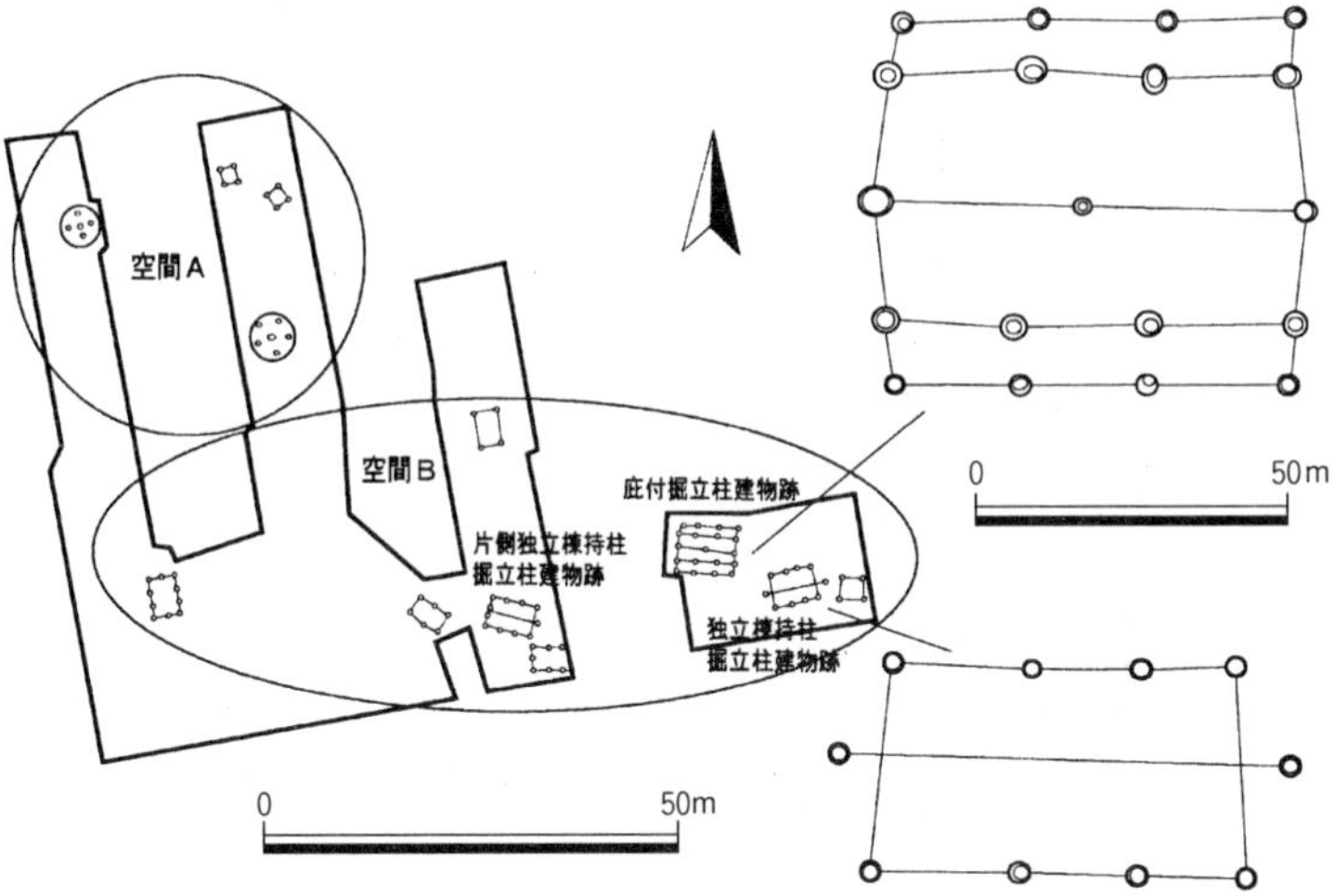

図２　大山池遺跡遺構配置図と大型掘立柱建物跡

まれています（図３）。つまり、この調査区は、大山池遺跡にみられる中・大型の掘立柱建物跡群と同様の空間と考えられます。

以上、青木遺跡、大山池遺跡、茶畑山道遺跡の建物跡のあり方をみてきましたが、どうやら、当該地域の弥生時代中期集落には、竪穴住居跡と小型の掘立柱建物跡で構成される空間と、中・大型の掘立柱建物跡で構成される空間が、集落（居住域）の中に存在する可能性が高いと考えられます。大山池遺跡例は、その最も単純な形を示しているのだろうと思われます。ここでは竪穴住居跡と小型・中型の掘立柱建物跡からなる空間を「空間Ａ」、中型・大型の掘立柱建物跡によって構成される空間を「空間Ｂ」と仮称しておきましょう（図２）。ただし、集落規模の大小や立地条件によって、こうした空間分節のコントラスト

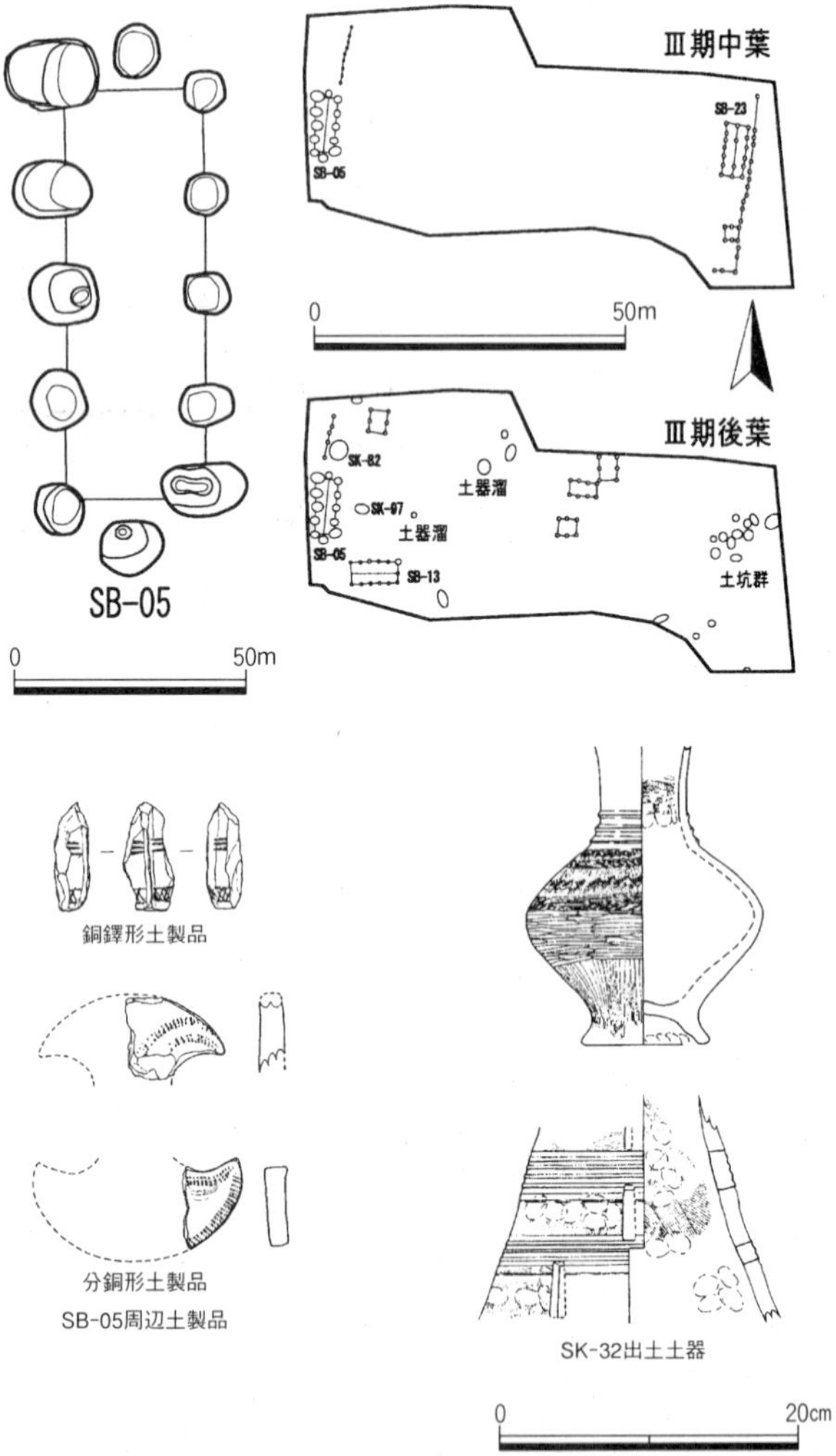

図３　茶畑山道遺跡遺構配置図および大型掘立柱建物跡と出土遺物

にも濃淡が生じることもあるだろうと予想します。

さて、空間Aと空間Bとの大きな違いは、竪穴住居跡の有無にあります。竪穴住居跡を伴う空間Aは、日常生活が営まれた空間と考えてよいかと思います。一方、竪穴住居跡とともに空間Aを構成する小型の掘立柱建物跡については、決め手を欠きますが、空間Aに暮らす人たちが管理・使用する倉庫といったものでしょうか。

これに対し、空間Bには竪穴住居跡がありません。そして、空間Aにはみられない中・大型の掘立柱建物跡によって構成されています。また、その中には庇を伴うものや、独立棟持柱を伴う特異な構造の掘立柱建物跡が含まれています。したがって、日常生活の場とみられる空間Aに対し、空間Bは公共的な施設が集まった空間ではないかと推測します。なお、空間Bに認められる庇付き掘立柱建物跡や独立棟持柱を持つ掘立柱建物跡は、弥生時代の伯耆地域において非常に希少な建物跡です。こういう建物をはじめ、空間Aにみる掘立柱建物跡よりも相対的に大きな建物跡が特定の空間に集中しているということは、空間Bが集落を象徴する施設を核とした空間であったことを示唆しているのではないかと思われます。

ところで、茶畑山道遺跡では、独立棟持柱を持つ大型掘立柱建物跡に建て替えが認められるようで、Ⅲ-3期からⅣ-1期にかけて存在した可能性が指摘されています。そして、Ⅲ-3期にはこの建物の付近に土器を集積した土坑がありまして、ここから丹塗りの土器とか瀬戸内系の土器等が出土しています。また、包含層出土ではありますが、この周辺からは銅鐸型土製品や分銅型土製品といった土製品が出土しています（図3）。こうした状況を考慮しますと、空間Bの中にある独立棟持柱を伴う大型建物というのは祭祀的な色彩の強いものだったのではないかと思われます。ただし、茶畑山道遺跡では、調査区内からサヌカイトや黒曜石の原礫、石器の未製品なども出土していますから、祭祀的な性格を持つ施設があるといっても、空間Bは祭祀にばかり特化した空間とは言い切れない部分ももちあわせているのではないかと思っております。

2．弥生時代後期～終末期の集落構造

続いて、弥生時代後期から終末期の集落構造を見ていきたいと思います。ここでは鳥取県米子市と大山町に位置する妻木晩田遺跡を取り上げます。妻木晩田遺跡は大山火山の裾野に立地する遺跡で、弥生時代中期の終わりから古墳時代前期前葉かけて継続的に集落が営まれており、最盛期の集落の広がりは約一七〇haにおよびます。また、谷によって分割される複数の丘陵頂部に居住域が展開していますので、便宜的に、各丘陵を洞ノ原地区、妻木山地区、妻木新山地区、仙谷地区、松尾頭地区、松尾城地区という名称で呼んでいます（図10）。

さて、妻木晩田遺跡では、Ⅳ期になって、松尾頭地区を中心に居住域の形成がはじまります。そして、Ⅴ-1期以降、大規模な集落を形成する動きが顕在化します。Ⅴ-1期には、妻木新山地区、妻木山地区、松尾頭地区に居住域があり、そこから〇・五km～一kmぐらい離れたところに墳墓群が造営され、さらにそこから数百m離れたところに環壕が掘削されています（図4）。この

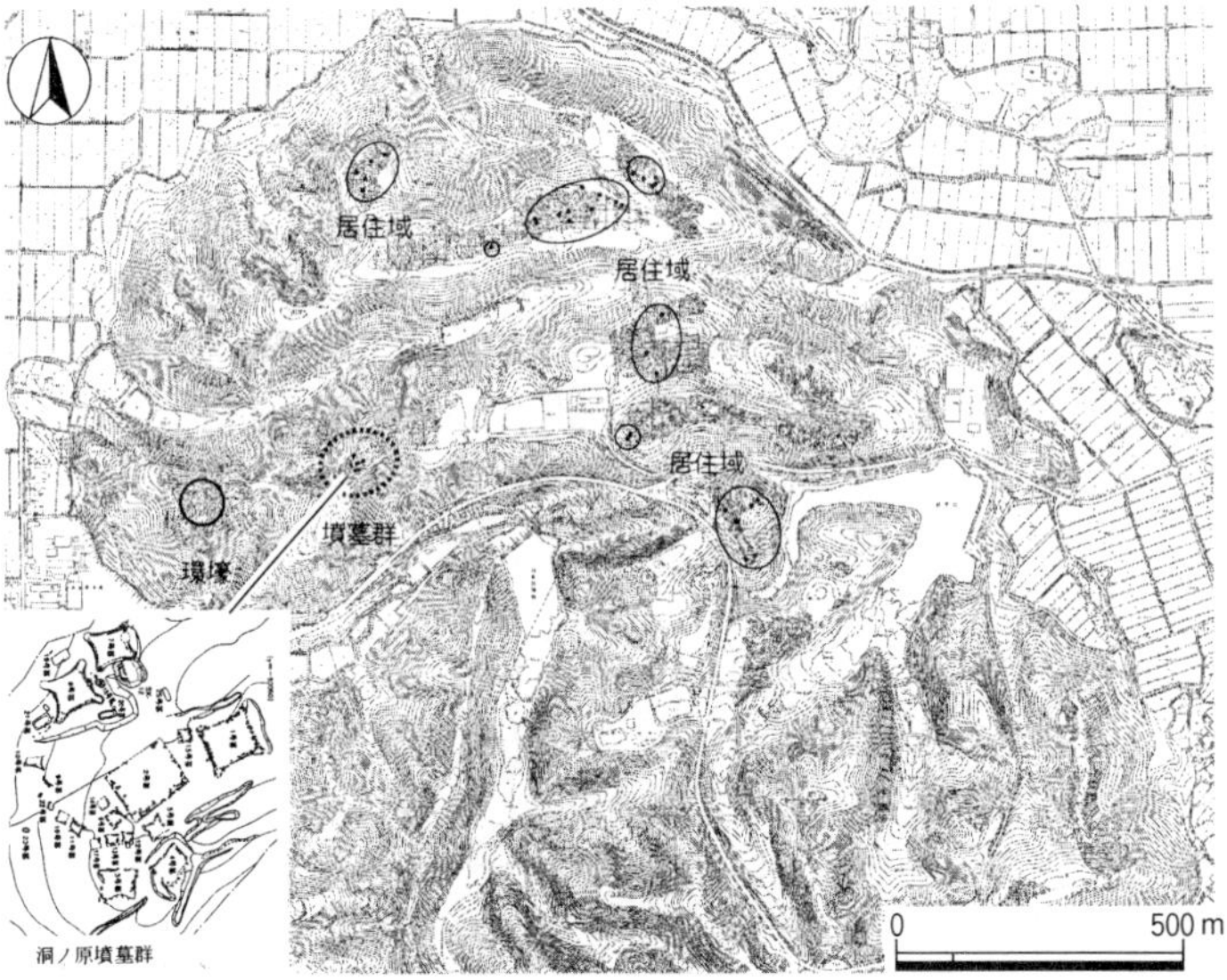

図4　後期前葉（V-1期）の妻木晩田遺跡

環壕は最も海岸に近い小丘陵の頂部、直径六〇ｍの範囲をほぼ円形に囲っています。しかし、環壕が機能していたとみられるV-1期には、環壕の中に同時期の竪穴住居跡などは認められませんし、V-1期の遺物量が少ないことから、環壕の中で日常的な居住が行われていた可能性は低いと思われます。また、居住域からもっとも離れた場所にあることを考慮すると、墓域と対をなす象徴的な空間ではなかったのかと推測しています。

ところが、V-2期になると、洞ノ原地区の環濠は埋没し、墳墓群も造営されなくなり、洞ノ原地区も含む丘陵の全域に居住域が展開するようになります。そして、V-3期に、集落規模は最盛期を迎えます（図5）。

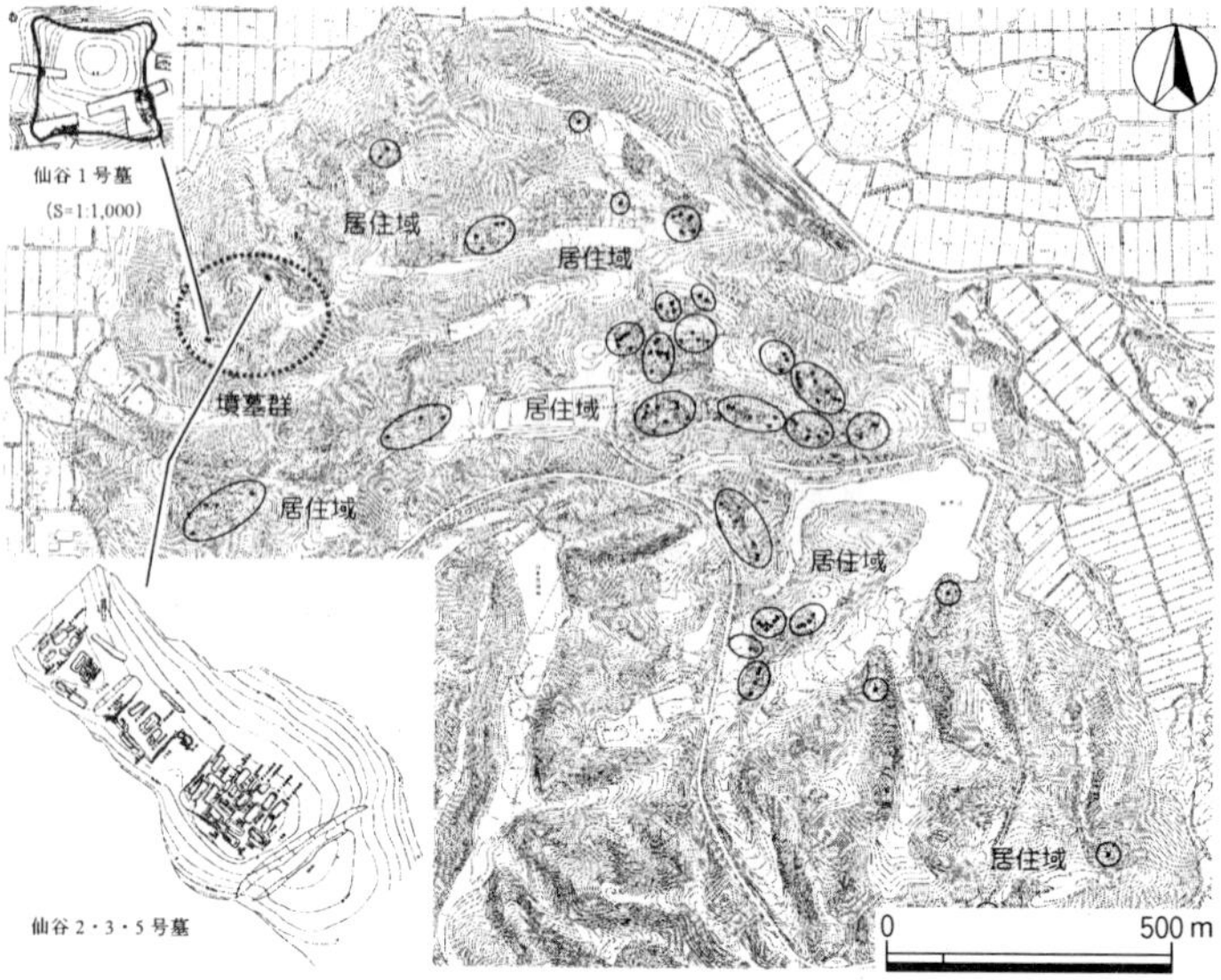

＊仙谷墳墓群はＶ－２～３期のものを含む

図５　後期前葉（Ｖ-３期）の妻木晩田遺跡

このように妻木晩田遺跡では、Ｖ-１期には、居住域、墓域、環壕といった集落の空間分節が明瞭ですが、Ｖ-２期以降は、集落規模の拡大に伴い、空間分節が不明瞭になっていくという集落構造の変化が認められます（図５、図６）。

また、妻木晩田遺跡ではこれまで総体として約四〇〇の竪穴住居が見つかっていますが、その分布には、いくつかのまとまりが認められます。妻木山地区を取り上げてみますと、丘陵の起伏にそって三〇〇〇㎡程度の範囲に竪穴住居跡が群を成す状況が認められます。ここでは、こうした竪穴住居跡の累積を居住単位と呼んでおきます。今のと

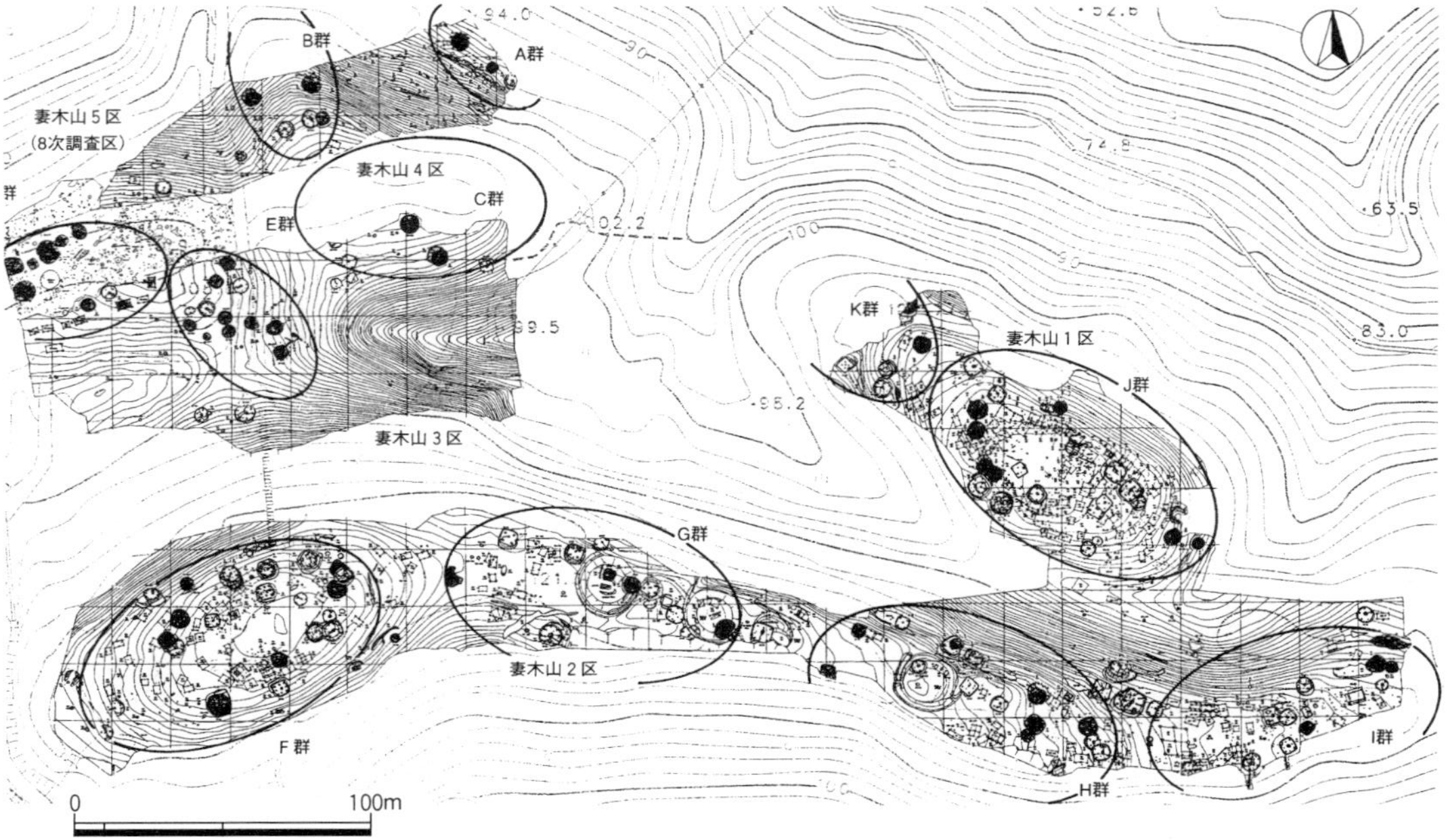

図6　妻木晩田遺跡妻木山地区遺構配置図（網掛け＝V－3期）

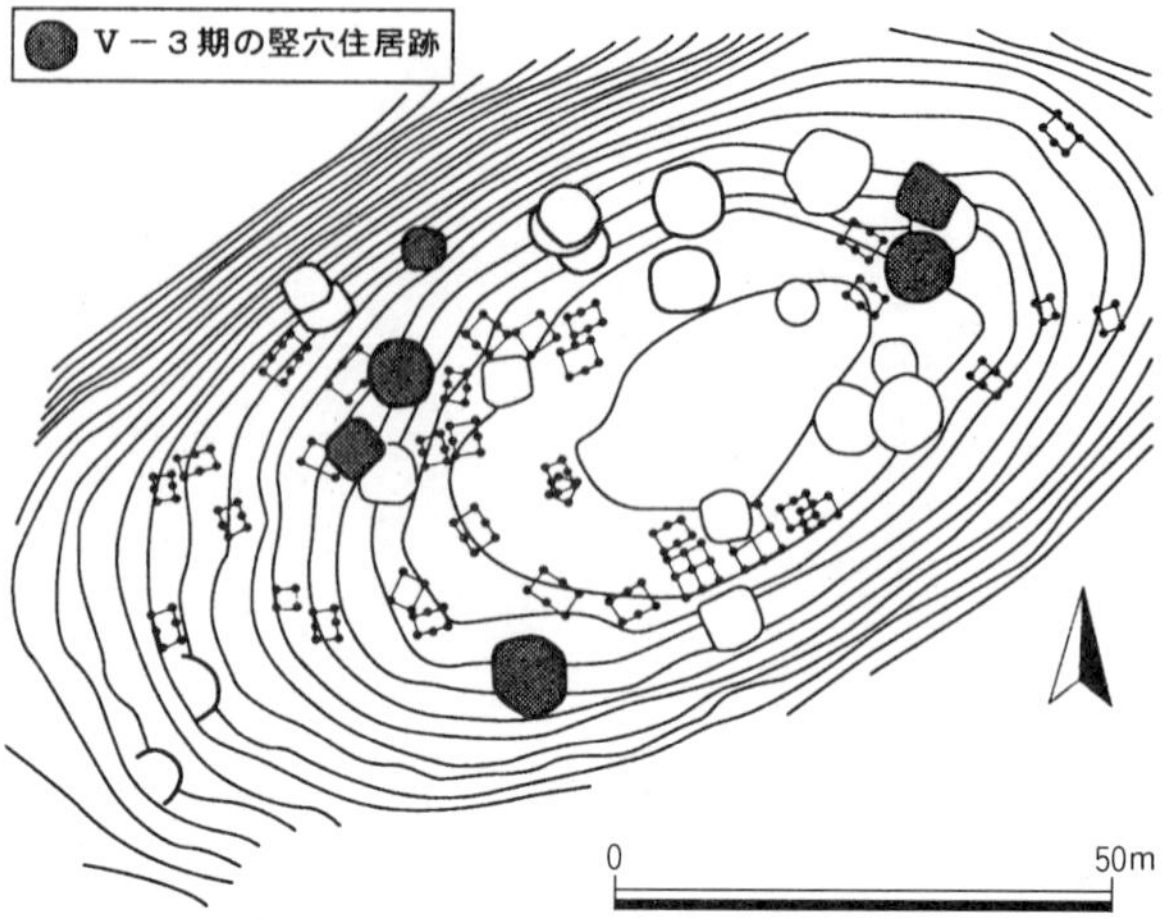

図７　妻木晩田遺跡妻木山地区Ｆ群遺構配置図

ころ、妻木晩田遺跡全体で二〇以上の居住単位が確認できます。

さて、この居住単位の中には、重複するものも含め、かなり多くの竪穴住居跡があるわけですが、本来、竪穴住居跡が備えていただろう周堤帯の存在を考慮しますと、これらすべての竪穴住居跡が同時併存していたわけではありません。Ｖ-３期の竪穴住居跡を選び出すと（図６、７）のような状況になりますが、この中には切り合って重複している竪穴住居跡もありますので、それらが同時併存しないと考えますと、一つの居住単位の中に一時期五棟前後の竪穴住居が同時併存していたと考えるのが妥当ではないかと思っています。

また、妻木晩田遺跡では、鍛冶に関連する遺構、遺物が確認されていますが、そういったものが遺跡の特定箇所に偏在する状況は認められ

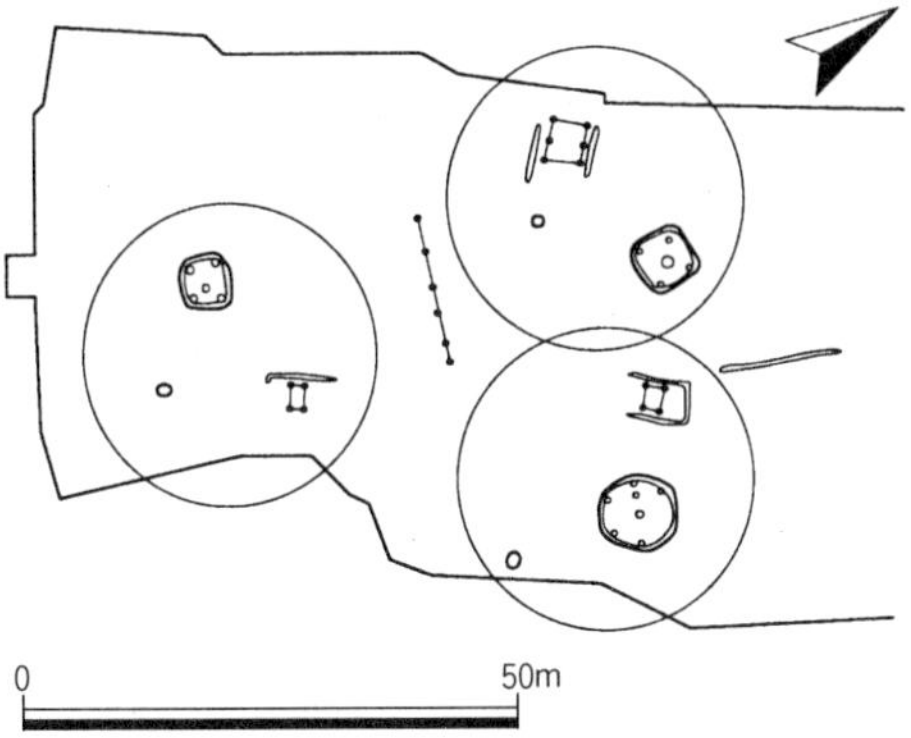

図8　コザンコウ遺跡遺構配置図

ません。したがって、集落内の各所で簡易な鍛冶が行われていて、居住単位ごとに鉄器を生産し、消費しているような印象を受けます。先にみた数棟の竪穴住居で構成される集団が生活レベルで結びついたものであったとするならば、それらは日常的な生産・消費の側面で自立的性格を持った集団であったのではないかと思われます。つまり、妻木晩田遺跡では、自立的性格をもった小集団が複数集合することで、大規模な集落を形成していたと考えることができるのではないでしょうか。

次に、別の遺跡に目を移してみましょう。倉吉市にあるコザンコウ遺跡では、丘陵部、約三〇〇〇㎡の範囲に、V-3期の竪穴住居跡三棟が確認されています（図8）。さて、この遺跡で注目されるのは、中央には空閑地があり、さらに、各竪穴住居跡が占有する空間を画すよう

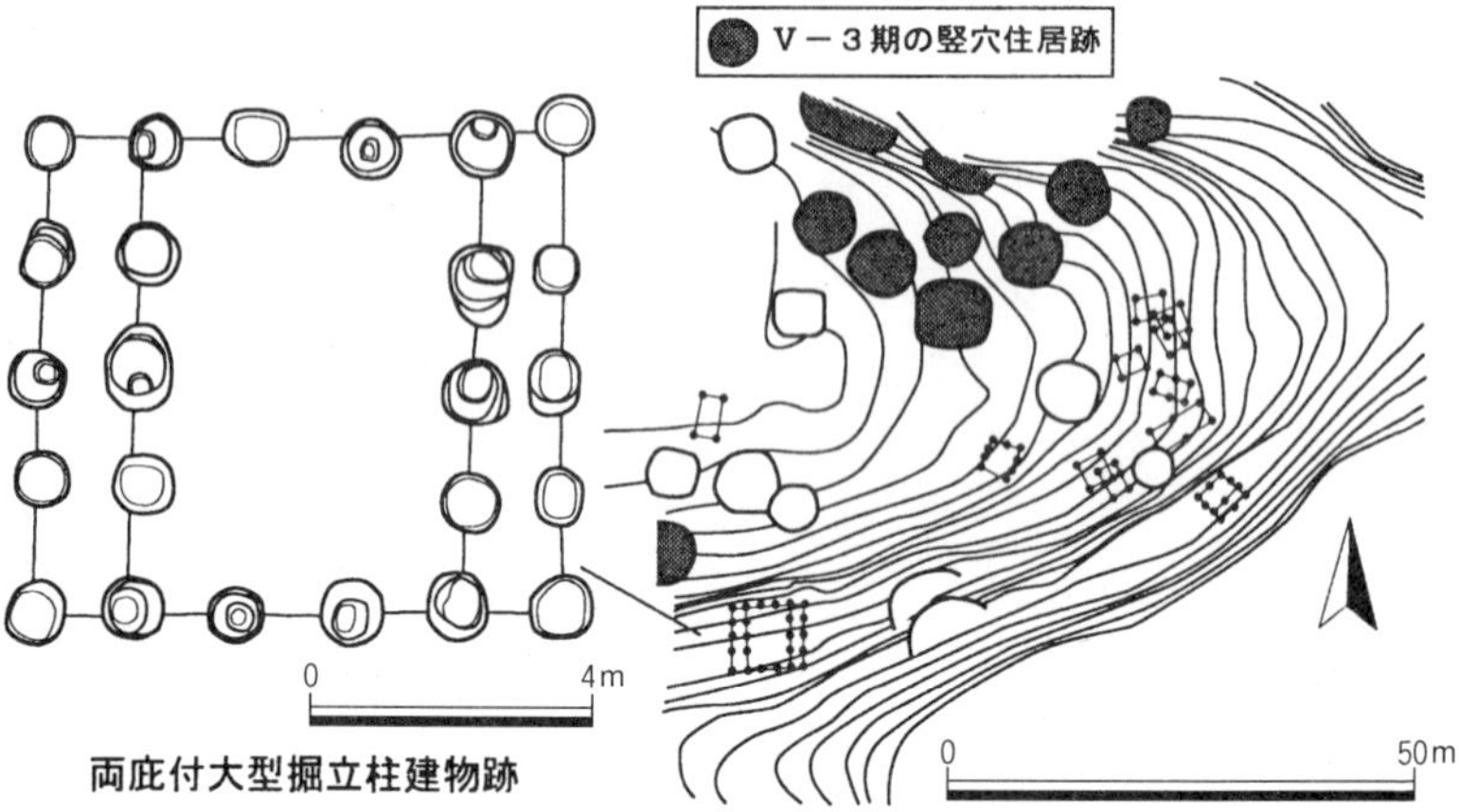

図9　松尾頭地区B群遺構配置図と大型掘立柱建物跡

に、竪穴住居跡間に柵列とか溝が存在し、各竪穴住居跡に対応する掘立柱建物跡と貯蔵穴が認められることです。各竪穴住居跡の同時性は証明できませんが、いずれの竪穴住居跡にも拡張や建て替えの痕跡が認められませんし、柵列や溝の存在によって、各竪穴住居跡の占有する空間が読み取れることを考慮すると、それぞれの竪穴住居跡が同時併存していた可能性も考えられます。このように仮定しますと、コザンコウ遺跡における遺構のあり方は、先ほど、妻木晩田遺跡で竪穴住居跡の累積として捉えた居住単位（図7）の最も単純な姿なのではないかと思われます。

以上、妻木晩田遺跡とコザンコウ遺跡を例に、弥生時代後期～終末期の集落構造を概観しましたが、中期にみられた大型掘立柱建物跡や空間分節は、後期以降、どのような形で認められるのでしょうか。

集落が最盛期を迎えるV-3期の妻木晩田遺跡は、二〇を超える居住単位によって大規模な集落を形成しています。そして、居住単位ごとに遺構のあり方をみていきますと、大半の居住単位は竪穴住居跡と小型の掘立柱建物跡で構成されていますが、ごく一部に大型掘立柱建物跡をともなう居住単位が認められます。現状では、両庇付きの大型建物跡を伴う居住単位が松尾頭地区に一カ所（図9）、また、九本柱で平面プランが田の字形の建物をともなう居住単位が妻木山地区に四カ所、妻木山地区に一カ所、洞ノ原地区に一カ所あります（図10）。

このうち松尾頭地区のB群と呼んでいる居住単位には、丘陵頂部に空閑地がありまして、その北側にV-3期の竪穴住居跡が群集しており、東側に小型の掘立柱建物跡群（時期の特定できないものを含む）、さらに南側に両庇付の大型掘立柱建物跡があります（図9）。大型掘立柱建物跡の柱穴からはV-3期の土器片が出土しています。各建物跡の同時性を認めるか否かによって、解釈は一様ではないと思われますし、調査区西側の未調査地にも遺構が広がっていますので、B群の全体像にはまだ不明な点が残されています。しかし、現状を積極的に評価するならば、松尾頭地区のB群には何らかの空間分節を認めることができます。

また、この両庇付の大型建物については、これまでにも首長に関連する祭祀施設ではないかという見方が出されていますが、妻木晩田遺跡全体をみても、他にこうした施設を伴う居住単位は認められませんので、こうした施設、そして、こうした施設を有す居住単位は何か特別な意味を

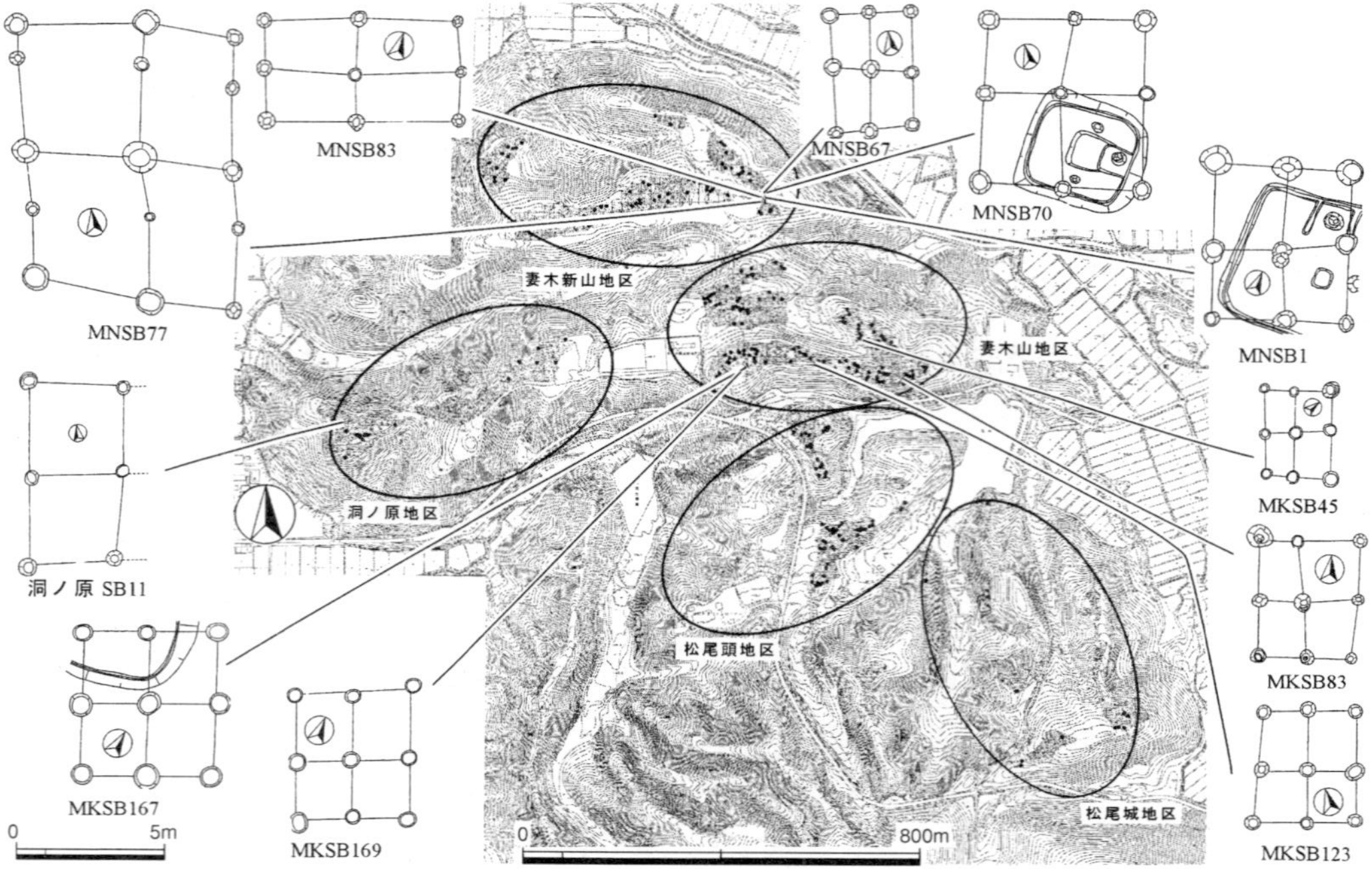

図10　妻木晩田遺跡における９本掘立柱建物跡の分布

もっているのではないかと思われます。

また、竪穴住居跡が累積する空間を、中期の集落にみいだした空間Aと同質のものと考えるならば、空間Bに類する特別な空間が遺跡の中に独立して存在する状況は、妻木晩田遺跡の最盛期には認められません。むしろ、大型掘立柱建物跡などは、どうも特定の居住単位に保有されているようです。こうした状況は、複数の居住単位の集合体である大規模遺跡を考える上で非常に重要なことのように思えます。

弥生時代中期の集落には、空間A、空間Bという分節があり、空間Bには祭祀的な性格を見いだすことができます。中期には、まだ、大規模な集住は認められませんから、妻木晩田遺跡を構成する一つか二つの居住単位からなる集団が集落を営んでおり、空間Bを所有していると考えられます。

ところが、妻木晩田遺跡では、後期になって大規模異な集住がはじまると、ある特定の居住単位の中に、かつて空間Bに存在していたような施設が認められるようになります。妻木晩田遺跡では、ある時期、松尾頭地区のB群に大型掘立柱建物が存在しています。さらに検討を重ねる必要がありますが、こうした大型掘立柱建物を有す集団の中に、複数の集団を統括し、祭祀を司る首長層の存在をうかがうことができるのではないかと思われます。

一方、九本柱の建物も、おそらく普通の倉庫といった日常的な施設ではないだろうと思われます。資料も不足しており、十分な検討を行える状況にはありませんが、島根県松江市にあります田和山遺跡では、三重の環壕に囲繞される丘陵の頂部に、唯一、九本柱の建物跡が存在しています。竪穴住居跡は環壕の外側に分布していますので、日常の生活空間とは一線を画した象徴的・祭祀的な施設ではないかと考えられます。

妻木晩田遺跡では、こうした形態の建物跡が複数の場所でみつかっています。残念ながら、時期を特定できるものが少なくて、一体、これらがどのような形で居住単位の中に存在していたのかがよくわかりません。ただし、これらがすべて同時に存在していないと考えますと、あくまで仮定の話ですが、各時期、各丘陵に一つ程度、こうした九本柱の建物を所有する居住単位があったのではないかと考えられます。つまり、集落唯一の存在である両庇付大型建物に対して、集落を二〜三分するまとまりに対応するのがこの九本柱の建物ではないかと思います。

このように考えますと、妻木晩田遺跡には、両庇付大型掘立柱建物跡をともなう居住単位、そして、九本柱掘立柱建物跡をともなう居住単位があり、そのほか、そうした施設を全くともなわない居住単位があることになります。大型掘立柱建物跡や九本柱の掘立柱建物跡が何らかの非日常的ないし象徴的な役割を担った施設だとするならば、それらを保有する集団と、しない集団の関係は必ずしも等質的な関係にないことが推測できます。つまり、ある時期、松尾頭地区B群が統括する大規模な集落（妻木晩田遺跡）の中に、集落を二〜三分する居住単位のまとまりが存在していたことを考えることができます。しかし、威信材的な遺物などが、ある居住単位に集中する状況も認められません。また、各居住単位がそれぞれに自立的な存在であったとみるなら、遺構の在り方から推測される集団間の差違は、生活レベルには現れにくい、非常に緩やかなものだったのではないでしょうか。そうした緩やかな階層社会の中にあって、ある時期、複数の居住単位の集合を統括していたのが松尾頭地区にあるB群ではなかろうかというイメージです。

3. 古墳時代の集落構造

続きまして、古墳時代前期の様相を概観します。ここでは鳥取県東伯郡湯梨浜町（旧羽合町）にあります長瀬高浜遺跡を取り上げます。この遺跡は、弥生時代前期・中期の集落でもありますが、後期がすっぽりと抜けた後、再び弥生時代終末期から古墳時代の中期にかけて集落が営まれています。

さて、弥生時代終末期から古墳時代前期の長瀬高浜遺跡では、竪穴住居跡の分布にいくつかまとまりが認められます（図11）。妻木晩田遺跡のように、広範におよぶ集落の様子は不明ですが、長瀬高浜遺跡も妻木晩田遺跡と同様に、複数の居住単位の集合体と考えてもいいのではないかと思われます。

このうち、B区というところで、概ね一つの居住単位の様子が把握できます。その変遷をみますと（図12）、B区が形成される弥生時代終末期（Ⅵ-2期）には、空閑地の周辺に点々と竪穴住居跡があり、布掘りで棟持柱を持つ大型建物跡や、独立棟持柱をともなう二間×二間の正方形を呈した大きな建物跡があります。続く、古墳時代の前期前葉になりますと、空閑地の側に若干の

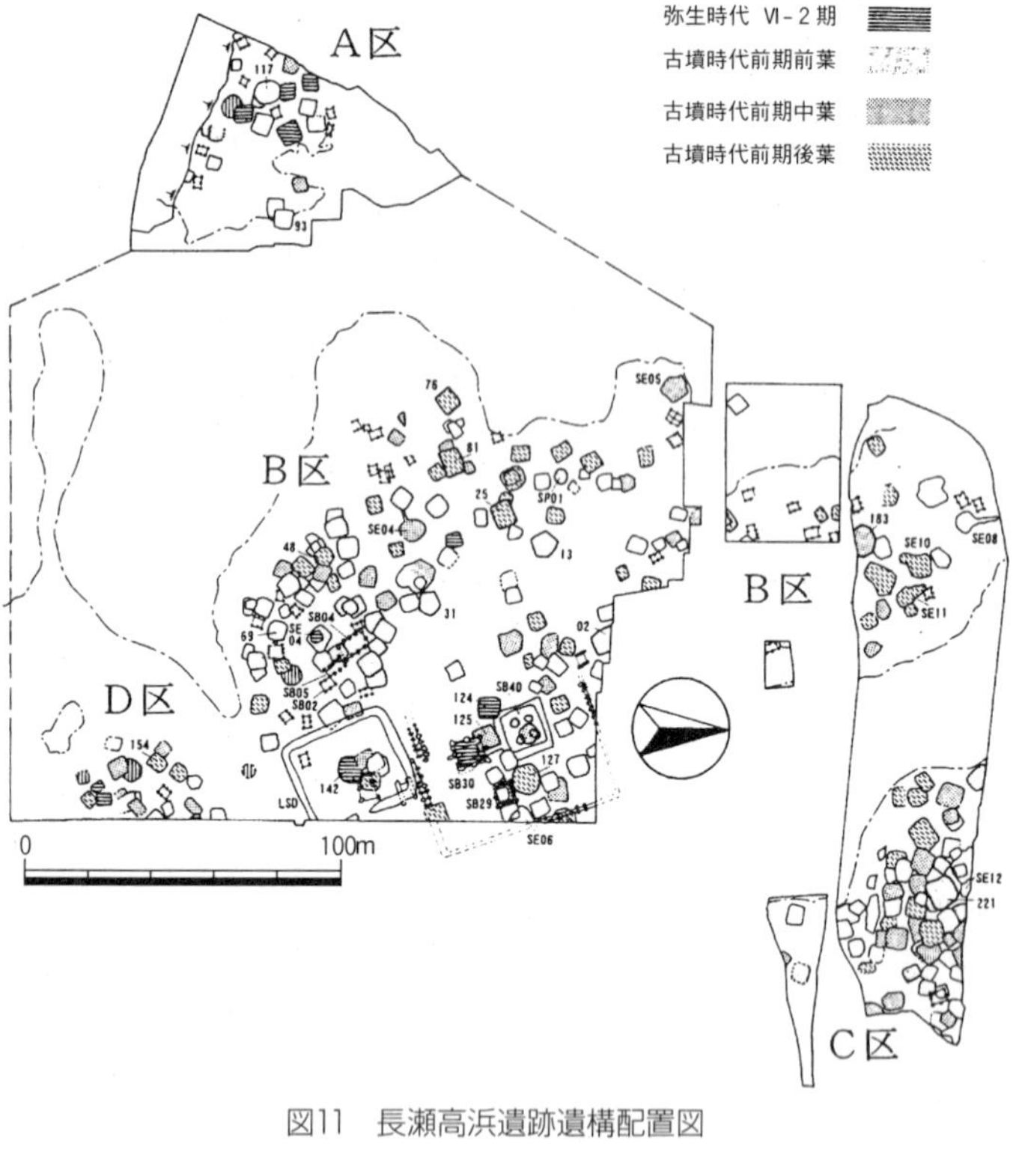

図11　長瀬高浜遺跡遺構配置図

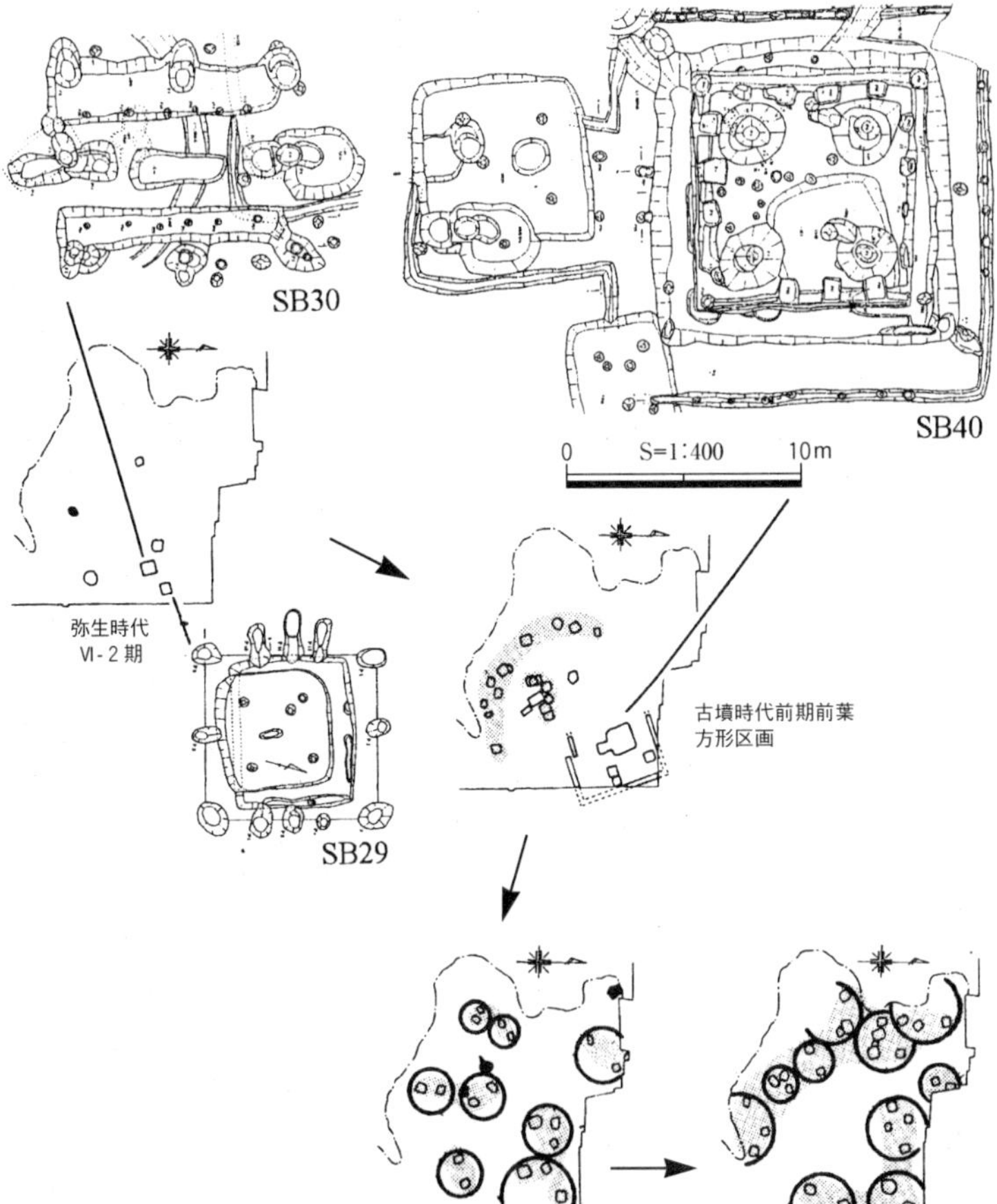

図12　長瀬高浜遺跡B区の変遷と大型掘立柱建物跡

掘立柱建物があり、竪穴住居跡がその西側に弧状に展開します。そして、前段階と同じ場所に大型建物跡がつくられていますが、この段階には方形の柵列をともなっていることが注目されます。そして、次の古墳時代前期中葉になりますと、象徴的な大型建物跡はなくなります。しかし、空閑地の周辺に竪穴住居跡が分布するといったあり方は、基本的に弥生時代終末期以降、同じです。

また、古墳時代前期中葉頃から、一居住単位を構成する竪穴住居跡の数に変化が認められます。古墳時代前期前葉までは、弥生時代中期・後期に一般的な、五棟前後の竪穴住居跡が一つの集団を形成していますが、古墳時代前期中頃になると、七〜八棟前後の竪穴住居跡が一つの集団を形成するようです。他の遺跡で、どのような変化が看取できるか検討しなければなりませんが、長瀬高浜遺跡では、古墳時代前期前葉から中葉にかけて、居住単位を構成する竪穴住居跡の数が増加するといった点で、集落構造に大きな変化が生じていると考えられます。

次に、方形区画について検討を行います。長瀬高浜遺跡に方形区画が出現するのは古墳時代前期前葉のことです。ところが、鳥取県では、これまでに弥生時代中期にさかのぼるとされる方形区画が二つの遺跡で指摘されています。一つは、弥生時代中期の集落で取り上げました茶畑山道遺跡、もう一つは米子市淀江町（旧淀江町）にあります百塚第七遺跡です。しかし、結論を先に申しますと、私は、伯耆地域における方形区画の出現が弥生時代にさかのぼることについては否定的です。

茶畑山道遺跡では、独立棟持柱建物に対向する位置に同じような規模の建物があって、どうも柵列らしきピットが並ぶことから、方形区画の存在が推測されています（図3）。確かに建物が計画的に配置されているようにもみえます。また、一部に柵列状のピット列が検出されています。しかし、部分的なピット列が方形区画の一部と言えるかどうか少々疑問です。ここで重要なのは、緩やかながらも計画的に建物がつくられていることをきちんと評価することだろうと思っています。

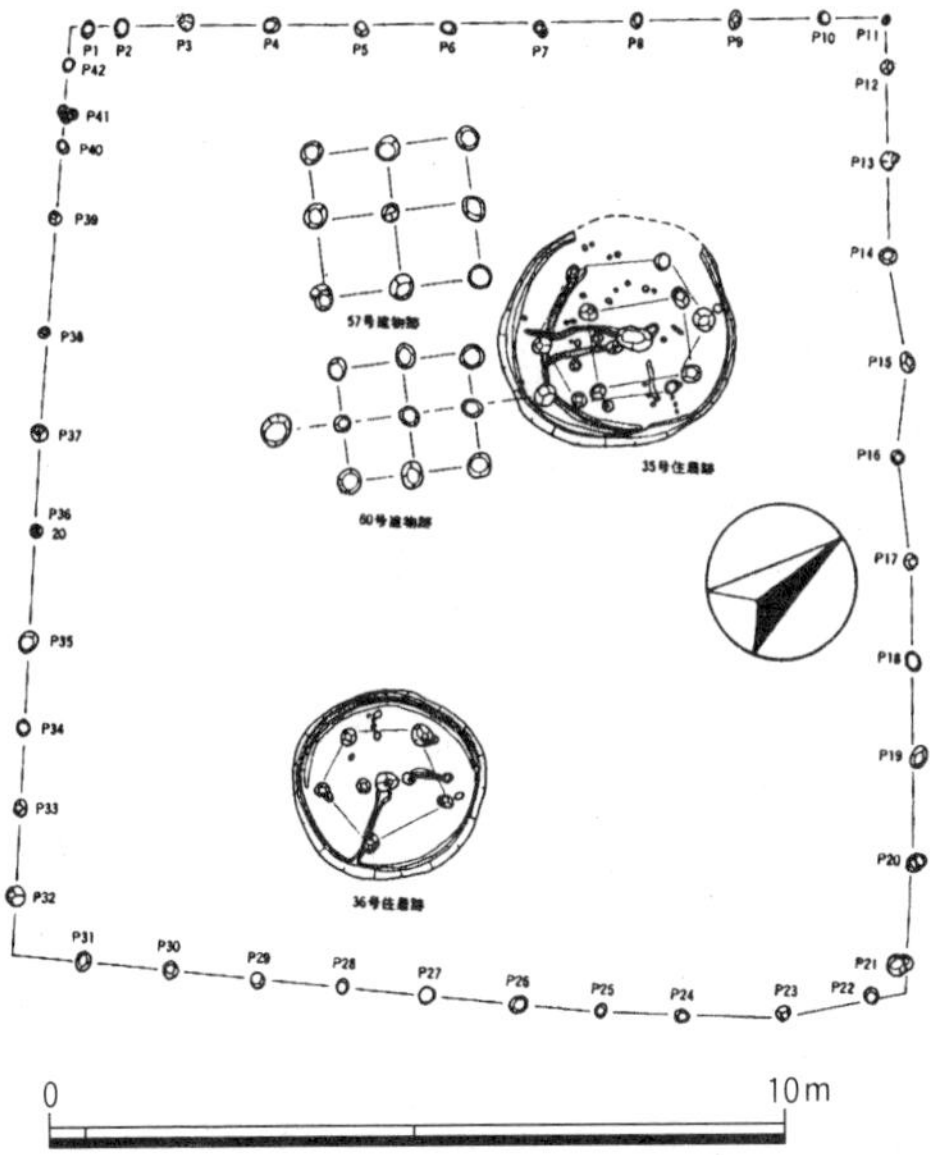

図13　百塚第７遺跡の方形区画

次に、百塚第七遺跡ですが、ここでは方形にめぐる柵列の中に、九本柱の掘立柱建物跡が二棟と、弥生時代中期後葉の竪穴住居跡が二棟、見つかっています（図13）。報告書によりますと、柵列を構成する柱穴の一つから弥生時代中期の土器が出土していることが報告されています。そして、竪穴住居跡の棟方向と掘立の棟方向がそろうので、ある時間幅の中で、竪穴住居跡と掘立柱建物跡が柵列に囲まれた空間に存在する、一連の遺構ではないかと考えられています。さらに、柵列が首長の屋敷を区画する施設ではないか推定されています。

しかし、柵列とその中にある竪穴住居跡と掘立柱建物跡が本当にある時期同時併存していたのでしょうか。仮に柵列が後世の遺構であっても、柵列を構成するピットの裏ごめや埋土に弥生時代中期の土器が混在することはありえます。また、竪穴住居跡や掘立柱建物跡は緩やかに傾斜する地形にありますので、地形に制約された結果、時期を違えても棟方向が一致することもありえますので、棟方向が一致しているからといって、それをもって、竪穴住居跡と掘立柱建物跡の同時性は証明できません。

このように考えますと、そもそも2棟ある竪穴住居跡のうち、一棟（三五号住居跡）は掘立柱建物と切り合っている状態にあること、そして、もう一棟（三六号住居跡）が柵列に非常に近い位置にあることも、竪穴住居跡と、柵列および掘立柱建物跡の同時性について否定的な要素といえます。例えば、弥生時代の竪穴住居跡は竪穴部の周囲に二～三mほどの周堤帯を伴っていますから、竪穴部に二～三mの周堤帯を加えたものが竪穴住居本来の外周ということになります。つまり、三六号住居跡が柵列と同時併存していたならば、三六号住居跡は柵列にほぼ接した状態であったことになります。また、掘立柱建物跡と切り合い関係にある三五号住居跡は、その位置関係を見る限り、掘立柱建物跡と同時併存することはないと考えられます。したがって、この柵列の中にある建物跡すべてを一連の遺構と考えるよりも、位置関係として無理のない柵列と二棟の掘立柱建物跡を一連の遺構と考えるほうが自然なのではないかと思います。

となると、問題となるのは、柵列および掘立柱建物跡の時期です。百塚第七遺跡では、古墳時代中期以降の遺構がたくさん検出されており、その中には、九本柱の建物跡も認められます。こうしたことを考慮しますと、柵列内にある竪穴住居跡と結びつけて、弥生時代中期の遺構と考えるよりも、柵列およびその中にある掘立柱建物跡は古墳時代中期以降の集落景観の中に位置づけるほうがよいのではないかと考えています。

このように、伯耆地域では、方形区画の出現を古墳時代前期前葉と考えておくのが妥当と思われます。

さて、長瀬高浜遺跡の周辺では、方形区画の出現に続くように、古墳時代前期中葉以降、前方後円墳の造営が始まります。また、こうした動きに連動するように居住単位を構成する竪穴住居跡の数にも変化が現れます。こうした現象が、方形区画の出現後に顕在化していること、そして、当該地域における前方後円墳の成立期と軌を一にしていることは、古墳時代の新しい社会相を反映した集落構造の変化を示すものとして看過できないと考えます。

以上、まとまりのない話になってしまいましたが、どうもご静聴ありがとうございました。

佐賀平野の弥生時代環壕区画と大型建物

――吉野ヶ里遺跡を中心として――

七田忠昭

佐賀県の七田でございます。私のほうからは、佐賀県、特に有明海沿岸、福岡県の筑後川流域を含めた話になると思いますけれども、そのあたりの環壕区画、あるいは大型建物についてお話しいたします。

吉野ヶ里遺跡は、これまで約十八年間調査が続いておりまして、調査面積も大体四〇haぐらいをカバーしております。全体がかなり広い調査面積におよんでおりますので、集落全体、あるいは墓地全体の変遷過程、そういうことを知ることができますし、また、個別の施設・建物であるとか、いろんな区画、そういったものが全体の中でどのように配置されているのかとか、ほかの遺構との絡み等から、それらの機能や性格に迫ることのできる遺跡であると考えております。そうしたなかで、今回は特に環壕区画の形成過程、形態、あるいは大型建物がどういう機能を持っているると考えられるのか、それについて考えたことをお話ししたいと思っております。

吉野ヶ里遺跡の変遷にしたがって説明していきます。吉野ヶ里遺跡では、弥生時代前期の初頭から遺跡の南部に環壕が設けられておりまして、その後、約二・五ha規模の前期の環壕集落、そして約二〇haぐらいに成長した中期の環壕集落、そういうものが遺跡の南部に営まれます。ただし、今回問題になっておりますような大型建物であるとか、直線的な壕によって区画された区域、そういう空間はまだこの時期に現れておりません。そうした遺構は後期にならないと現われてこないということであります。

弥生時代後期になって、その前半ぐらいまで集落全体の約四〇haを囲んでおります大規模な環壕が掘削されます。そして、恐らく後期中頃じゃないかと思いますが、この環壕内部の丘陵尾根の上にさらなる環壕によって区画が設けられます。南内郭跡と書いてあるところ、あるいはその北東約一五〇mに北内郭跡と書いてあるところ、このような環壕区画が出てまいります（図1）。これらの存続時期、あるいは外堀との共存関係、こういったものの全体像をようやく本格的に整理を始めましたので、内郭を区画する環壕、あるいは外側全体を囲む環壕の存続時期を整理するまで、もう少し時間をいただきたいと思っております。

まず南内郭ですが、もともと古段階（後期中頃〜後半）には七八〇〇㎡ぐらいの大きさの直線的な部分があるものの少しいびつな形をした区画でしたが、後期後半〜終末期の新段階になると

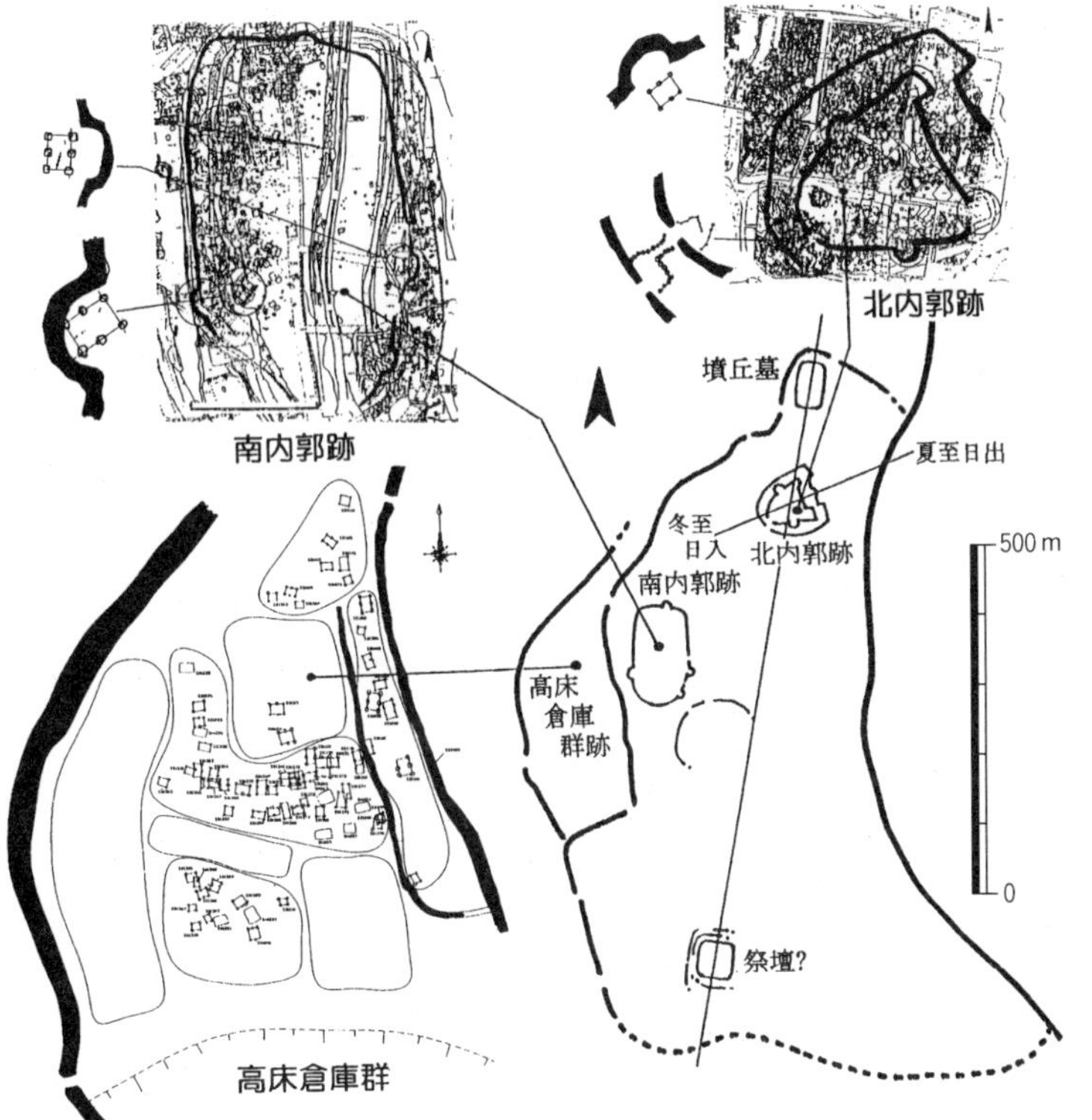

図1　吉野ヶ里遺跡概要図

ほぼ長方形に近い平面形をとるようになります。基本的には南北を軸にして東西対称の形態をとっております（図1）。黒く塗ってあるのが新段階の環壕区画、塗ってないものが古い段階の環壕区画であります。内部に小規模な掘立柱建物が数棟と、竪穴建物が五〇軒ぐらい見つかっております。これらがすべて同時期にあったわけではないと考えておりますけれども、このように多くの竪穴建物と少数の小規模な掘立建物で占められるということです。

もう一つ特徴的なのが、この南内郭は環濠を外側に突出させた部分を持っているということです。新段階では西側に一カ所、東側に二カ所、北側に一カ所、計四カ所の半円形の突出部を持っているということ。そしていずれの突出部にもその内側に六本柱の建物跡が確認されております。

次に北内郭ですけれども、北内郭は弥生時代中期の初めぐらいから古墳時代まで、唯一継続的に利用された場所であります。そこへ弥生時代後期のある時期にこういう環壕区画が現れるわけです。中期段階においてはこの場所の北方と西方の近接した位置に甕棺墓地が営まれておりました。そこへ終末期にこういう環壕区画が作り出されるわけですが、その範囲には一基たりとも墳墓が入ってこない。そういった特殊な区域だと考えております。

そういう区域が二重の環壕で区画されております。もともとは一重環壕だった可能性もあるのですが、その辺の分析については始めているところですので、もう少し時間をいただきたいと思います。平面形は、左側を頭として見ると「A」の字に似た形をとっておりまして、足の部分と手の部分あたりに平面方形あるいは半円形の突出部を持っております。そして、その内側には、南内郭と同様に建物が建っています。それから、入り口部分の図をちょっと拡大して描いておりますけれども、陸橋部を左右にずらしておりまして、それぞれの内側に鍵形に曲がった柵列を設けているという特殊な構造をとっております。つまり、門を入ったら直線にすすんで内部へ入ることはできず、左に曲がって右に曲がって、また右に曲がって左に曲がらないと中に到達できな

図２　吉野ヶ里遺跡北内郭跡（弥生時代後期終末期）

い構造を持っています。

また、この北内郭の配置は（図2）、この中軸線が冬至の日の入りと夏至の日の出の方向に一致しています。なんらかの意図が込められていたのか偶然なのかはわかりませんが、事実としてそのように捉えることができます。

この内部には竪穴建物も幾つかありますが、基本的には掘立柱建物で占められていて、そのひとつが大型建物になります。二重環壕の外側ではすぐ北側に倉庫と考えられる小規模な掘立柱建物があるだけです。（図1）は後期終末期を中心にした、外環壕と環壕区画、あるいは記念物になるような墳丘墓とか南の盛土遺構、そういったものの配置を示しております。大体このような集落構造が見てとれるかと思います。

集落の最南部には祭壇と書いてある盛土遺構があります。四〇m四方以上の規模を持つ人工的な丘でありますが、これは調査があまり進んでおりませんのではっきりしたことはわかりません。数年前に一部調査をやったところ、祭祀土器がかなり多量にこの内部に存在していることがわかりました。中には、有明海産貝殻が充満した特殊な壺などもございまして、恐らく何かしらの祭祀が行われた丘ではなかろうかと推定しております。中期初頭の竪穴住居を埋め込んだ上に盛土遺構をつくっており、中期前半に築かれたと考えております。後期終末期になるとこの周囲に一重ないしは二重の堀を掘削して、丘を取り囲むということを行っておりまして、現在のところ北と西と南の辺に溝を検出しております。東辺部分にもトレンチを入れたのですが、中世の大きな道が通っておりまして、溝を確認できていません。この部分は将来の調査にゆだねなければなりません。

ところで、吉野ヶ里遺跡を中心としました佐賀平野ではたくさんの大型建物が見つかっていますが、そのなかで鳥栖市柚比本村遺跡という遺跡がございます（図3）。これは福岡県境に近い鳥栖市というところにございます遺跡でして、非常におもしろい空間構成を持つ遺跡であります。図の一番上（南東の方向）、ここに墳墓群がございます。木棺、あるいは甕棺、銅剣もたくさん出しました特定集団の墳墓です。その下の方（北西の方）には大型建物がございます。佐賀平野では、調査面積が狭いこともあるのですが、一〇〇㎡に近いような目立った大型建物は非常に少ないです。そんな中で、これは県下で最大の一六七㎡と言う規模になる、超大型といいましょうか、非常に大きな建物が存在します。しかし、そのさらに下（北西）には祭祀専用土器を割って埋めた穴がたくさん密集して存在しています。大型建物と特定墳墓との間には一間×二間の小規模な掘立柱建物があり、これらが一直線に並んで存在するということです。また、小規模建物と

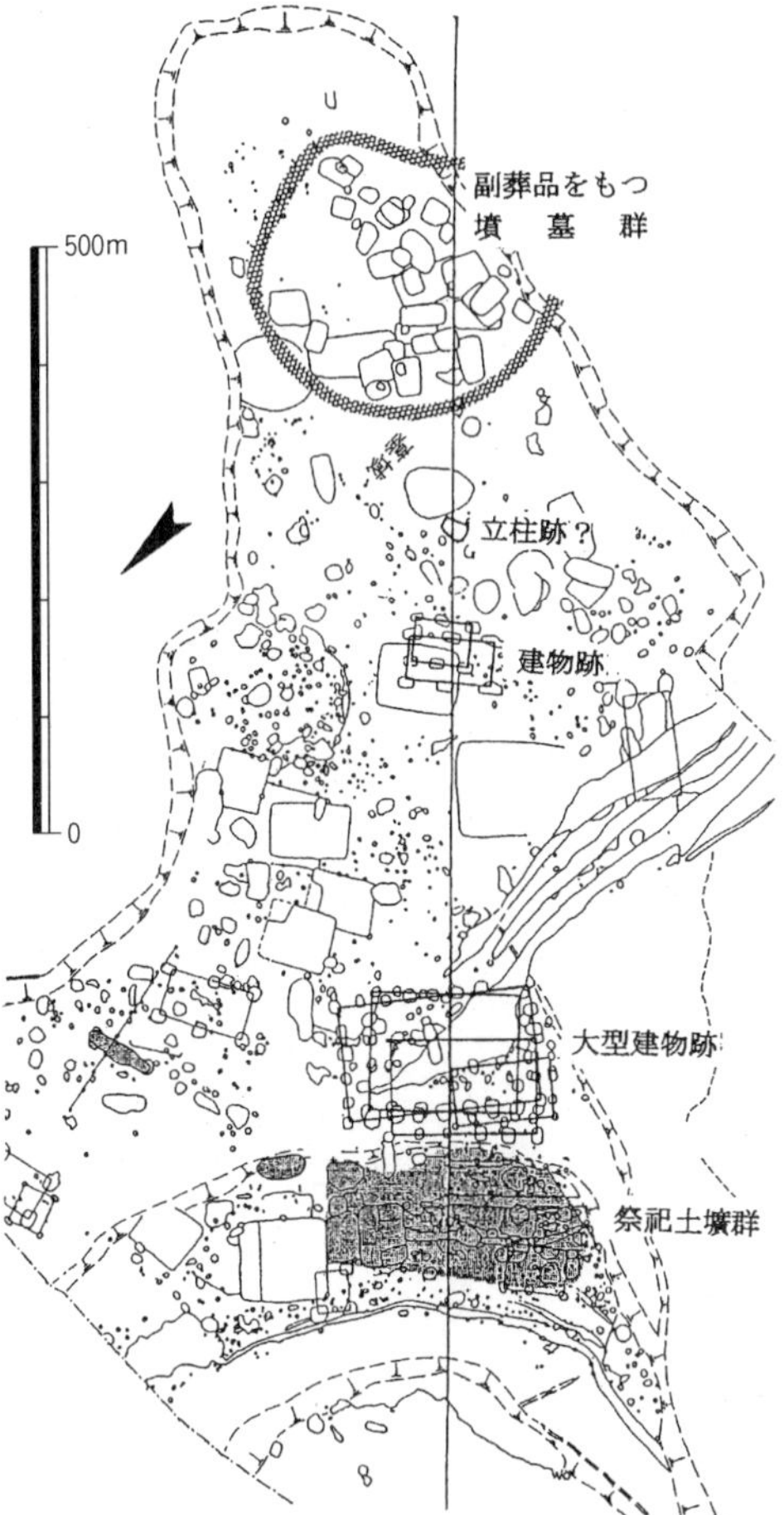

図３　柚比本村遺跡の特定墳墓群と大型建物跡

墳墓の間にある土坑は、調査担当者は柱穴とは考えていないようですが、私は立柱跡と考えたいと思います。こういうものが、大型建物の軸線上に乗って一直線に並んで存在しております。

吉野ヶ里遺跡にも似たような配置が見られます。吉野ヶ里遺跡の場合は北の方に北内郭がございまして、その中にある大型建物の中軸線がさらに北方にある墳丘墓の中心を向いているようです。そして、これらの間に一間×二間の小規模建物跡があって、その墳丘墓よりの位置には、恐らく柱を立てただろう穴が一個存在しているということであります。

このようなことから吉野ヶ里遺跡の大型建物とこれをめぐる遺構の配置、あるいは柚比本村遺跡の大型建物の場合から見て、大型建物の性格の一つとして、特定の墳墓を祭祀する機能、祖霊祭祀、あるいは英雄祭祀かもわかりませんが、祭祀的なことを行う建物であったということが推定できるのではないかと考えております。

それから図1で南内郭の西側に高床倉庫群跡と書いてある部分ですけれども、ここにも比較的大きな掘立柱建物が見つかっています。しかし、吉野ヶ里遺跡には北内郭や南内郭のような区画が別にあるものですから、ここに見られる建物跡は倉庫と考えておりますのでこのような名前をつけております。これらの建物跡を倉庫と考える理由は、吉野ヶ里遺跡の貯蔵施設の変遷からも説明することができます。

実は吉野ヶ里遺跡では、前期の環壕の中に確実な竪穴建物が見つかっておりませんで、穴倉（貯蔵穴）ばかりが幾つか見つかっています。中期になりますと、環壕集落内の竪穴住居が一〇〇棟以上見つかっていますが、およその四倍の数の穴倉が竪穴建物の周りに分散して存在しております。そしてこれらとは別に、西側に傾斜する集落中心から、穴倉だけを円形に配置したグループが二つ、三つ見つかっておりまして、中期の早い段階から倉庫群と居住区の位置は明瞭に区別されていることがわかります。その後、中期後半からは西側へ傾斜していくかなり低い場所に掘立柱による倉庫群を設けておりまして、それが後期になって急速に北のほうへ拡大・移動し、最終的には南内郭西側（先ほど申しました高床倉庫群跡）にまとまることが見てとれそうです。

この高床倉庫群遺構配置の概略を簡単にまとめました（図1）。右（東）側に南北方向に伸びているのが深く掘られた外環壕です。その西側に掘立柱建物群を中心とする遺構群が展開します。これ柱穴から出てくる土器はだいたい弥生時代後期後半から終末期が一番多く存在しています。これは今年度に概要を出さなければいけないので分析を始めました。まだまだ拾い切れない柱穴がたくさんございますが、今のところ百数十棟の建物群が弥生時代後期後半から終末にかけての時期に存在しているのではないかと考えております。

この建物群は大まかに第一～四群の四つぐらいにグルーピングできると考えておりまして、図では線で囲んで示しております。まず、第一群は外環壕に接した部分でして、壕に並行するように建物跡が並んでいる建物群です。外壕から約二〇m西側に壕が設けられていて、第一群の西端を区画しています。その中の建物は三〇㎡とか、五〇㎡という規模のものはありませんが、かなり大きい建物がこの区画内には存在しています。第二～四群には目立つような規模の建物はござ

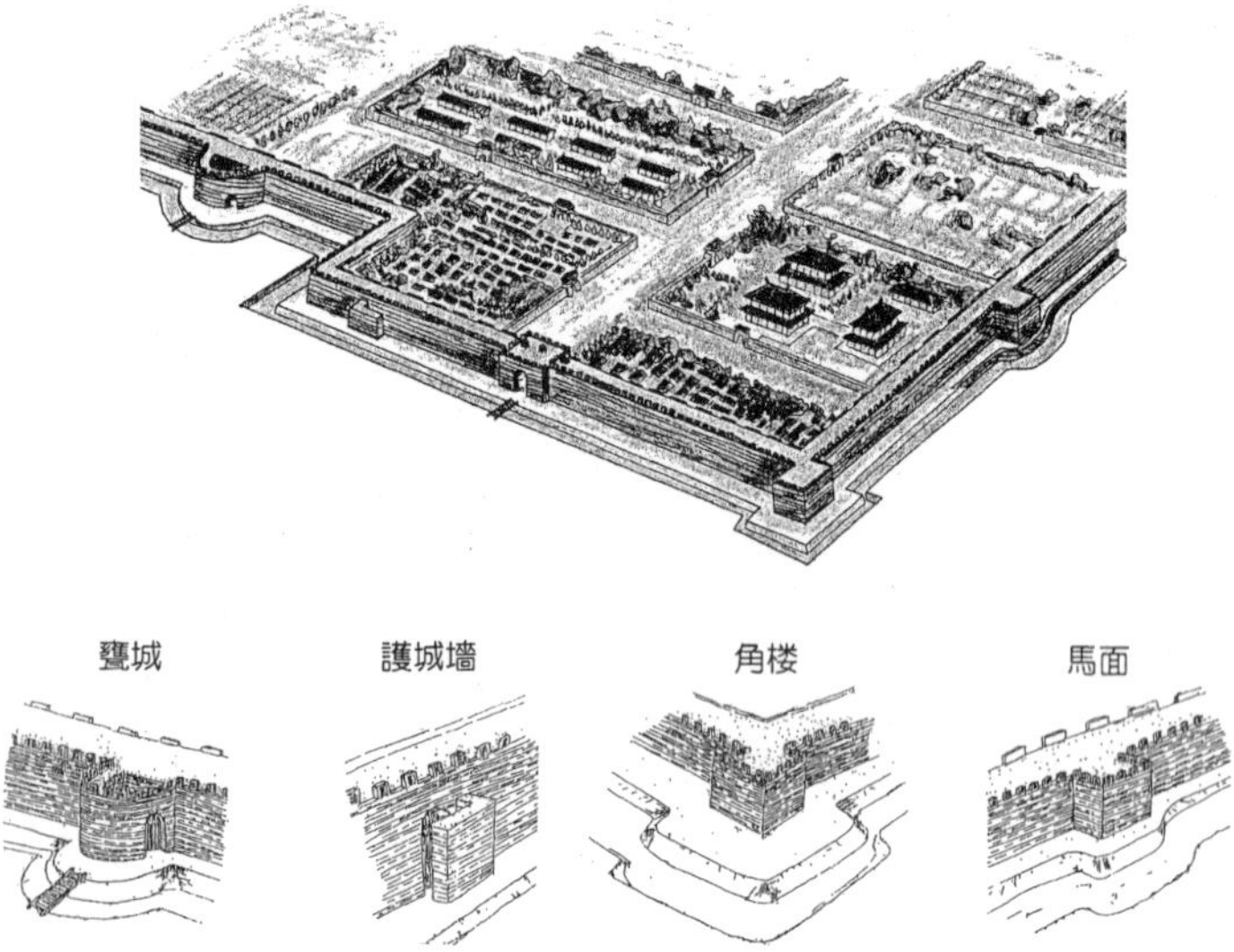

図4　中国の古代城郭（漢〜三国時代）
来村多加志編『戦略戦術兵器事典①』の原図を改変

いません。ただし、唯一総柱建物跡が第三群の中央部にありまして、それが同じ場所で建て替えを行っております。この建物群において高床倉庫と考えている建物は一間×二間、一間×三間、あるいは一間×一間というのが基本形なんですけれども、そのなかで総柱建物は、現在この二棟だけしかありません。これがどういう意味を持つか、これは一般とは構造が違うので何か考えなければいけないと思っております。

　この建物群についてはいろんな議論があります。私なりの解釈を申し上げますと、先にお話いたしました北内郭、南内郭の突出部分ですが、この構造は東アジア的な視点で見ると、恐らく図

4に示したような中国城郭の形態を帯びてきたというか、かの地の施設をもとに取り入れたものだと考えてよいのではないかと思っております。このことは後で再び説明しますが、そういう観点から高床倉庫群の空間についても「市」、魏志倭人伝に記されたような「市」であった可能性を少し考えてみてもいいのではないかと思っています。

北内郭では内部の大型建物と、突出部に付随して物見櫓と考えている掘立柱建物がありました。大型建物と言った場合には、やはり面積が三〇～四〇㎡ぐらい以上の規模を持つものを指すことになると思いますが、しかし面積にかかわらず、内郭に敷設された物見櫓のように極端に高い建物が推定できる建物、つまり高さという意味で集落景観の中で非常に目立つ建物、そういう建物についても評価していかなければならないではないかと思います。たとえば、奈良時代の寺院や塔は面積が狭いのですけれども、最も目立つ建物ですね。突出部の六本柱建物、物見櫓的な建物は非常に背の高い建物でありますから、こういうものも大型建物とともに一体の風景として考えなければならないと思っております。そういうことも考えながら高床倉庫群跡の部分を見ていきますと、この中ではやや特殊な建物である二棟の総柱建物は高層建物と考えてみてもいいのではないかと思います。中国の例なんかを見ますと、「市」には市を管理するような「旗亭」・「市楼」などと呼ばれる建物がございますので、そういうものを念頭に置きながらこの建物を考えていきたい、もしかしたらこの空間を管理する建物ではないかと考えるわけです。

さて、最後に「佐賀平野の環壕区画と大型建物」の説明をいたします。佐賀平野は吉野ヶ里遺

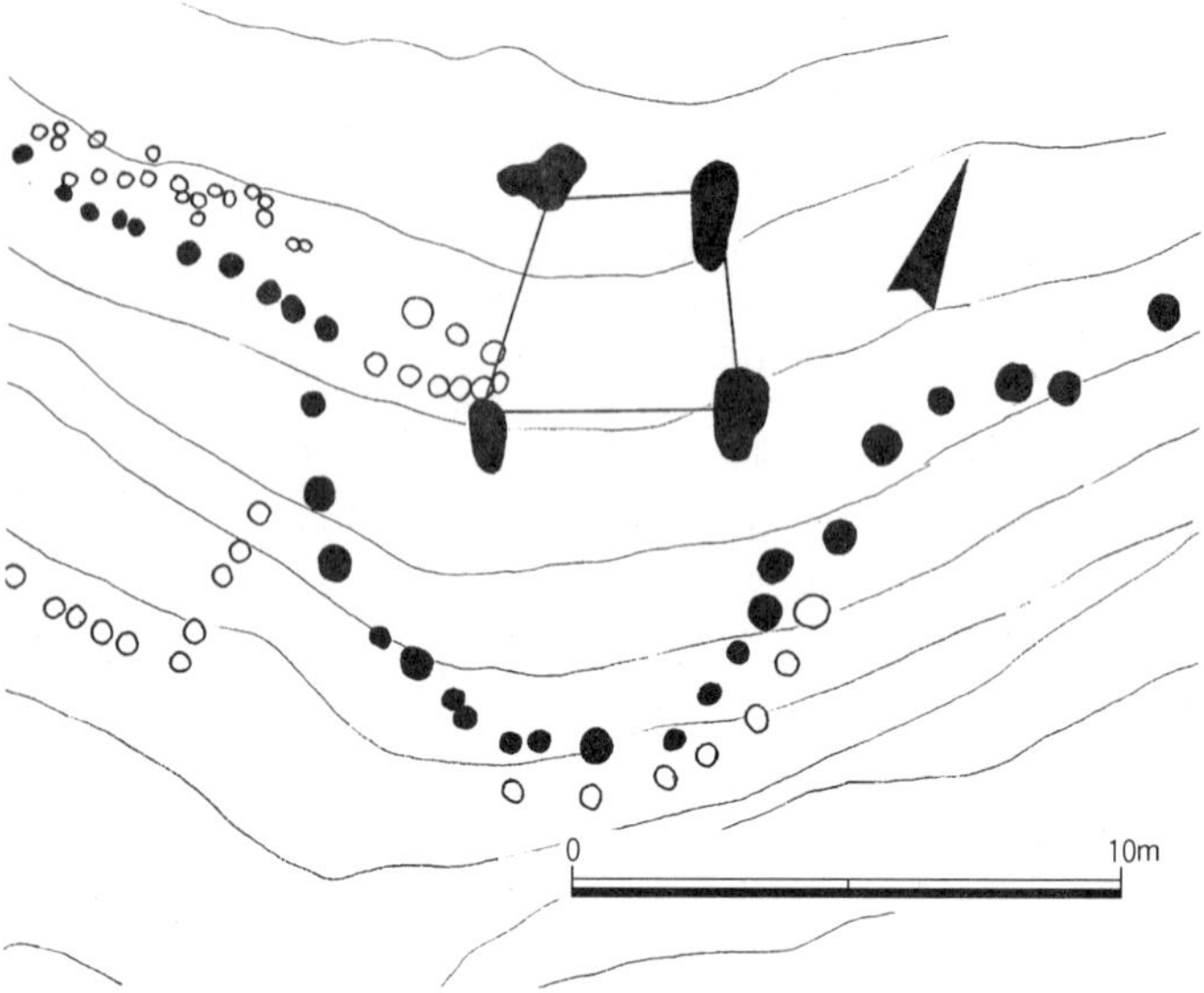

図５　一ノ口遺跡　Ｉ地点

跡のような環壕突出部を持った環壕区画、方形区画がたくさんございます。ここに列挙しているんですけれども、基本的には佐賀平野の東半分から、福岡県久留米市、八女市、大分県日田市の筑後川流域にかけてこういう突出部を持った環壕区画が存在するということです。全国的にはたまにそれらしいところが見つかるんですけれども、集中した地域はこの地域しか考えられません。その源流を挙げてみますと、たとえば佐賀平野に例があります。このように突出部の日本における最初の例は、隣の福岡県小郡市の一ノ口遺跡になるでしょう（図５）。これは弥生時代中期前半といわれています。ここでは柵で囲まれた集落の一部を突出させてその内側に四本柱の建物を建てている。こういうものが日本におけるおそらく最初の外的な要素、つまり中国的な城郭の影響ではないかと考えております。その源流は図の上のほうにあげた韓国と中国の城郭であろうと。時間がなくなってまいりましたので、詳しくは資料集の要旨のほうをお読みいただければと思います。

また、佐賀平野で直線的な堀による環濠区画が出てくるのは中期後半、福岡県の久留米市との境にあります北茂安町の筑後川に面する平林遺跡Ⅰ区というところです（図6）。ジグザグになった直線的な堀によって一定の空間を区画している、独立棟持柱を持っている建物も幾つか存在しておりまして、かなり特殊な集落ではないかと考えております。

今回ちょっと中途半端な発表になりましたけれども、最後に佐賀平野の弥生集落の構造を検討するにあたって、私の考え方を簡単にお話ししたいと思います。今回取り上げた大型建物なんですけれども、その性格を考える際に魏書東夷伝ですね、夫余から倭までの幾つかの地域についての記述がありますが、その中に宮室であるとか倉庫、あるいは宗廟とか、牢獄とか、施設の名称が載っていまして、そういう文献の記述も踏まえながら建物の性格等を考えていく必要があるのではないかと考えます。

特に東夷伝の中の倭という記述には、ほかの地域にないような邸閣であるとか、楼観であるとか、そういう表現がしてありますので、構造を含めて全体の中での位置関係等で考えるべきではないかと思っています。

先ほど言いましたように中国城郭との関係、物語のようでもありますけれども、やっぱりそう

図6　平林遺跡Ⅰ区

いうことを頭の中に置きながら考えないと、大型建物、あるいはこういう方形区画の性格に近づくことはできないのではないかということでお話しをいたしました。午後の議論で詳しいことはまたお話しできるかと思います。どうもありがとうございました。

第二部

地域に見る大型建物と方形区画の展開

東海・関東における大型建物・方形区画の出現と展開

鈴木敏則

浜松市博物館の鈴木と申します。今から私が発表する範囲は、東海・関東でございます。なにぶん広い地域でありますので、私もすべてを承知しているわけではありません。私が住んでいますのは静岡県でありまして、およそ西日本と東日本の中間地帯です。もう少し表現をかえて言いますと、地元東海と関東の両方を見渡すことのできる地域ということになります。こうした地理的な条件と、静岡県には弥生時代の大規模な集落の調査例が比較的多くあり、また方形の堀や濠を持った集落が何例か見つかっているということで、私に発表の白羽の矢が立ったのかなと思うわけです。

資料集を作るに当たりまして、大型竪穴住居と掘立柱建物、そして方形区画を伴うものを集成しました（資料1・2、図1～3）。真面目に集成したのですが、分析はそれほどできてはおりませんので、最初にお断りしておきたいと思います。

せっかく集めましたので、まず大型竪穴住居について少し概観しておきます（資料1、図1・2）。一般的な竪穴住居というのは五m前後ですが、発掘現場で見て、大きいなと感じるものは大体七～八mオーダーだと思います。集成してみますと、一〇mを超える超大型というべき竪穴住居も結構ありました。

さらに、一三mを越えるものが南関東を中心に見られます。例えば、神奈川県の三殿台遺跡の306B号住居ですと、何と一五mを越えております。この遺跡には他にも一三mを越えている住居跡があります。同じ神奈川県の赤坂遺跡についても、やはり一三mを越える例があります。これらは主に第Ⅳ様式併行期（中期後葉）を中心とした時期のものです。この時期に、南関東には多くの大型住居が存在すると指摘できるわけです。後期になりましても、関東では神奈川県朝光寺原遺跡の住居跡、同じく森戸原遺跡のY32号住居と言った例があります。Y32号住居は、一辺が一七mを優に越える大きさをもっております。

こうした大型竪穴住居の例は、中期後葉頃に集中しております。後期にも大きな住居跡が引き続いてあるわけですが、神奈川県のデータでは、竪穴住居の規模は全体としては小型化する傾向が見られます（資料2上段）。東海においても同様な傾向が認められるだろうと思われます。東海の中期の例としましては、三重県の長遺跡であるとか、愛知県の朝日遺跡があります。朝日遺

東日本の弥生時代～古墳時代前期のおもな大型住居一覧表

県　市　名	遺　跡　名	No.	時期	様　式　名	プ　ラ　ン	長軸 × 短軸 (m)	面積規模 (㎡)	備　　考
群馬県渋川市	有馬条里	321号住	Ⅷ	(CS字)		11.4		方形居館の外
群馬県沼田市	戸神諏訪	11号住	4C後			10.8 × 6.6	71.3	
茨城県竜ヶ崎市	南三島	107号住	Ⅷ	五領	方形	10.2 × 9.3	94.9	大型住4軒が環状配置
千葉県市原市	大厩	Y44号住	Ⅳ	宮の台	隅丸長方形	14.5 × 12.1	175.5	
千葉県市原市	大厩	Y38号住	Ⅳ	宮の台	隅丸長方形	11.5 × 10.5	120.8	
千葉県八千代市	村上込の内	058号住	Ⅴ～Ⅵ	久ヶ原・弥生町	胴張隅丸長方形	10.2 × 8.0	81.6	
千葉県	古屋敷	41号住	Ⅴ	久ヶ原	胴張隅丸長方形	10.3 × 7.4	76.2	
埼玉県東松山市	駒堀	Y1号住	Ⅵ	吉ヶ谷(弥生町)	長方形	12.6 × 8.0	100.8	
埼玉県熊谷市	池守池上	05号住	Ⅲ	須和田	隅丸長方形	10.7 × 7.3	78.1	
埼玉県北本市	阿弥陀堂	8号住	Ⅷ	五領		10.0 × 7.9	79.0	
埼玉県東松山市	番清水	29号住	Ⅷ	五領	方形	13.8 × 12.8	176.6	
東京都板橋区	赤塚氷川神社北方	LN04号住	Ⅵ～Ⅶ		隅丸方形	11.7 × 11.0	128.7	壁柱穴
東京都板橋区	赤塚氷川神社北方	LN21号住	Ⅳ	宮の台	隅丸長方形	11.1 × 9.0	99.9	
東京都板橋区	赤塚氷川神社北方	LN304号住	Ⅳ	宮の台	隅丸長方形	10.3 × 8.5	87.6	
東京都世田谷区	堂ヶ谷戸	H5(43)	Ⅶ～Ⅷ		隅丸方形	13.2 × 12.2	161.0	壁柱穴
東京都世田谷区	喜多見陣屋	111号住	Ⅵ～Ⅶ		隅丸長方形	11.1 × 8.0	88.8	竪穴内棟持柱?
東京都世田谷区	喜多見陣屋	113号住	Ⅶ		隅丸長方形	10.3 × 9.5	97.9	壁柱穴
東京都北区	赤羽台	Y100号住	Ⅷ		隅丸方形	10.8 × 10.8	116.6	
神奈川県横浜市	三殿台	306B号住	Ⅳ	宮の台	胴張隅丸長方形	15.2 × 11.3	171.8	
神奈川県横浜市	三殿台	306C号住	Ⅳ	宮の台	胴張隅丸長方形	13.8 × 11.8	162.8	
神奈川県横浜市	三殿台	306E号住	Ⅳ	宮の台	胴張隅丸長方形	10.7 × ?		
神奈川県横浜市	三殿台	410B号住	Ⅳ	宮の台	胴張隅丸長方形	11.2 × 9.0	100.8	
神奈川県横浜市	三殿台	316号住	Ⅳ	宮の台	?	11.2 × ?		
神奈川県横浜市	三殿台	304B号住	Ⅵ	弥生町	胴張隅丸長方形	10.8 × 8.4	90.7	
神奈川県横浜市	朝光寺原	106C号住	Ⅳ	宮の台	隅丸長方形	12.8 × 10.4	133.1	
神奈川県横浜市	朝光寺原	233F号住	Ⅳ	宮の台	隅丸長方形	12.6 × 9.6	121.0	
神奈川県横浜市	朝光寺原	213B号住	Ⅴ	久ヶ原	隅丸長方形	11.2 × 7.5	84.0	
神奈川県横浜市	朝光寺原	10号住	Ⅵ	弥生町	隅丸長方形	14.4 × 11.8	169.9	
神奈川県横浜市	朝光寺原	109C号住	Ⅵ	弥生町	隅丸長方形	13.6 × 10.0	136.0	
神奈川県横浜市	朝光寺原	408号住	Ⅵ	弥生町	隅丸長方形	10.9 × 8.4	91.6	
神奈川県横浜市	森戸原	Y32号住	Ⅴ	久ヶ原	胴張隅丸長方形	17.8 × 13.7	243.9	
神奈川県三浦市	赤坂	5号住	Ⅳ	宮の台	隅丸長方形	15.0 × 12.2	183.0	
神奈川県	小黒谷	Ⅱ区14号住	Ⅴ	久ヶ原	隅丸長方形	10.9 × 8.1	88.3	
神奈川県横須賀市	泉	32号B住	Ⅳ	宮の台	隅丸長方形	12.5 × 10.5	131.3	壁柱穴
静岡県浜松市	大平	SB14A	Ⅶ	元屋敷(古)	隅丸方形	13.2 × 12.4	163.7	周溝
静岡県浜松市	大平	SB14B	Ⅶ	元屋敷(古)	隅丸方形	10.4 × 10.8	112.3	壁柱穴
静岡県沼津市	御幸町	260号住	Ⅶ		隅丸方形	10.0 × 8.5	85.0	
静岡県沼津市	植出	SB558	Ⅵ		隅丸方形	10.3 × 7.8	80.3	
愛知県甚目寺町	阿弥陀寺	SB28	Ⅲ	貝田町	隅丸方形	12.5 × 10.6	132.5	集落中心部
愛知県清洲町	朝日	SA01	Ⅲ	貝田町		(柱穴間8.5m・柱φ 40cm)		
三重県四日市市	菟上	仮①	Ⅳ		隅丸長方形	10.7 × 7.3	78.1	
三重県四日市市	菟上	仮②	Ⅳ		隅丸長方形		70以上	
三重県四日市市	菟上	仮③	Ⅳ		隅丸長方形		70以上	
三重県津市	長	SH11	Ⅳ		長方形	12.0 × 8.4	100.8	
福島県いわき市	菅俣B	3号住	Ⅷ		隅丸方形	10.6 × 10.0	106.0	方形居館内
群馬県新里村	大屋H	居館内SB	Ⅶ		隅丸方形	7.6 × 6.8	51.7	方形居館内
栃木県矢板市	堀越	居館内SB	Ⅷ	(CS字)	隅丸方形	8.7 × 8.5	74.0	方形居館内
栃木県氏家町	四斗蒔	H1	Ⅷ		隅丸方形	8.6 × 7.4	63.6	方形居館内
岡山県北房町	谷尻	191号住	Ⅶ	(古墳前期初頭)	方形	12.4 × 11.8	146.3	壁柱穴・周溝

小久保徹「弥生時代の大型住居について」『埼玉考古第17号』1977・
第8回東日本埋蔵文化財研究所『古墳時代の豪族居館をめぐる諸問題』1998より作表

東日本の独立棟持柱建物一覧表

	県　市　名	遺　跡　名	No.	時期	間数	梁間	桁行	備　　考
1	三重県四日市市	菟上		Ⅳ	1×4	4.3	10.4	他に独立棟持柱3棟分存在の可能性、大型は桁行9.5mほど。集落中心部
2	三重県津市	(長遺跡)		Ⅲ～Ⅳ				柱不揃い
3	岐阜県岐阜市	寺田	SB14	Ⅳ	1×3	3.0	5.8	
4	愛知県名古屋市	志賀公園	SB19	Ⅲ	1×5	3.0	9.0	方形周溝墓群に近接
5	静岡県浜松市	大平	SH10	Ⅶ	1×3	5.0	6.5	3棟から成る倉庫群(大型竪穴住居が近在)
6	静岡県浜松市	大平	SH35	Ⅶ	1×4	4.2	5.8	方形区画倉庫群(屋内棟持柱建物が近在)
7	静岡県浜松市	大平	SH49	Ⅶ	1×3	4.3	6.4	居館内(近接棟持柱建物が近在)
8	静岡県小笠町	川田東原田	SH10	Ⅴ	1×5	4.5	10.7	集落中心部
9	静岡県静岡市	小黒	1号	Ⅶ～Ⅷ	1×3	5.0	6.4	方形区画内、集落南東隅
10	静岡県静岡市	小黒	2号	Ⅶ～Ⅷ	1×3	4.0	5.0	方形区画内、集落南東隅
11	静岡県静岡市	小黒	3号	Ⅶ～Ⅷ	1×3	4.5	4.3	方形区画内、集落南東隅
12	静岡県静岡市	汐入	SB01	Ⅶ	1×3	4.2	6.6	円形周溝を伴う、集落の東端方形区画(集落はⅥ～Ⅶ期)
13	静岡県静岡市	汐入	SB02	Ⅶ	1×3	4.3	8.1	SB01を切る(集落はⅥ～Ⅶ期)
14	神奈川県小田原市	中里	20号建	Ⅲ	2×7	4.4	10.5	集落中心部、もう1棟分あり
15	神奈川県横浜市	北川表の上	HB14	Ⅷ	1×3	4.8	6.4	掘立柱建物がL字形に配置
16	神奈川県横浜市	北川表の上	HB22	Ⅷ	1×3	(4.2)	(6.0)	
17	神奈川県横浜市	北川表の上	HB19	Ⅷ	1×2	4.0	4.3	近接棟持柱?
18	埼玉県熊谷市	北島	60号	Ⅳ	2×4	4.0	8.5	集落中心部のやや北西
19	栃木県矢板市	堀越		Ⅷ	1×2	4.0	4.6	居館外の南側
20	福島県いわき市	菅俣B	1号建物	Ⅷ	1×3	5.0	6.5	2重方形柵、一辺10mの壁柱穴をもつ竪穴住居、居館

資料 2

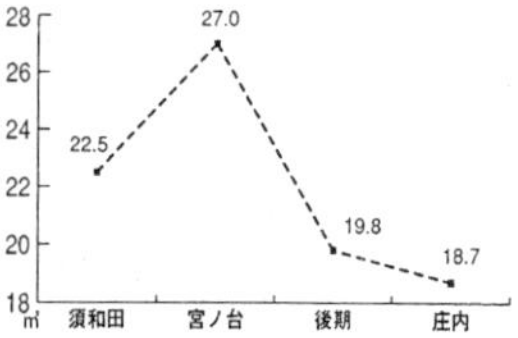

神奈川県内の竪穴住居：面積ごとの時期別割合（完存のみ）

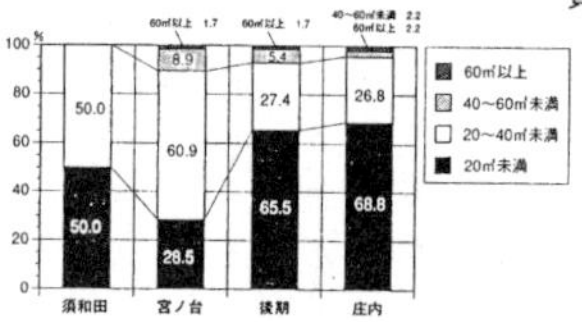

神奈川県内の竪穴住居：面積の時期別平均の移り変り（完存のみ）

（神奈川 1995 より）

東日本の方形区画一覧表

県市名	遺跡名	時期	方形区画	内法規模	濠幅	備考
静岡県浜松市	大平	Ⅶ	方形環濠	一辺30m	1.5m	柵、掘立2
静岡県浜松市	大平	Ⅶ	方形柵	一辺33m	–	掘立2
静岡県浜松市	大平	Ⅶ	方形布掘溝（柵）	一辺18m	–	掘立1（3棟の時期もあり）
静岡県浜松市	大平	Ⅶ	布掘溝・柵による区画	一辺50～60m	–	鍵手の入口、掘立8、竪穴5
静岡県袋井市	上橋	Ⅷ	不整方形の環濠	32m	1.5m	布掘溝、掘立4
静岡県焼津市	小深田	Ⅷ	コの字形の環濠	一辺42m	2～3m	竪穴31、掘立9、井戸4、切合多
静岡県静岡市	汐入	Ⅵ～Ⅶ	北東方形環濠	一辺45m	1.5m	柵、竪穴、掘立？
静岡県静岡市	小黒	Ⅶ～Ⅷ	方形環濠	22×20m	2m	一辺は土塁、板塀、掘立3、別に2つ以上区画が居住域にあり
静岡県沼津市	植出	Ⅵ	柵による区画	64×85m	–	他に畑に伴う区画溝、方形柵もあり
静岡県沼津市	藤井原	Ⅶ	方形柵	一辺50m	–	竪穴、掘立
神奈川県横浜市	北川表の上	Ⅷ	掘立柱建物4棟がL字配置	一辺40～50m	–	方形区画の想定が可能
東京都北区	赤羽台	Ⅶ	方形環濠	一辺43m	1.3m	
栃木県矢板市	堀越	Ⅷ	方形環濠	40×38m	4m	柵、大竪穴1
栃木県氏家町	四斗蒔	Ⅷ	張出付方形環濠	一辺34m	3～4m	柵、外土塁、大掘立1、大竪穴1、小竪穴
栃木県小山市	下犬塚	Ⅶ～Ⅷ	方形環濠	一辺35m	1.5m	竪穴10
群馬県新里村	大屋H	Ⅶ	方形環濠	38×32m	2m	柵、竪穴7
群馬県渋川市	有馬条里	Ⅷ	方形環濠	22×19m	2m	布掘溝（柵？）
群馬県新田町	中溝・深町	Ⅸ	長方形環濠（17号溝）	47×20m	3～6m	大型掘立2、掘立・竪穴、他にも区画あり、四面庇掘立＋集石井戸2
茨城県那珂町	森戸	Ⅷ	張出付方形環濠	一辺90m	3m	竪穴1

Ⅲ期 - 中期中葉，Ⅳ期 - 中期後葉，Ⅴ期 - 後期，Ⅵ期 - 庄内（古），Ⅶ期 - 庄内（新），Ⅷ期 - 布留

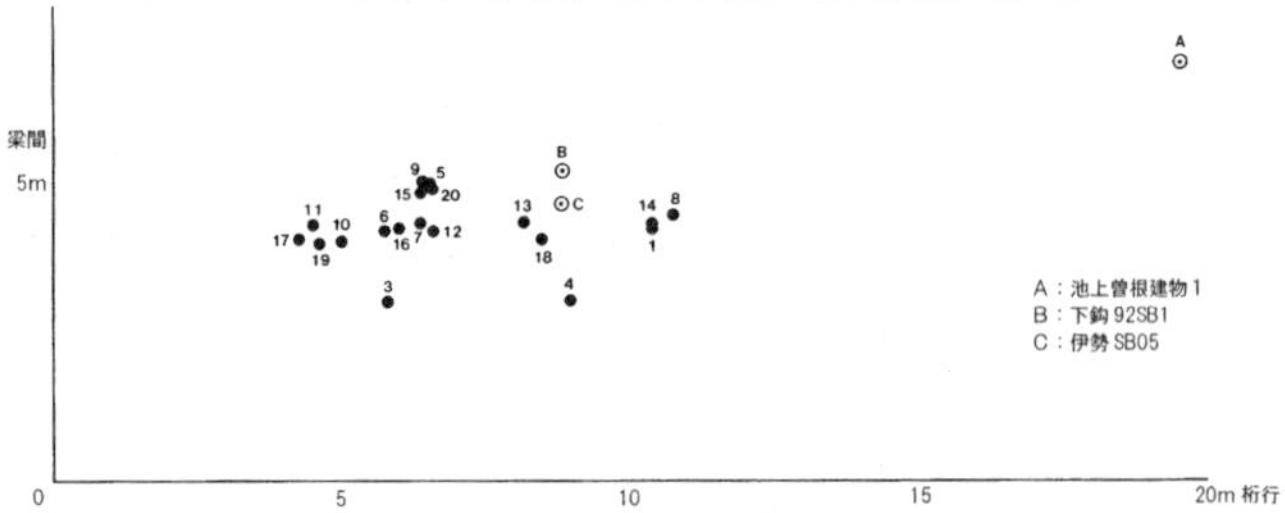

東日本の独立棟持柱建物規模

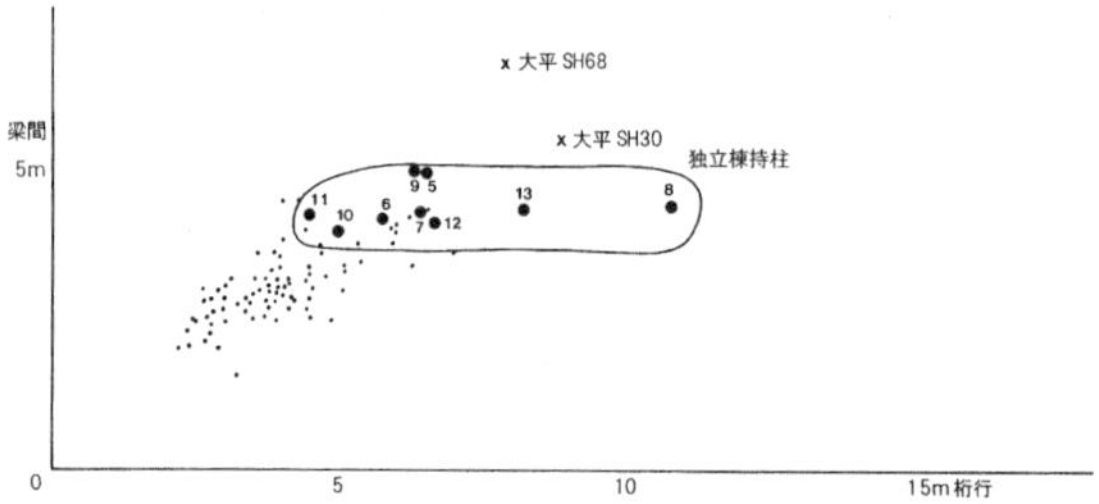

静岡県内の弥生～古墳前期掘立柱建物

跡では竪穴の掘り方は確認されていないのですが、柱間が八・五mを越えるものがあります。掘り方が残っていれば十数m規模の竪穴住居と推定されます。

古墳時代前期になりますと、静岡県では大平遺跡という遺跡が出現します。この遺跡は庄内式の新しい段階以降の、古墳時代前期前半の集落です。この遺跡にも一三mを超える大型の竪穴住居が見られます（図2）。細かなことまで説明しますと時間がなくなってしまいますので、特徴的な点だけをあげますと、この大型の竪穴住居には壁柱穴といいまして、竪穴掘り方の壁面に沿って一〜二mぐらいの間隔で小さい柱穴が掘られています。これは、一般に壁立式の竪穴住居と考えられています。普通の竪穴住居は屋根を地面まで葺き降ろしていたと考えられますので、壁立式の建物とは外見上ずいぶん違っていただろうと思います。このような例が、大型住居にはかなり見受けられることが指摘できます（図2）。

もう一点、岡山県の谷尻遺跡ですが、この遺跡の191号住居跡では竪穴住居に周溝が伴っております。こうした例がやはり大平遺跡であるとか、静岡県袋井市の若作遺跡、群馬県の三和工業団地内遺跡、さらには東北の福島県いわき市の樋渡台畑遺跡といった遺跡にも見受けられます。これらの建物の中には首長居館とされているものがあり、首長や有力家族の日常的な住居形態であった可能性が高いと考えられるわけです。

次に掘立柱建物ですが、独立棟持柱をもつものを集成したのが資料1の下段です。それらをグラフ化したのが資料2の下段上に載せてあります。また一番下のグラフでは、線で囲んであるも

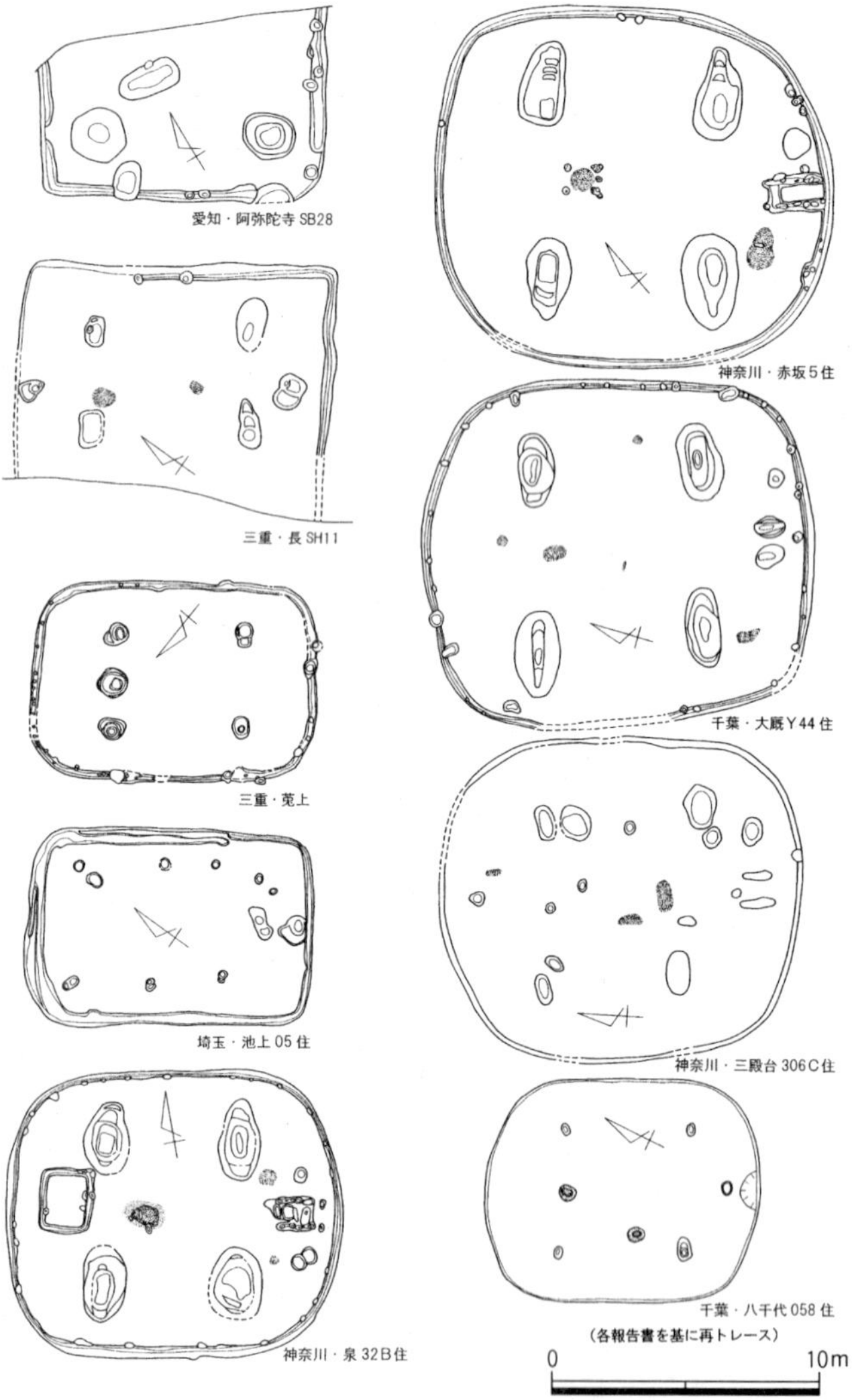

図１　大型竪穴住居（弥生中期）

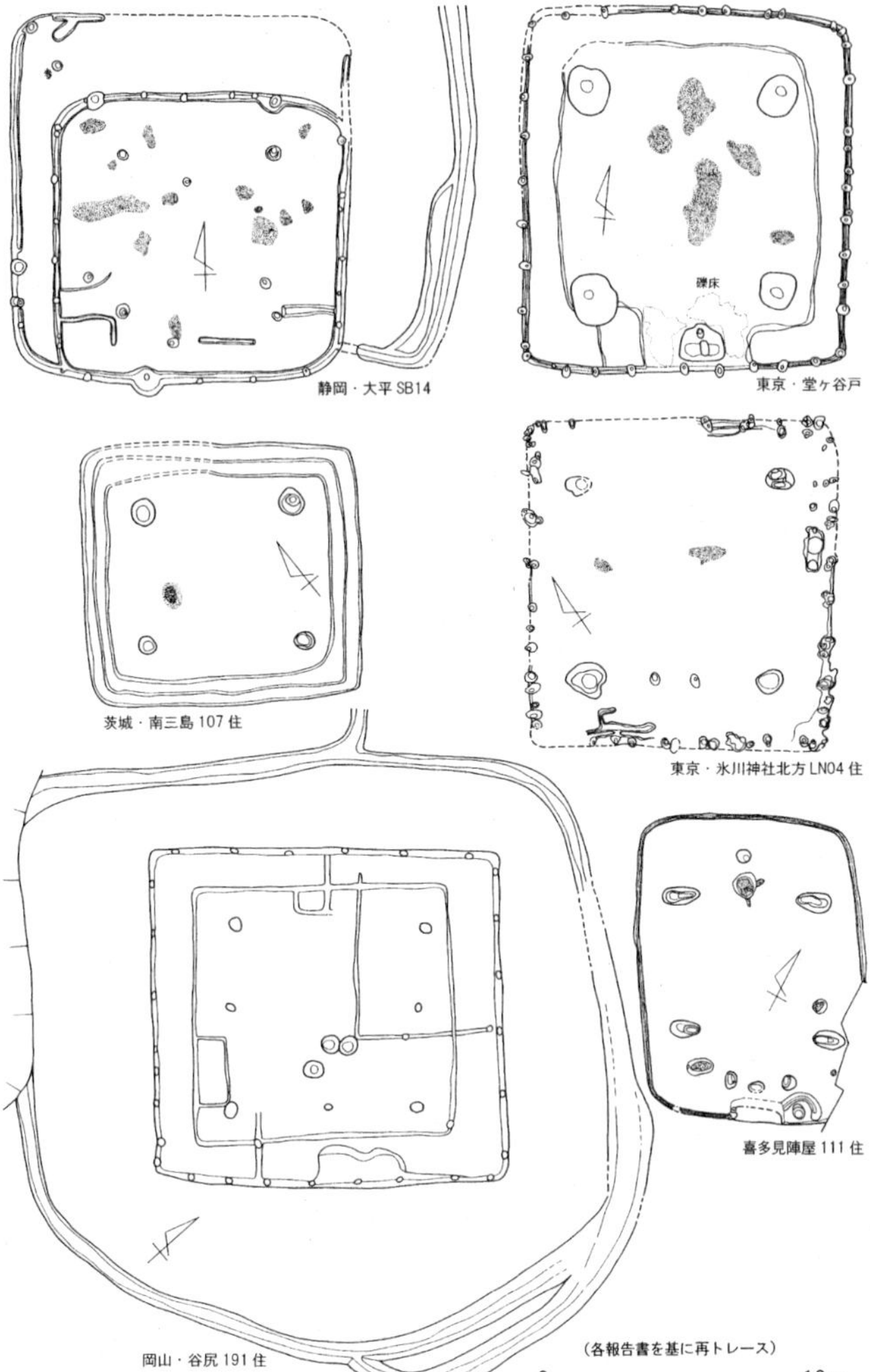

図２　大型竪穴住居（弥生後期～古墳前期）

のが静岡県内の独立棟持柱建物になります。独立棟持柱建物は、一般的な掘立柱建物と比べるとやはり大きい部類になります。大型建物の一部に独立棟持柱が採用されたと思われます。これらの平面図を集成したのが図3になります。図3の左側上から五例は中期、第Ⅲ様式と第Ⅳ様式併行期のものが中心です。これについてはまた後で触れることになりますが、ご覧いただいたとおり、かなり大型であることが分かっていただけるかと思います。右側のものが庄内式の新しい段階から布留式前半ぐらいの時期の例になります。この時期には梁間一間、桁行二～三間と良く似た形で、大きさも同じくらいのものが多いように思います。それに比べて弥生時代中期の大型独立棟持柱建物は、桁行の柱間がかなり狭くて、平面形が細長いという特徴が窺えるかと思います。

最近、愛知県の一色青海遺跡では、棟持柱を持たないものですが、長さが一五mに達する超大型例が発見されました。資料2下段上の規模を示すグラフからすると、東日本の大型建物と池上曽根遺跡の大型建物とのちょうど間を埋める例になりますので、付け加えておきます。

では、集落内において大型建物がどのように配されていたのかということになりますが、まず図4をご覧いただきたいと思います。上段は神奈川県の中里遺跡で、弥生時代中期中葉、第Ⅲ様式併行期の集落であります。集落の平面形は長軸二五〇m前後の不整円形で、その中に竪穴住居と掘立柱建物が集まっております。自然流路によって集落が区画されておりまして、環濠は伴っておりません。図の中央に「20号建」と書いてある建物があり、その詳細図は図3の左上に載せてあります。これは長さ一〇mの大型建物でありまして、この周辺には大型の竪穴住居もありま

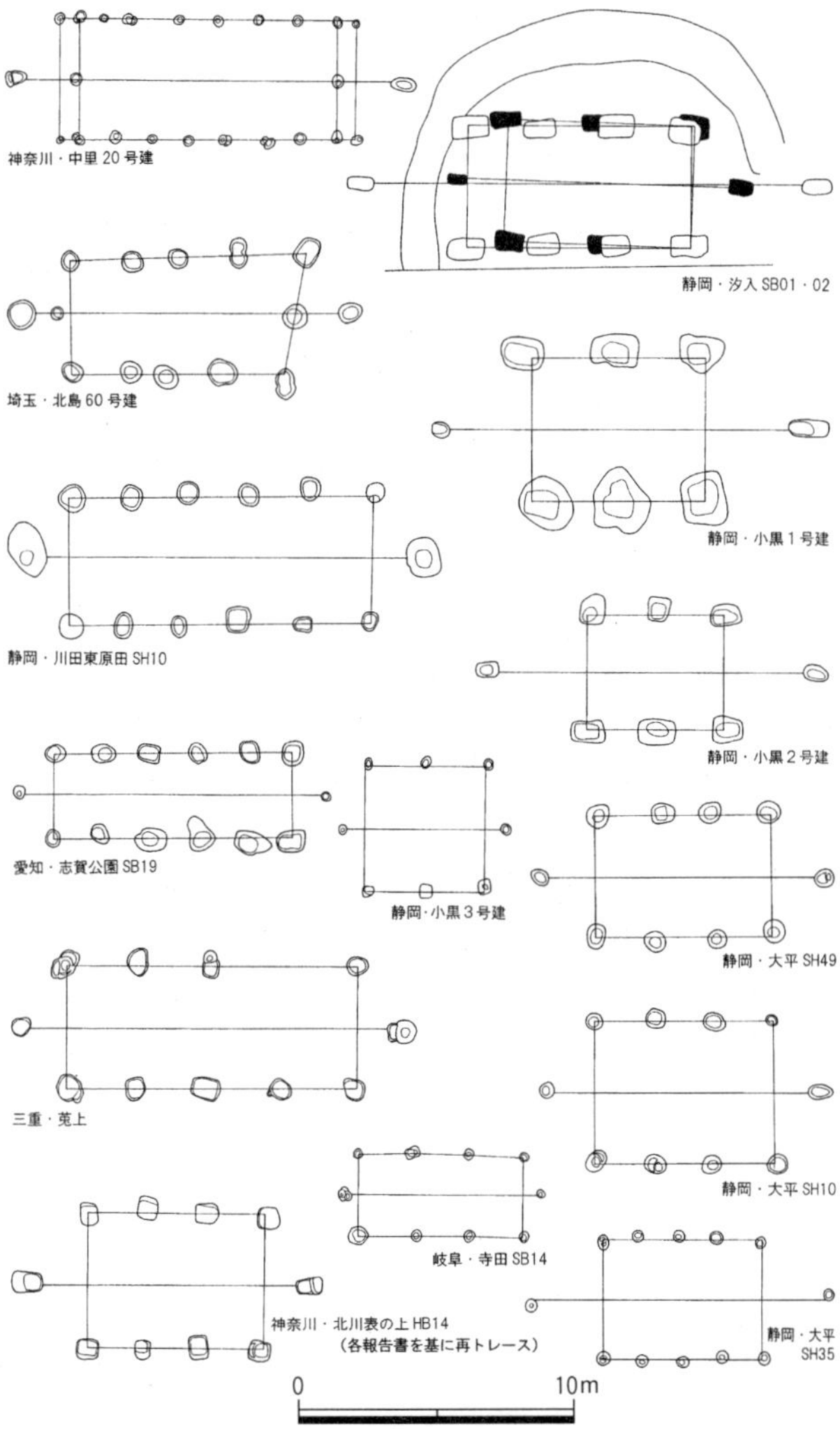
神奈川・中里 20 号建
静岡・汐入 SB01・02
埼玉・北島 60 号建
静岡・小黒 1 号建
静岡・川田東原田 SH10
静岡・小黒 2 号建
愛知・志賀公園 SB19
静岡・小黒 3 号建
静岡・大平 SH49
三重・莚上
静岡・大平 SH10
岐阜・寺田 SB14
神奈川・北川表の上 HB14
（各報告書を基に再トレース）
静岡・大平
SH35
0
10m

図 3　独立棟持柱建物

神奈川・中里遺跡

（河合英夫 1999 より一部改変）

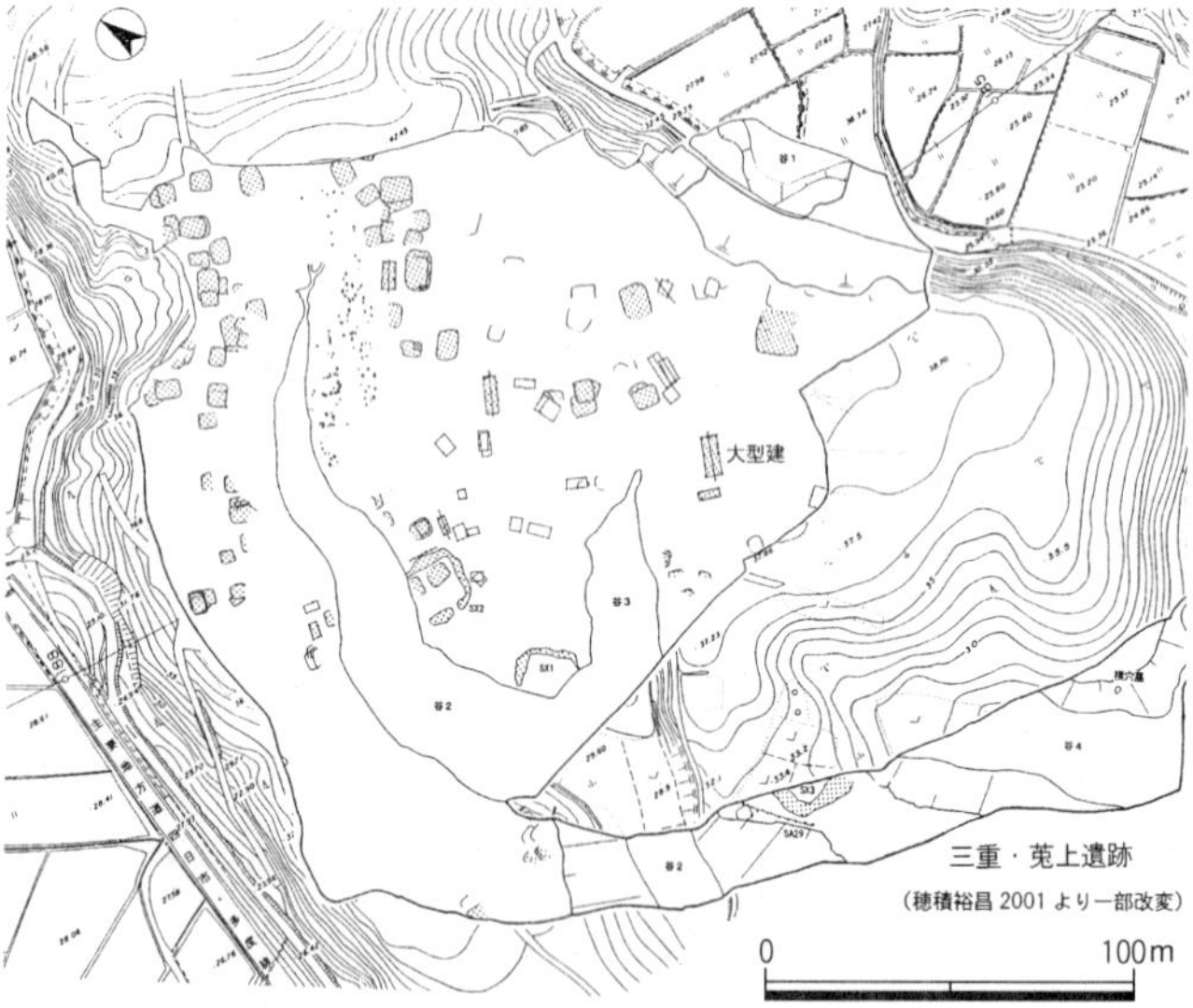

三重・苑上遺跡

（穂積裕昌 2001 より一部改変）

図４　神奈川県中里・三重県苑上遺跡全体図

す。この建物は、集落の中心部にあることが窺われます。その他の場所では、数軒の竪穴住居と一～二棟の掘立柱建物が単位となり、それが集合している状況と考えられます。

中里遺跡の場合、掘立柱建物が建物全体の四割ぐらいを占めており、弥生時代の関東では飛び抜けて掘立柱建物が多いケースであります。ですので、これらの掘立柱建物すべてが倉庫だと考えるわけにはいかない、一部は平地式住居と考えるべきだろうと思っています。何故ならば、静岡県の原川遺跡であるとか岐阜県の寺田遺跡などの第Ⅲ～Ⅳ様式の集落においては竪穴住居を伴わないで、掘立柱建物を住居とした集落も確認されていることによります。

中里遺跡のように、集落の中心部分にシンボリックな形で、大型でしかも独立棟持柱をもつ掘立柱建物を配置する例には、三重県の菟上遺跡や、静岡県小笠町の川田東原田遺跡、それに埼玉県の北島遺跡などがあります。これらの遺跡で発見された独立棟持柱建物は、図3の詳細図に掲載したものであります。そして、先ほど補足しました愛知県の一色青海遺跡も、この例の一つに加えることができるかと思います。

大型の掘立柱建物に代わって、大型竪穴住居を集落の中心に置いている例も認められます。最初にお話しました南関東の三殿台遺跡、朝光寺原遺跡、それに愛知県の阿弥陀寺遺跡、こういった遺跡が大型掘立柱建物に代わって大型竪穴住居を中心に置く例です。このように大型の竪穴住居とか掘立柱建物を持つ集落というのは、有力かつ中核的な集落と言われている分けですが、さらに一〇mを越えるような超大型の竪穴住居でありますとか、独立棟持柱建物を持つといった集落というのは、複数の中核集落を代表するような集落ではなかったかと思われるわけです。実際、そう言った評価をされている研究者もおられるわけです。大型の独立棟持柱建物を集落の中心に置くといったものは、大阪府の池上曽根遺跡が大変有名でございますし、そうしたものが西日本的な集落のあり方とするのであれば、先ほど言ったように、大型の竪穴住居を真ん中に置くといった配置の仕方は東日本的という指摘ができるのかもしれません。池上曽根遺跡では、大型の刳り抜き式井戸でありますとかサヌカイトを埋納した祭祀用の土壙を伴っているということで、巨大な独立棟持柱建物の性格を神殿とか祭殿と解釈されている研究者も多いわけです。

それに対しまして、東日本の大型竪穴住居の床面には、炉跡がしっかり残されております。そういうところから見て、集落もしくは集落群を代表する「長」とその家族が日常的に居住していたことは間違いないだろうと思うわけです。ただ、そうした大型の竪穴住居というのは広場に面した主要な位置にあり、また、炉跡も一つではなく多くの場合複数あります。大型竪穴住居は、集落の共同施設としての性格も兼ねていた可能性が考えられます。例えば、大型の竪穴住居というのは、共同で祭祀を行う場所といった機能や集会場でありますとか、社交の場とか、さらには遠くから来られた客人を泊めるといったような、共同施設としての機能、多目的な共同施設の役割を果たしていたとも思われるわけです。これはかなり想像でございますが…。

さて、弥生時代後期になりますと、大型の掘立柱建物を集落の中心に置く例は、東海・関東では静岡県の川田東原田遺跡だけになります。この遺跡は、後期といってもその初頭と考えられま

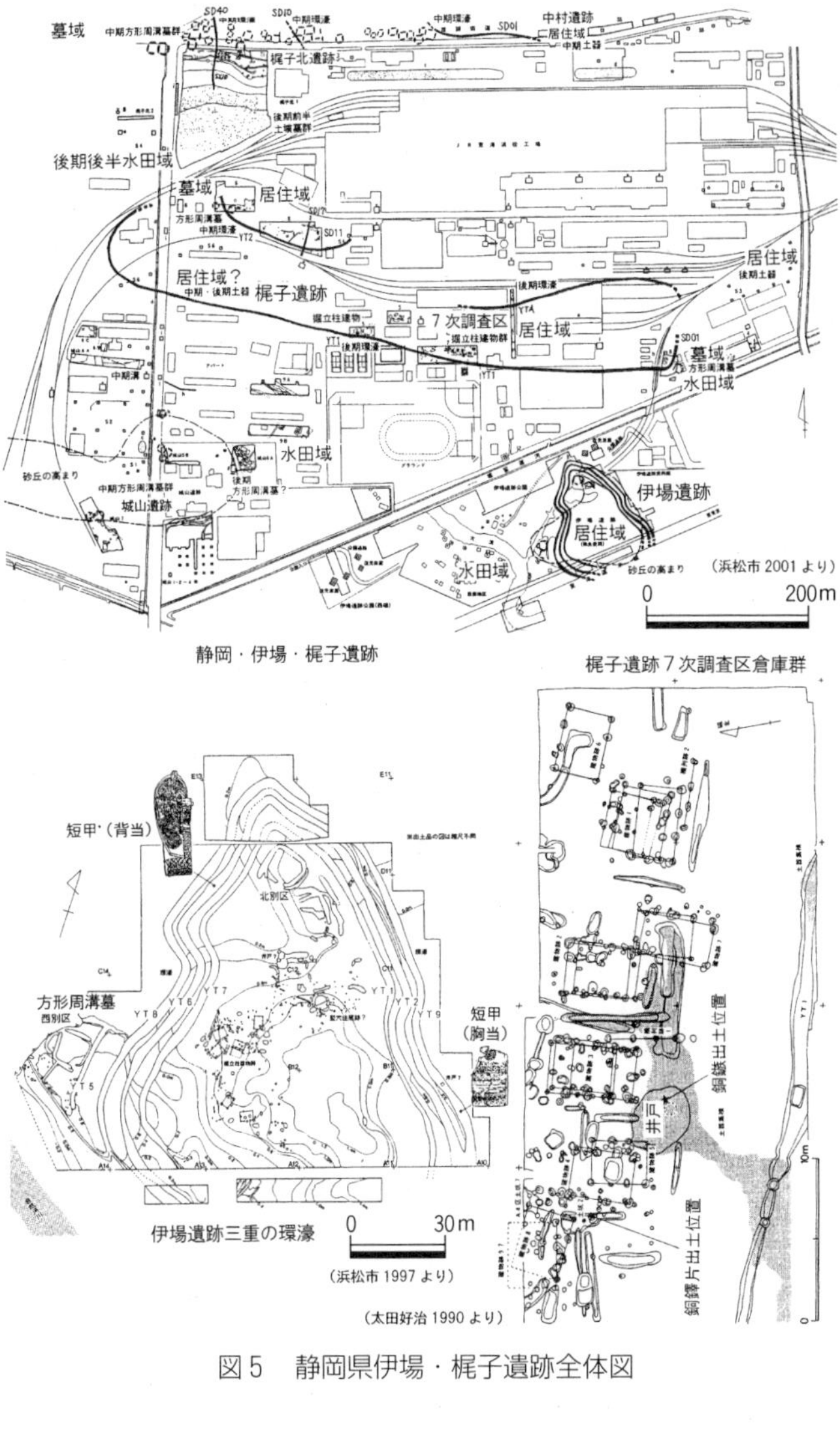

図5　静岡県伊場・梶子遺跡全体図

すので、大勢としては後期になるとこのような構造の集落は認められなくなる傾向にあります。本格的な西日本型の農耕社会として中里遺跡は成立するわけですが、東日本、ことに関東におきましては、中核的な建物というのは大型竪穴住居に変わっていったと考えて良いように思えます。

次の問題であります、方形の区画がいつ出るのかといったところに話を移していきたいと思います。時間がなくなってしまうかもしれませんので、結論を先に言っておきます。弥生時代後期終末の庄内式の段階になりますと、柵や溝を方形にめぐらす集落が認められるようになります。しかし、本格的な濠を廻らすいわゆる方形環濠と言えるものは、やはり古墳時代にならないと出現しないように思われます。では、今から何例かの方形区画、方形環濠を伴う例を挙げて、その評価について少し触れてみたいと思います。

まず、静岡県の植出遺跡を取り上げてみたいと思います。これは図6の上段にあります。この遺跡は、東名高速道路の沼津インターチェンジのすぐ北西、愛鷹山麓と呼ばれる丘陵上にある遺跡です。調査面積は6万㎡に及びますが、集落域はさらに広がっているようで、かなり大規模な集落であります。調査された竪穴住居は約三〇〇軒、掘立柱建物は五四棟を数えております。時期は弥生時代後期の終末期、庄内式併行期かと思います。

集落は二つの尾根にまたがっておりまして、尾根と尾根の間は当然のことながら谷になっていますが、その谷間には畑にともなう溝が確認されております。外周は等高線に沿うようにU字形を呈していますが、その内側は谷筋に直行する方向の区画溝がさらに掘られているわけです。その区画というのは、大体四〇m×二五mの長方形に近い形をしております。それが四ブロックぐらい確認されております。そのブロックの中には、基盤目状の畝が確認されておりまして、畑とする根拠になっているわけです。

このような区画は他に、竪穴住居が密集する東尾根、図では上の方になりますが、その南側には一辺が三〇mぐらいの柵で囲まれた空間があり、内部には畝だろうと考えられる遺構が確認されています。これを、区画①と表記してあります。

さらに集落の中には、幅が二〇～三〇㎝の細い溝と杭列を伴った区画があります。杭列①と表記したところでは、南北に延びた杭列が枝分かれして、西側に延びています。同様な杭列は北へ九〇mほど行ったところにもあります。これには、杭列②と表記してあると思います。さらに西側の縁にも細い溝が確認されておりますので、杭列①と②で囲まれた区画というのは、南北が八五m、東西が六四mの大きさになるわけです。ほぼその中央にも杭列③と表記したところがあり、内部はさらに区画されていた様子が分かるかと思います。また北側にもそうした区画が延びていたようで、そうした区画が集落内部の全域に配されていたと考えられます。杭列①の北側には建物がほとんどない空白地帯があり、かなり明確に集落の中は区切られていただろうと、調査された中嶋郁夫さんは述べられているわけです。

植出遺跡の例は、柵と杭列による区画が方形を呈しているというだけで、内郭といった性格のものではありませんし、豪族居館である可能性も低いわけです。この遺跡の存続期間は土器様式

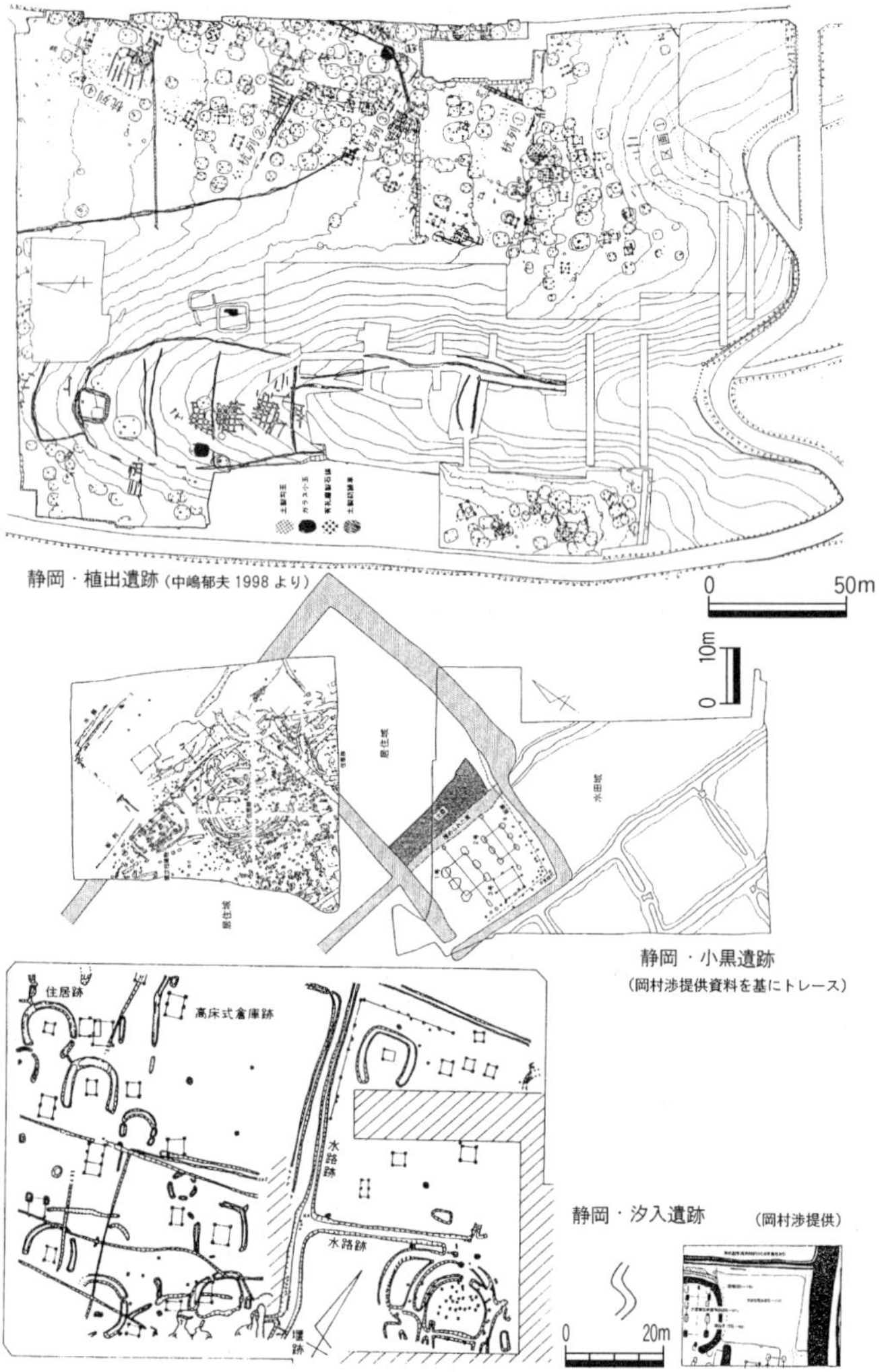

図６　静岡県植出・小黒・汐入遺跡全体図

の上では一様式だけあり、突如出現して短期間のうちに消滅してしまった集落と言えます。大きな集団が移住するにあたっては、居住区域とか、生産域であります畑地等の区域を、杭列とか柵であらかじめ区画していたことを示すものだろうと思うわけです。植出遺跡の方形の区画は、畑でありますとか、水田や墓域等を区画するといった行為の延長線上にあると考えられます。方形区画があると言って、直ちに豪族居館とは言えない例を示してみました。

次に小黒遺跡ですが（図6）、方形の濠と土塁に囲まれた中に独立棟持柱建物が三棟配されております。同時に存在したとは考えられませんが、そうした空間があります。この空間には竪穴住居やごみ穴のような生活に伴う遺構は全くありません。もし、独立棟持柱建物を祭祀にかかわる建物と言えるのであれば、小黒遺跡の方形区画は祭祀空間と考えられるわけです。小黒遺跡は、祭祀空間にも方形区画が採用された可能性を示す一例です。

小深田遺跡（図7）につきましては、集団の階層性に関わって多くの研究者が取り上げています。竪穴住居が二〜三軒、掘立柱建物が一〜二棟、それと井戸といった遺構が四〇m×四五mの方形の濠で囲まれた内部にあります。数百m西方に小深田西遺跡という一辺が一〇mほどの小規模な方墳群があります。小規模な古墳ではありますが、副葬品に鏡を持っているものがあります。小深田遺跡の方形区画の家族がこの古墳に葬られたとするならば、寺沢薫さんが言われるように、単なる一般農民層では無いと考えられます。つまり、区画を単独で持つ家族は、単に「一般農民」という評価は妥当ではないことを示唆する例になります。

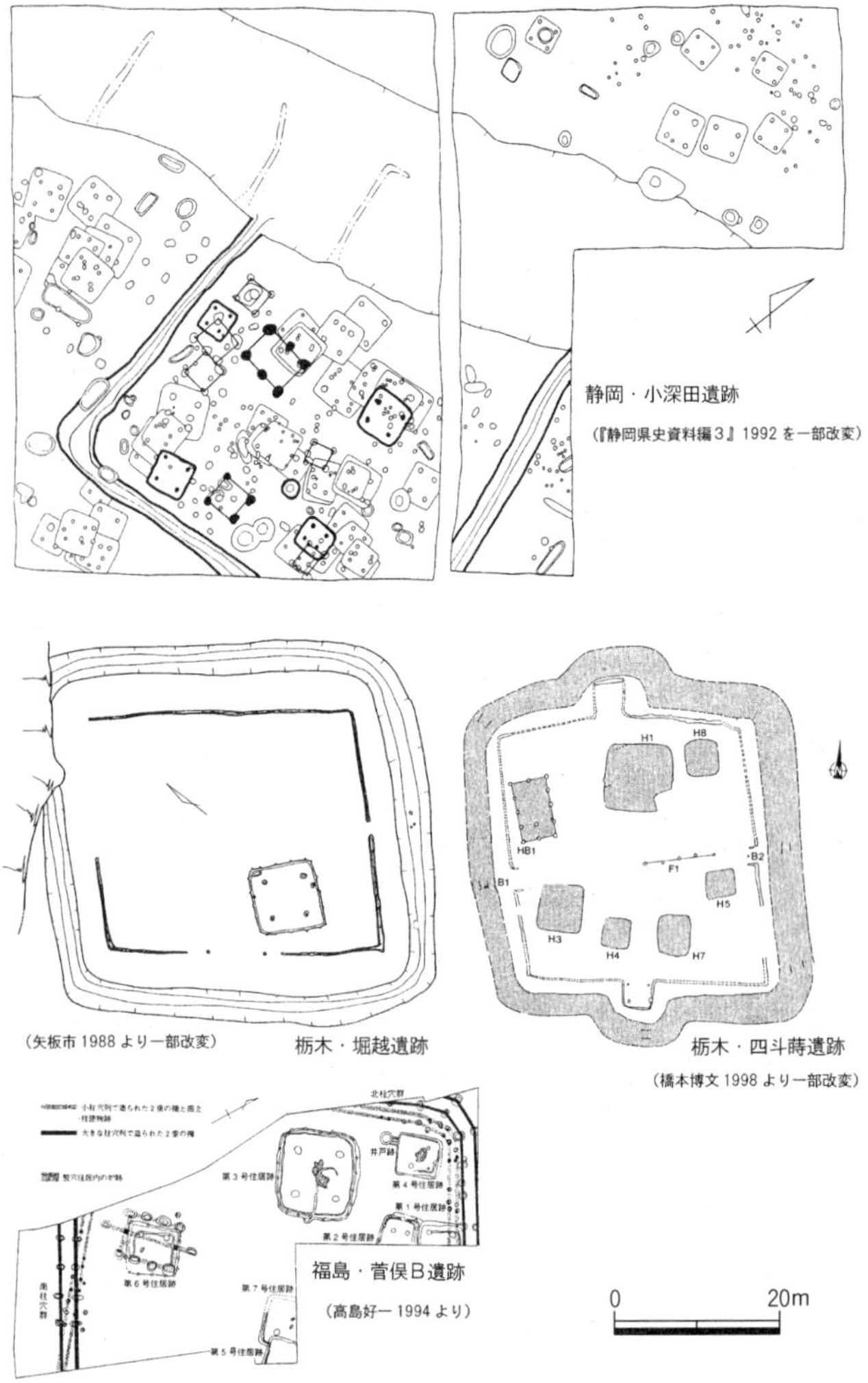

図7　静岡県小深田・栃木県堀越・同四斗蒔・福島県菅俣B遺跡全体図

もう一つ、四斗蒔遺跡を取り上げたいと思います。これは、栃木県の例で、橋本博文さんが調査した遺跡です。規模的には小深田遺跡と同じですが、大型の掘立柱建物、大型の竪穴住居、そして防御的な張出部といったような施設を伴います。こうした本格的な方形環濠というのは、やはり古墳時代前期を待たないと出現して来ないわけです。

今ざっと東日本の方形区画について紹介しながら、それらの遺跡の評価を述べてきたわけです。あと五分あるということなので、もう一遺跡紹介してからまとめに移らせていただきたいと思います。

私がかつて調査した遺跡に、大平遺跡（図8）があります。この遺跡は東西方向が三六〇mある集落です。北側台地縁辺は柵で区画されておりまして、これに沿って帯状に集落が展開しています。集落の内部はほぼ五〇m単位に垣根の跡と考えられる布堀の溝で区画されております。そして、東側には濠や布堀溝で囲まれた建物があります（図には①と②と付けております）。切り合い関係から方形区画は四時期、つまり四回の建て替えがあります。詳細は図8の右側図を見ていただければいいと思います（1、2、3号居館）。この周辺には全く竪穴住居はありませんし、ごみ穴のような土壙もありません。ほんとうに生活臭のない空間になっていますので、辰巳和弘さんが言われるような「ハレの場」だろうと思われます。図8では居館としましたが、この空間は祭祀でありますとか政治的な空間と考えることが可能だろうと思います。

それに対しまして④と⑤とした空間には、大型の竪穴住居SB14（一辺の長さが一三mで、先

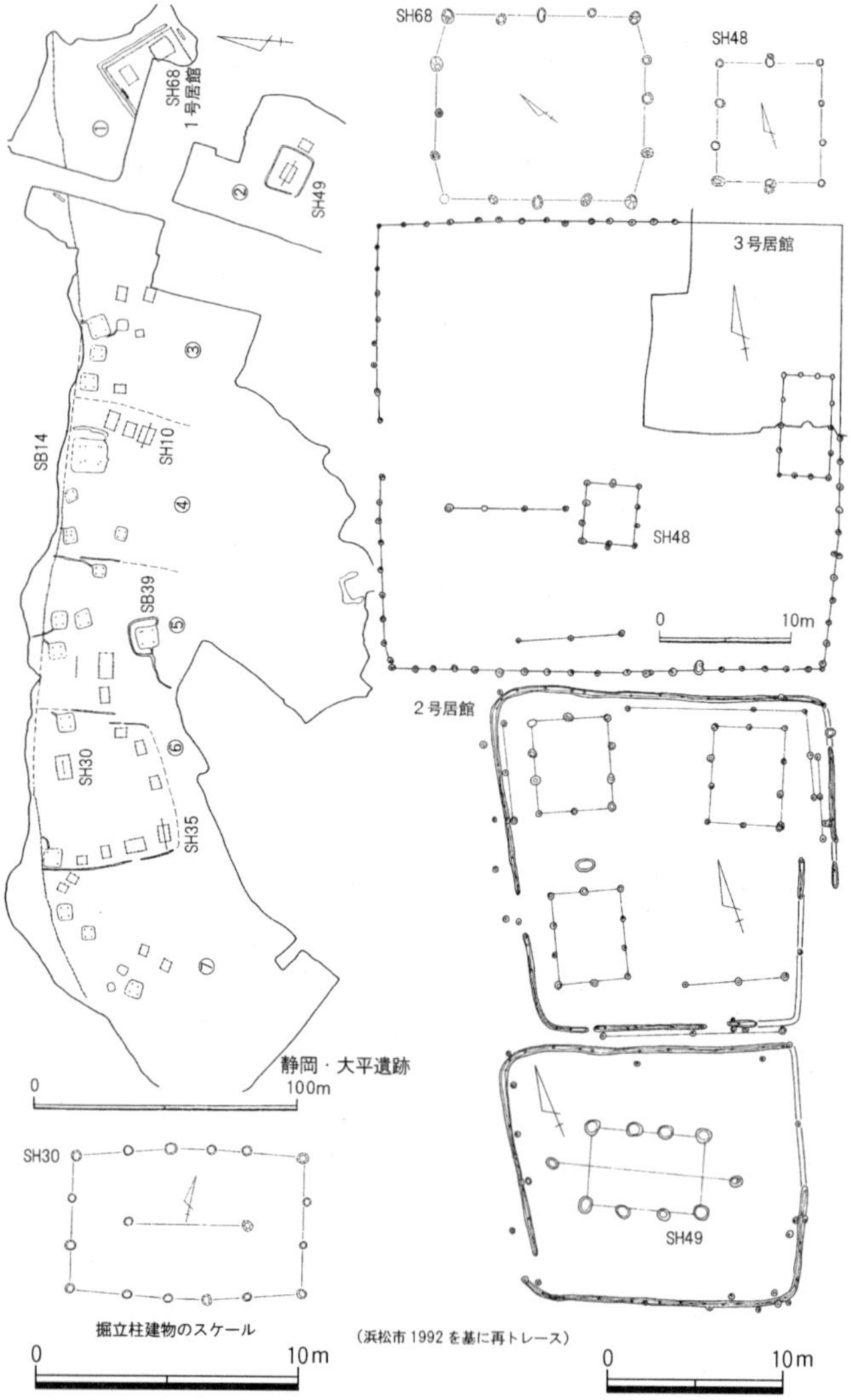

（浜松市 1992 を基に再トレース）

図8　静岡県大平遺跡全体図

ほど滋賀県の伊勢遺跡で紹介された竪穴住居と同じくらいの大きさになります）やＳＢ39（周溝を伴う、やはり大型の建物です）があり、ここが首長の居住域かなと思えるわけです。⑥の空間は方形の布堀溝で囲まれたエリアでして、東西に入り口があります。掘立柱建物は周囲に配されていて、真ん中が広場になっています。ここは、倉庫域と考えられます。東西両サイドの③と⑦の地区は小さな建物だけですので、これは従者の居住域かなと思えます。こんなふうに集落の内部は、機能的に分割されているわけです。この大平遺跡は集落構造や出土遺物から見て、そんなに立派な首長ではなくて、中小の零細な首長の居館と考えられるわけです。大平遺跡を居館とした場合、その面積は一万七〇〇〇～八〇〇〇㎡になります。豪族居館の典型といわれています三ツ寺遺跡は六四〇〇㎡ぐらいですから、面積だけから言えば大平遺跡が三ツ寺遺跡の三倍近くになります。単純に居館の面積が首長の勢力を測る目安となるのか、三ツ寺遺跡が豪族居館の典型になるのかどうなのか、また、方形区画があると言うだけで豪族居館と言えるのか、再検討する必要があると考えられます。大平遺跡は豪族居館、首長居館といったものの定義や指標を見直す資料になるのではないかと思います。

ちょっと残り時間が短くなり、まとめる時間がなくなりましたが、方形区画が出現する前段階の弥生時代後期に集落構造がどのように変化したのか、豪族居館の出現過程について、少しお話したいと思います。

弥生時代後期になりますと、九州の吉野ヶ里遺跡では内郭というものが出てくると言われていますが、東日本ではご存知のとおり、そういう施設を伴うはっきりした例はございません。ただ、伊場遺跡と梶子遺跡の事例は、東日本におけるそういう施設の存在を示唆しております（図5）。伊場遺跡は三重の環濠をもつ集落でありますが、その真北には東西七〇〇mに及ぶ大きな環濠集落があります。この遺跡を梶子遺跡と呼んでおります。寺沢薫さんや石黒立人さんは、伊場遺跡は、環濠集落（梶子遺跡のことです）から飛び出したばかりの首長居館だろうと言われています。まだまだ梶子遺跡は、十分に調査が進んでおりませんので結論づけることはできないわけですが、たいへん魅力的な意見です。

梶子遺跡のちょうど真ん中あたりで行われた7次調査では、一間×二〜三間のきわめて規格化された掘立柱建物群（六〜七棟）が、棟の方向を揃えて並んだ状態で検出されました。そして、中央には刳り抜き式の井戸がありまして、破砕された夥しい土器とともに銅鏃が出土しています。また、この建物群の西端からは銅鐸の鰭飾耳が出ており、この地区一帯は共同体の倉庫群であり、また祭祀も行われた場所と考えられるわけです。このように梶子遺跡には、弥生時代の中核集落にふさわしい機能が、まだ備わっています。

これに対しまして、先ほど取り上げました大平遺跡では、谷を挟みまして西側には中平・坊ヶ跡遺跡という一般集落があります。やや大きな建物もありますが中小規模の竪穴住居が三〇〇軒以上密集しております。大平遺跡とはだいぶ様子が違いまして、この遺跡にははっきりした区画はございません。また、倉庫群もありません。

梶子遺跡・伊場遺跡の関係が、大平遺跡・中平・坊ヶ跡遺跡の関係へと発展したという具合に、段階論的にとらえることが可能だろうと思われます。梶子遺跡の共同体管理の倉庫群は、庄内式の新しい段階には、首長側の大平遺跡に移り、一般集落でありますす中平・坊ヶ跡遺跡にはそうした倉庫は見られなくなると考えています。

もう少し余裕があれば、大型建物を持つ集落から方形区画をもつ集落へといったところについて触れたかったわけですが、時間の都合で割愛させてもらいます。どうもありがとうございました。

〈参考文献〉

小久保徹　一九七七「弥生時代の大型住居について」『埼玉考古第17号』
岡本　勇　一九九八『縄文と弥生』未来社
都出比呂志　一九八九「古墳が造られた時代」『古墳時代の王と民衆』講談社
橋本博文　一九八五「古墳時代首長居宅の構造とその性格」『古代探叢Ⅱ』
橋本博文　一九九八「調査速報「栃木・四斗蒔遺跡」」『古墳時代の豪族居館をめぐる諸問題』
寺沢　薫　一九九八「古墳時代の首長居館」『古代学研究』一四一号
寺沢　薫　一九九八「集落から都市へ」『古代国家はこうして生まれた』角川書店
中嶋郁夫　一九九八「静岡県16北神馬土手遺跡」『古墳時代の豪族居館をめぐる諸問題』
石黒立人　一九九三「居館と囲郭集落のあいだ」『㈶愛知県埋蔵文化財センター年報平成四年度』
神奈川県埋蔵文化財センター　一九九五「弥生時代竪穴住居の基礎的研究⑵」『神奈川県の考古学の諸問題（Ⅱ）』

山陽・四国地域の弥生時代大形建物について

大久保　徹　也

香川県の大久保と申します。用意しました資料を示しながらお話を進めさせていただきたいと思います。本当は中国・四国地域の報告ということで日本海沿岸までカバーするものでありましたが、山陰地方は鳥取の濵田さんが詳細にご検討されておられますので、私は山陽・四国を取り上げるということにいたします。ただし、できるだけ先ほどのご報告に学びながら、中国山地を超えた北側の地域との関係についても追究していきたいと思っております。

まず最初に、私の報告では、どの程度のサイズの掘立柱建物を今回のテーマであります大形建物として捉えておくか、示しておきたいと思います。それとそうした建物がどの程度の頻度で現れるかも見ておきましょう。表1をご覧下さい。中・四国全体で検討する余裕はありませんでし

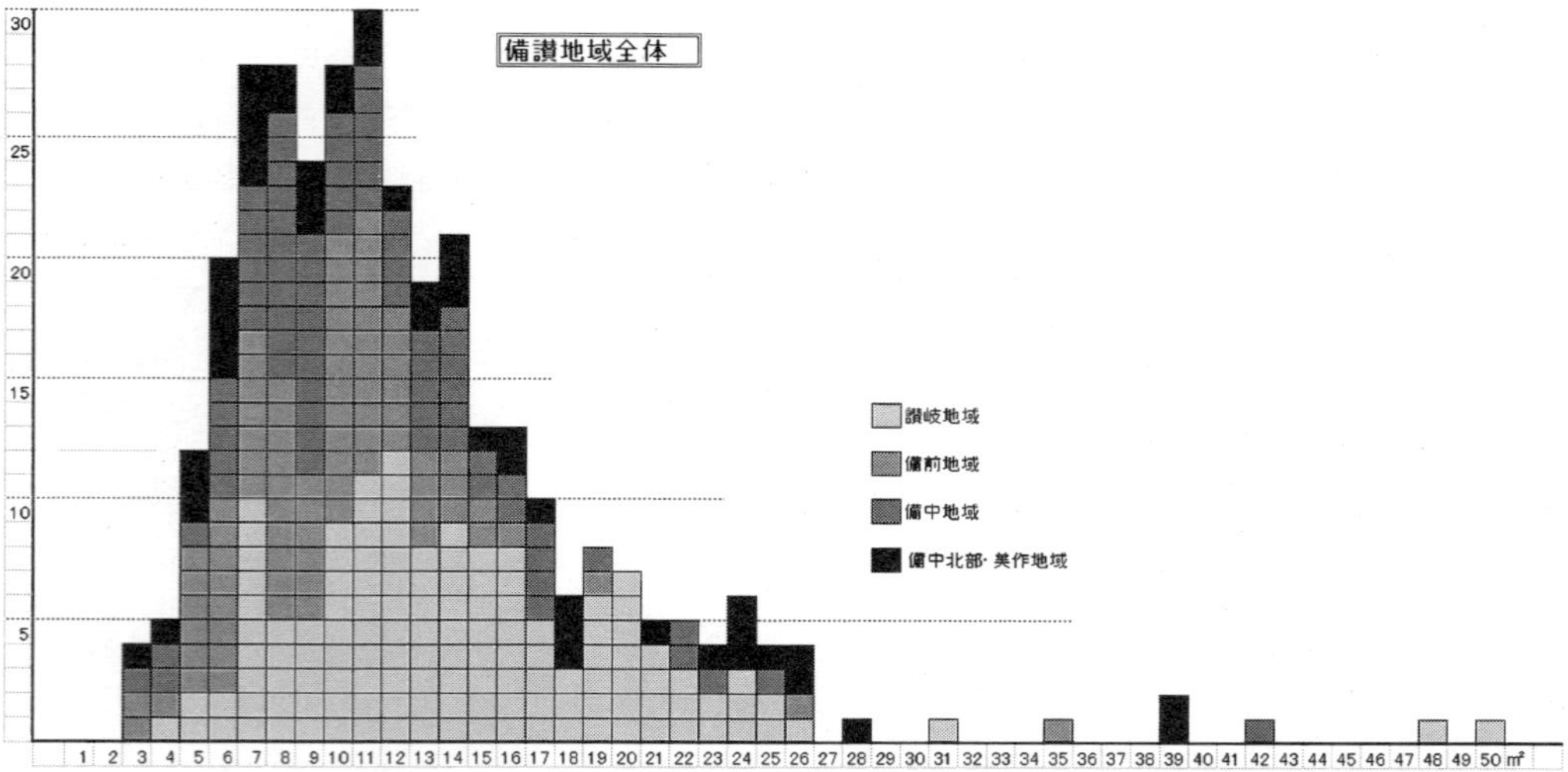

	3	4	5	6	7	8	9	10	11	12	13	14	15	16	17	18	19	20	21	22	23	24	25	26
件数	4	5	12	20	28	28	24	28	30	23	19	21	13	13	10	6	8	7	5	5	4	6	4	4
累積数	4	9	21	41	69	97	121	149	179	202	221	242	255	268	278	284	292	299	304	309	313	319	323	327
百分比	1	3	6	12	21	29	36	44	53	60	66	72	76	80	83	85	87	89	91	92	93	95	96	98

	27	28	29	30	31	32	33	34	35	36	37	38	39	40	41	42	43	44	45	46	47	48	49	50		
件数	0	1	0	0	1	0	0	0	1	0	0	0	2	0	0	1	0	0	0	0	0	1	0	1	総計	335
累積数	327	328	328	328	329	329	329	329	330	330	330	330	332	332	332	333	333	333	333	333	333	334	334	335		
百分比	98	98	98	98	98	98	98	98	99	99	99	99	99	99	99	99	99	99	99	99	99	###	###	###		

表１　掘立柱建物の規模（備讃地域）

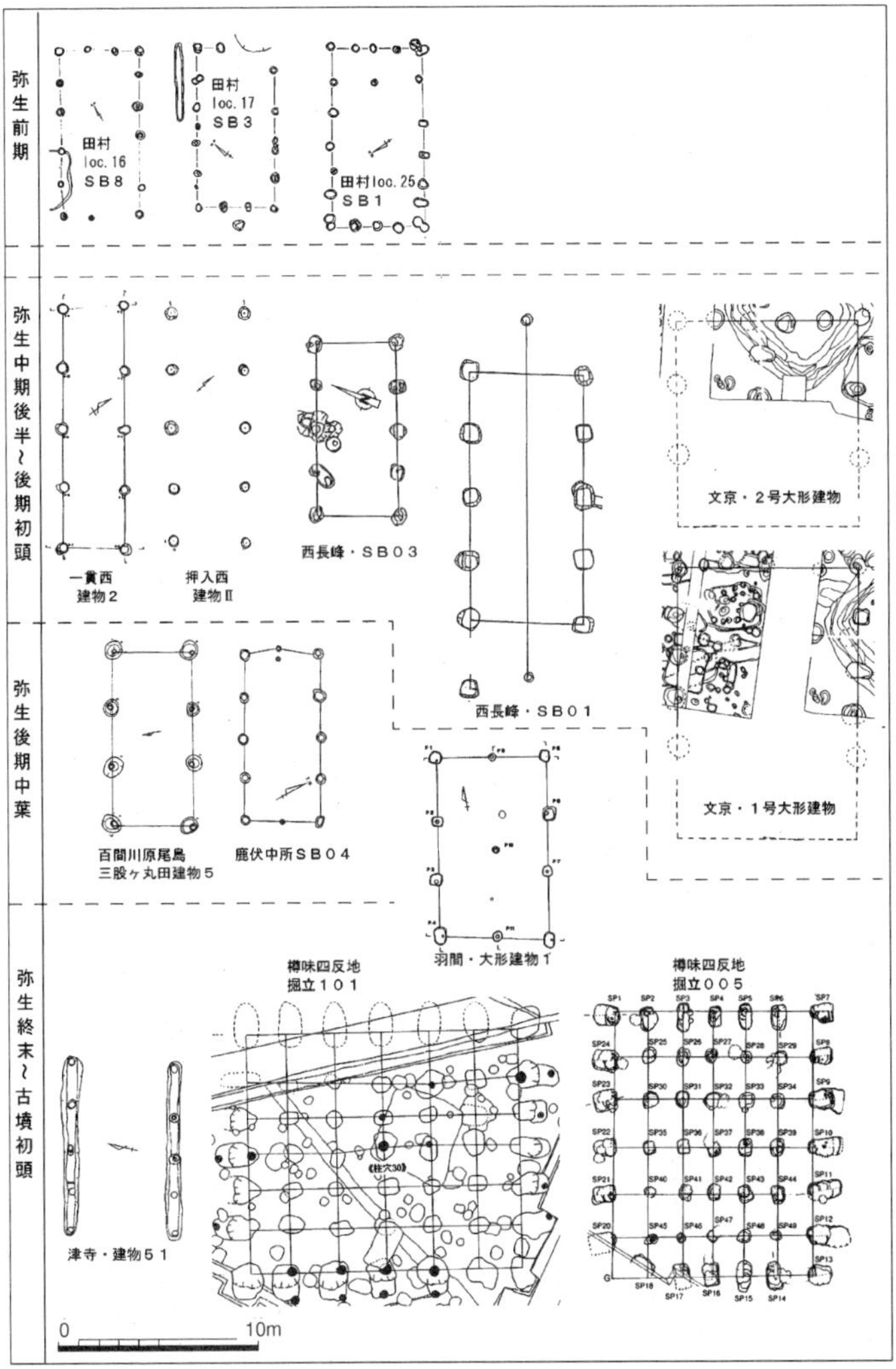

図1　山陽・四国地域の大形建物

たが、中部瀬戸内海の沿岸、備前・備中、美作と四国北岸地域の主要な弥生時代の掘立柱建物について、床面積を集計してグラフ化したものです。多少見にくくなってしまいましたが、地域別に表現しております。地域によって建物サイズの平均値は差がありそうですが、資料の偏りもありますのであまりそのことは追求できません。全体的に見ていただきますと、大多数の掘立柱建物はかなり小形で多くは二〇㎡以下にまとまってしまいます。少々大きくても二五㎡前後というところです。これより大形になりますと、ぐっと数が少なくなります。竪穴住居の平均床面積より一回り小さいぐらい、というのが通常の掘立柱建物のサイズといえましょうか。こうした傾向に照らして、ここでは床面積三〇㎡以上のものをとりあえず大形建物として検討を進めることにします。なおこのクラスの建物は、全体のわずかに二%程度とごく限られたものであります。

図1は山陽・四国の代表的な大形建物、つまり床面積三〇㎡以上の掘立柱建物の事例です。古墳時代の初頭に下ってしまいそうな資料を加えても一八例ばかりです。一口に大形建物といっても最大のものは床面積一五〇㎡を越えていて、かなりの較差が見られますので、おおまかに床面積によって大形建物を三グループに分けておきましょう。Aは七〇㎡以上、Bは四〇㎡以上、Cはそれ以下とします。表2・3をご覧下さい。

次に大形建物の形態をざっと見ておきましょう。図2に主なものを掲げています。一定のバリエーションと同時に、多少の傾向も読みとれます。まず梁間が二間以上の建物は山陽・四国地域では多数派を形成しません。梁間は一間でどちらかというと幅の狭い形が多くなります。桁行方

県	遺跡名	遺構名	時期	床面積	構造	備考
岡山	押入西	建物Ⅱ	中期後葉	39.3㎡	4×1間	
	一貫西	建物2	中期後葉	38.5㎡	4×1間	
	百間川原尾島	三股ヶ丸田建物5	後期中葉	34.9㎡	3×1間	
	津寺	中屋・建物54	古墳初頭	42.1㎡	4×1間・布掘	方形区画(柵)
高知	田村	loc.17SB3	前期	39.4㎡	6×4間	
		loc.16SB8	前期	32.9㎡	5×3間	
		loc.25SB1	前期	33.6㎡	5×3間	
徳島	西長峰	SB001	後期初頭	66.0㎡	4×2間・独立棟持柱	掘立柱建物集中域で重複
		SB003	後期初頭	32.8㎡	4×1間	
香川	旧練兵場	2003SB10	中期後葉	48.0㎡	7×1間	掘立柱建物集中域
	鹿伏中所	SB04	後期後半?	30.8㎡	4×2間	掘立柱建物集中域
	羽間	大形建物	後期後葉	50.1㎡	3×2間	区画溝?
愛媛	文京	大形建物01	中期後葉	70㎡以上	4+α×4間	同一地点で建て替えもしくは併存
		大形建物02	中期後葉	70㎡以上	4+α×5間	
		大形建物03	中期後葉	?	?	
		大形建物04	中期後葉	?	?	
	樽味四反地	掘立柱建物005	古墳初頭	128.6㎡	6×6間・総柱	方形区画?(柵・溝)
		掘立柱建物101	古墳初頭	152.9㎡	6×6間・総柱(庇?)	方形区画?(柵・溝)

表2　山陽・四国地域の大形建物一覧

	A	B	C
前期			3
中期後半〜後期前葉	2	2	3
後期中葉			2
後期後葉〜	2	2	

＊文京3・4号は除外

表3　大形建物の規模と時期

向に拡張した結果、床面積が大きくなる、そういう建物がこの地域では目につきます。そしてこのことと関係して、いわゆる独立棟持柱建物は例外的な存在といってよいと思います。後ほどもう少し詳しく述べたいと思いますが、弥生時代の終末ないしは古墳時代初頭段階の例で、ごく最近見つかったものですが、愛媛県松山市で非常に大形の、一六〇㎡を超えるような総柱形の建物が出ております。樽味四反地遺跡です。全体的な資料としてはこのようなところです。

続いて、こうした大形建物が各々の集落においてどのような位置を占めるか、竪穴住居その他の施設との関係で、どのようなあり方をしているか、見ていきたいと思います。弥生前期段階から既に田村遺跡などで、先ほどの三〇㎡

という基準に照らせば大形と言えるような建物は出ているわけですけれども、集落におけるあり方というのは特に注意すべき状況にはありません。それよりも規模の小さな通常の掘立柱建物や竪穴建物との関係で特別な占地という傾向は認められません。通常の竪穴住居と掘立柱建物が混在した集落景観の中でその一角を占めているというようなあり方であります。

そのような状況に変化が現れてくるのは弥生時代中期後半段階になってからです。中期後半段階というのは、この地域の大形建物の変遷を見た場合、一つの画期になると思われます。先ほど濱田さんのご報告で、中期の後半段階の一般的な集落は、空間Aと空間Bという形で集落が構成されている、つまり、一つの集落、居住単位というのは全く均一的なものではなくて、異質な二つのあり方が合体したような形態をしているというまとめがございましたけれども、山陽・四国側でもそうした非均質的な集落構成ということは追認されていくものであろうと思います。そしてこのような集落景観が明確化するのは、今申しました中期の後半段階であろうと考えております。

さて、この時期の大形建物のあり方ですけれども図2をごらんください。中期後半ないしは後期初頭の事例としてaの旧練兵場遺跡、これは香川県の遺跡であります。それからbは愛媛県の文京遺跡、そしてcの西長峰遺跡を挙げておきましょう。いずれも四国側の資料になりますが、大形建物のあり方をよく示しているものとしてこの三例を取り上げております。

まず、bの文京遺跡ですが、これは松山平野最大規模の拠点大集落です。その中心部分に大形

図２　大形建物等の集落内立地(1)

建物が、部分的な検出にとどまるものを含めて、三棟確認されております。この三棟は一部重複しているので時間差を想定しなければなりません。つまりほぼ同一地点に連続的に少なくとも三棟の大形建物が順次建造されているわけです。部分的な検出ですが梁間四ないし五間以上と幅広の平面形を呈しています。先に述べましたようにこのエリアの一般的な掘立柱建物柱とは構造的に大きく異なるものです。「九州的」な雰囲気といってよいかもしれません。それはさておき、ここでは拠点集落の中枢部分に特異な構造・規模をもった建物が持続的に営まれている点を確認しておきましょう。

文京遺跡のような巨大集落ではありませんが、似たような事例がもう一つあります。cとした西長峰遺跡です。徳島県吉野川流域の河岸段丘上に位置する中期後葉から後期初頭にかけての集落でありますが、ここでは集落の中心部分に掘立柱建物がある程度まとまって見つかったエリアがありまして、その中に大形の建物二棟が重複して存在しております。やはり、この場合も「重複」ということで考えますと、同じ地点で建物が連続的に営まれているわけです。aの旧練兵場遺跡の場合も中枢部立地という点ではたぶん同じ様相かと思われます。まだ集落の全体構成は必ずしも明らかではありませんが、文京遺跡クラスの拠点的大規模集落の事例となります。遺構がかなり密集して位置的にも中枢部になると想定されるエリアに、中期後半の掘立柱建物が集中する部分があります。そして文京遺跡や西長峰遺跡のように同一地点に固執した建替の繰り返しは、今のところ定かではありませんが、その一角に非常に長大な平面形態の掘立柱建物が位置

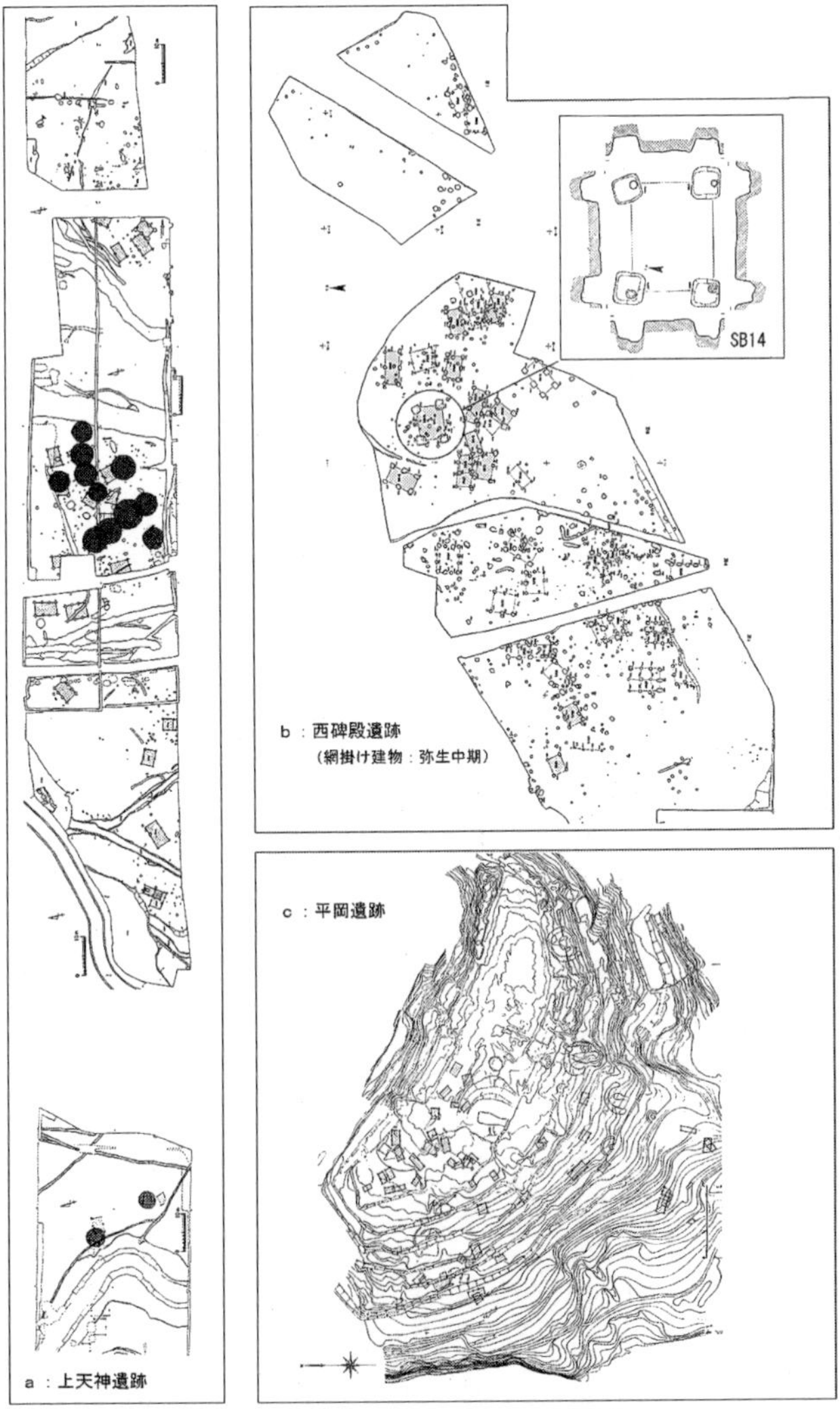

図3　大形建物等の集落内立地(2)

しています。

　それから、少し様相が違うことになるかもしれませんが、もう一つのあり方としまして、図3のb．西碑殿遺跡。これも香川県下の事例ですが、掘立柱建物群と、その中央部にさほど大形のものではありませんが、他とは少し構造的に異なる四本柱建物があります。柱穴はかなり大形の掘り方を持っておりまして、柱そのものも径四〇㎝程度に復元されます。この事例は集落の全体構造が必ずしも明らかではありませんので、先ほどの旧練兵場遺跡や文京遺跡などと同列に扱えるかどうかはわかりません。しかし、少なくとも集落の一部に掘立柱建物が集中するエリアがあって、その中枢部分にこういった構造のものが位置している。こういったことから考えますと、中期後半には大形建物のあり方が変わってきている。というのは大規模な集住拠点の中枢部分に位置するというあり方、もしくは集住拠点で特定の機能を果たすと見られるエリア―掘立柱建物柱群―のやはり中心部分に位置するというあり方がはっきりしてきます。これは先に見ました田村遺跡の前期のあり方とは違うものです。多少感覚的な表現となりますが、全体あるいは部分的な中枢施設として、大形の建造物―大形掘立柱建物が、位置づけられることがはっきりしてきます。

　もう一点興味深いことは、先ほどから申しておりますように、文京遺跡や西長峰遺跡のように同じ地点で連続して建物が営まれているというあり方です。これは、よく知られております大阪府池上曽根遺跡の大形建物のあり方と通じる部分ではないかと思われます。連続性、一定の場所で連続するというあり方はちょっと面白い現象かと思います。というのは、半ば当たり前のことではありますが、こうした巨大な集住拠点の性格に関係する現象と考えられます。こういう集住拠点というのものが、全く均質的なパートが何となく複合してしまったという代物ではなくて、さまざまな機能遂行部分の連結という形で構成されているであろうことは、ニュアンスは多少違っても多くの方が認めることでしょう。私もそのように考えます。ただしもちろん、そうした機能分担の空間的配列が必ずしも全体を通じて固定的ではない。むしろ頻繁に組み替えを繰り返しているのでなかなか判りにくい、それが実状ではないかと考えています。しかしこの全体あるいは部分の中枢機能を果たすであろう大形建物の設営位置がある程度固定化しているということは、少なくともそうした中枢部分では機能面での空間分割の踏襲性を指し示すことになりますから重要なことではないかと思います。

それから、もう一点注意しておかなければならないのは、今のところ山陽・四国地域でこのようなあり方をする大形建物には、それを周囲の施設から遮蔽する、あるいは切り離すような施設、それが柵であっても溝であってもいいわけですが、そうした建物を取り囲むような施設が一切存在しない点です。建物単体、あるいは建物の周辺に一定のエリアを取り込んだような形であってもとにかく建物を周囲から遮蔽するような施設は確認されていないわけであります。この点は先ほど濵田さんのご発表でもありましたように、山陰地域の動向と全く一致するものではないかと思います。つまり、構造とか規模の点で周囲の建物というのは明らかに異質な形状をもち、そのことと位置関係から特別な機能を想定せざるを得ないのが大形掘立柱建物ですが、これが全くオープンな形で中期後半前後には存在する。これは面白い現象です。

このような状況が後期にどのような展開するか気になるところですが、残念ながら今のところ後期の中葉から後半、一番気になる時期がこの地域では資料的には空白となってしまいます。

先ほどの濵田さんが発表なさった山陰地域の状況からみますと、その段階で濵田さんが空間Bとされましたこのような建物をともなうエリアが少し変質しているようです。つまり、中期の後半の段階では一定の建物群の中にそういったものが位置するあり方が、後期には建物単体で存在するようになるとのことです。山陽・四国側でそうした変化があるのか、今もうしましたように現状では何とも言い難いわけです。

しかし、こちら側ではその次、弥生時代終末ないしは古墳時代初頭に重要な変化が観察できます。一定の区画に収まった大形建物、といいますか周囲から遮蔽された空間に大形建物が位置する、というあり方が確認できます。わずか二例ですが図2のd・e、岡山県津寺遺跡と、先ほどちょっと紹介しました愛媛県樽味四反地遺跡を挙げておきたいと思います。dの津寺遺跡は、岡山県、備中の東部の足守川流域に位置します。中央の微高地にかなりの数の竪穴住居が集中しますが、その中にさほど区画の規模は大きくありません、大きく見積もって一辺四〇m程度でしょうか、布掘して設置した柵列でおそらく方形に区画されたエリアがあり、その中に四〇㎡強の建物一棟が確認されています。調査がごく一部でとどまっておりますのでこの区画内部の全体構造はわかりませんが、建物の周囲に一定の空閑部分を伴い、その全体を区画する形態です。このほか徳島県の石井遺跡と岡山県の雄町遺跡で、集落内でいずれも小規模なものですがこの時期の方形区画の一部だけが確認されております。どちらも建物を確認できていないので、今回の対象から外しておりますが今見ました津寺遺跡との関係で少し気にかかるものです。

いまひとつは、最近すぐ横で二棟目が見つかりました松山市の樽味西反地遺跡（e）です。大形の総柱建物二棟が相接する形で並んでおります。そしてその北方で、建物の軸とほぼ一致する方向の直線的な溝の一部が検出されている、そういう遺跡です。古墳時代初頭に下る事例かと思われます。

樽味西反地遺跡の場合、周囲の遺構分布からみて、この溝が建物群を取り囲む配置になる可能性は少ないようです。そうではなくてこの溝は建物の北側のわずかに高まった部分を区画するものではないか、と推測する意見があります。周辺地形や遺跡の広がりをみるとそう考えたいところです。そうしますと一〇〇㎡を超えるこの大形建物二棟はそうした区画の外側で、それに隣接する関係ということになるのでしょう。北側に想定される区画エリアの規模や内容が気にかかるところですが、何ともいえません。ただし建物軸と溝の方向の一致は、両者の関連を示すことは間違いないでしょう。強いて言えば集落中核部分に一定の区画されたエリアが設けられ、大形建物がそのエリアに随伴するわけですから、ネガティブな形で何らかの区画と大形建物が関係する事例といえましょうか。

さてこうした事例から、山陽・四国地域でも遅くとも弥生時代終末ないしは古墳時代初頭に、大形建物が一定の区画をともなって現れるらしいという状況が読み取れるわけです。

先ほど言いましたように、実は後期の様相がよく判りませんので、大形建物のあり方、という点で終末ないしは古墳初頭に画期を見い出そうというのはせっかちすぎるかもしれません。全くこういう区画された大形建物が存在しない、とまでは言いませんが、次にお話しすることなどから、そうしたあり方が各地域で、言い換えれば平野あるいは河川水系単位で現れても構わない状況はやはりこの時期に用意されるのではないか、と思っています。最後にそのあたりに触れておきます。

終末期ないしは古墳時代初頭に全般的な集落構成はどうなっているか。これもまだ明確なことは言えないものの、先ほど挙げました文京遺跡、旧練兵場遺跡を代表とするような大規模な集住拠点はほぼ消滅していく、解体を始めているのではないかと思われます。先の岡山県津寺遺跡の場合でも竪穴住居群がずっと密集する状態はもう一型式期ぐらい存続するわけですが、全体の趨勢としては、弥生時代中期後半段階から明確化してくるこの地域の集住拠点は弥生時代終末から古墳時代初頭にかけて確実に解体に向かうと考えられます。このような集落構成の変革期に初めて区画をともなった大形建物が見出される（一般化する？）と推測しております。つまり、大規模な集住拠点がきちんと機能している期間にはそのような状況が見られないわけであります。

さて、このような区画をともなう、そこに収納された大形建物というあり方は、これまでの多く指摘されてきましたように、やはり古墳時代の首長居館とされた施設との関係が気にかかるところです。これをきちんと整理しなければいけません。その際注意すべきだと思うのは首長居館と呼称される施設の機能面の問題です。古墳時代の首長居館は何といっても群馬県三ツ寺遺跡をひとつの典型とするようなイメージで語られてきました。あるいは三ツ寺遺跡に対しても、(特にその未調査部分に)多くの期待感を込めてきました。そこは地域の政治的中枢であるのと同時に、余剰物資の集積拠点という意味で、経済的中枢もしくは控えめに言えば経済的中枢を下支えする機能、さらに首長という特別な人格の肉体を維持し再生産の場、こういう形で中枢機能の諸側面が一体化した姿を網羅的な機能の統合を、半ば期待感を込めて想定してきたように思います。首長居館と呼称される資料が増加するにしたがって、その内容はかなりの広がりをもつことがはっきりしてきました。そうしたことについて区画規模の大小を、居館の主(いわゆる首長層と考えられているわけでありますが)の階層的な差違という形で評価しようという有力な提言があります。もっとも意見ですが、それ以上に、三ツ寺遺跡に仮託された首長層の政治的・経済的な役割全体を一つの区画の中で共存させた場という評価がどこまでそうした施設で普遍化可能か見極めておくことは大切だと考えます。あるいはそういう意味でどこまでの機能が一体化した施設を以て首長居館と定義するのか、少し考えてしまうところです。山陽・四国地域に限るわけではありませんが、古墳時代初頭の(あるいは他ではもう少し遡って出現するかもしれない)方形区画+大形建物の場合、三ツ寺遺跡から紡ぎ出された居館イメージとの落差を感じざるを得ません。

今述べたような複数の機能が一箇所に囲い込まれた様相をこれらに想定してよいのか不安になります。

近年の議論の中で、弥生時代の大形建物と古墳時代の首長居館を、どちらかといえば連続性に捉える意見が少なくないように思われます。弥生時代の大形建物や想定される付帯施設群は、後の古墳時代中期的な居館の機能を既に持っているが、まだ集落と分離できていない、古墳時代にはそれが分離することで首長居館が明確化する、という変遷をお考えの方は少なくないように思います。しかし、少なくとも山陽・四国地域の現在の乏しい材料からですが、どうもそういう理解は難しい。まず集落に包摂された居館、という様相はどうも見られない。また終末期ないしは古墳時代初頭に、区画+大形建物という形が明確化するわけですが、古墳時代中期ないしは後期のように複合的な機能をそこに想定することも難しい。そうしますと、先に述べたように首長居館をどう定義するかにもよりますが、三ツ寺的な首長居館の出現はこれよりも遅れるか、あるいはそうした複合機能の合体という様相そのものがよほど特殊なのかもしれません。いずれにしても弥生時代の大形建物、あるいはその次の方形区画+大形建物といわゆる首長居館の関係を追求することは、非常に重要な課題であることは間違いありません。これまでの議論はそうしたことを強く提示してきたことに大きな意味があるでしょう。この先はそれを承けて段階差・機能差とその変化を、これまで以上に掘り下げていくことにもこれまで以上に力を注がなければならないでしょう。

三ツ寺遺跡で想定されたような複合的機能を津寺遺跡など出現期の方形区画＋大形建物に想定するには慎重でありたいと思いますが、それにしても大規模な集住拠点の解体時に方形区画＋大形建物が現れるということは重要です。そういった施設が中期段階のように全くオープンな状態で存在するのではなくて、区画されている、つまり外界と遮蔽されている—津寺遺跡では柵ないしは塀で区画されます—ことは、そこで執り行われる行為、その場の機能が全人に開示されているのではないこと、あるいはそうした行為に関与するのが全体ではなくて少数のグループに限定されていることを反映するものと考えます。さらにいえば区画そのものが、行為・機能の閉鎖性あるいは秘匿性を象徴するといえるかもしれません。そこにはそれまでの大規模集住を成り立たせていたメカニズムとは違ったものを想定したくなります。この点は、近年どちらかというと分の悪い、「弥生都市論」—私は〈弥生都市〉という捉え方は有効だと考えますが—を掘り下げる手がかりであるように思います。

最後の部分はなんだか奥歯に物の挟まったような言い方になってしまいましたが、別の機会にもう少し考えてみたいところです。乏しい資料で相当に乱暴な議論を展開して参りましたが、ここで私の報告を終わらせて頂きます。失礼いたします。

大型建物と方形区画の動きからみた近畿の様相

森岡秀人

　ここまでの東日本と西日本の主要な地方から行われた報告をお聞きして、率直な感想を申し上げますと、今回のテーマを考える際に近畿地方よりも比較的見通しがよい、シンプルといいますか、ポイントをおさえやすいといいますか、方形区画や大型の掘立柱建物の問題を考える上で脈絡がたどりやすいなと感じました。つまり、近畿地方が東西日本の狭間にあって一番雑多で、ストーリー性がなく見通しが悪いというのが私の印象です。

　それともう一つは、皆さんのお話の中では時間がなかったためと思いますが、弥生社会、その社会構造との関係があまり述べられませんでした。近畿地方では資料が少ない分、私の発表では大胆ながらそういった話を最後に補いたいと思っております。どういった社会階悌において、大きな建物が生まれてくるのかという問題です。

近畿地方でこういった大型建物や区画の問題が浮上したのは、それほど過去のことではありません。我々が考古学をやり始めた三十数年前には牧歌的で平和な農村のイメージだった弥生社会像が、一九九〇年代以降の十数年間で大きく変動が起こったなと思います。特に最近では、弥生都市論とか、社会進化の問題を含めて弥生社会がどういう段階に達しているか、ということが盛んに議論されております。そういう議論の中で、弥生時代における墳墓の様相以外にも大型建物や方形区画のあり方などの分析は重要な視点をもたらすであろうという問題意識は、最近の研究動向においても変わらないところであろうかと思います。そして、継承すべき方向性と考えます。

研究史の視点の中で重要なことは、近畿地方では過去の発掘資料の中にこういった大型建物が含まれていた、つまり図面や写真といった資料から、紙上・机上における後学の再発掘で大型建物が改めて認識されたという事例が、最近急増していることです。例えば大阪府ですと、濱野俊一さんが掘られた茨木市目垣遺跡のⅣ期段階の建物にそういうものが含まれていますし、山田隆一さんが最近紹介されました四条畷市の雁屋遺跡でも、資料再発掘の結果からそういう大型掘立柱建物が復元できそうです。目垣遺跡の例はここに紹介しておりませんが、雁屋遺跡の方は、非常に複雑な遺構群の中からⅣ期段階の建物を山田さんが抽出復元されております（図1）。この例については、野島稔さんが既に報告されておりまして、お二人の共同作業か、あるいは再確認作業を行って新たにこういうものが見つかったということだろうと思います。しかも、大阪府池

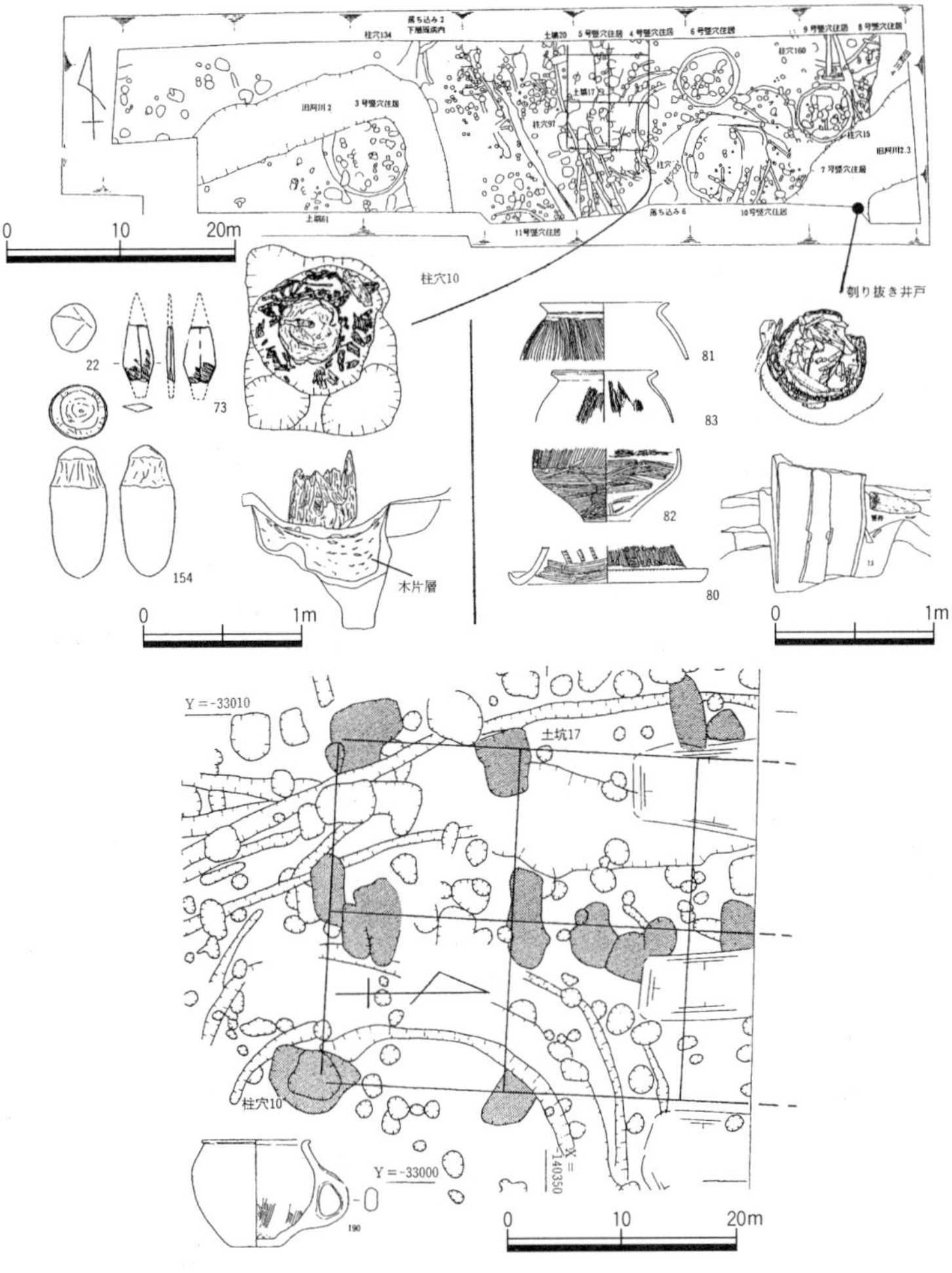

図１　雁屋遺跡の大型建物・刳り抜き井戸と出土遺物（野島1994・山田2002）

上曽根遺跡や先ほどの静岡県梶子遺跡の場合と同様に、刳り抜きの井戸が近くにあるということです。またさらに、資料集には挙げませんでしたが、大阪府四ツ池遺跡にも中心施設にこういったものがあると、堅田直さんの調査報告書の中に報告されています。古い大阪府の、あるいは帝塚山大学考古学シリーズの調査報告書の中に見られます。こういったものの評価は人によって異なってくるかもしれませんが、これまでに既に発掘されたもののなかに再検討の余地があるものが含まれていることは注意しておく必要があります。こういったものは近畿の弥生集落の資料の中に、まだかなり潜在的な形で各地に埋もれているだろうと思います。

それから、今日司会をされている広瀬和雄さんが随分盛んに主張されている弥生時代のいわゆる「神殿」論と「都市」論ですが、紀元前の弥生前期の段階から七世紀あたりまでの建物の中に神殿の成立と系譜を一系的に見る議論。これに対して、文献史学の岡田精司さんからの弥生・古墳時代の「神殿」論批判、あるいは秋山浩三さんの池上曽根遺跡の建物配置や遺物組成などの発掘調査のデータに基づいて行われた弥生「都市」論批判、これらの中で大型建物の機能や性格の検討が進められているようであります。

こういった研究の流れの中で、大会当日の発表要旨にも書きましたように、私は大型建物の定義づけは今とても難しいとひしひしと感じております。今日発表された方のなかでも、大型建物と一般建物の線引きは二〇㎡ぐらいから五〇㎡ぐらいまで幅があって、どの大きさのものをもってして大型と呼ぶべきかという問題は非常に難しい。今回のテーマ自体、「大型」というのは非常に抽象的、観念的に提出されていて、客観的な基準は出せないものだと語っているようです。私自身に関して言いますと、これまでの研究史を振り返るなかでやはり注目するのは、それぞれに個性豊かな集落の中に存在する遺構群の中での位置、なかでも立地に関する比較調査と検討が非常に重要であることを痛感します。

平面的な立地の遺跡では、図面にコンターが記入されていない場合が多いですから、現場に立たない限り立地の微地形などはわかりませんし、沖積地ですと微高地がだいたい五〇〜六〇㎝、ないしは一ｍぐらいの高まりしかないので、遺構配置図の表現ではそうした場所があるかどうかは読み取ることが難しいです。しかし、実際に現場に行きますと比較的高い場所を見つけ出せますし、そういういい立地であるところにこういった大型建物が見つかるケースが多いです。こうした着目点から資料を見ていきますと、次にこういった建物の年代的な側面の問題が出てきます。まず、その出現については、近畿地方の場合には唐古・鍵遺跡が嚆矢となります。

ところで、唐古・鍵遺跡では、第九三次調査で最新の資料が出ました。私も今回は発掘調査の進展の様子をよく知りませんでしたから、要旨に書いたことと随分違うことが出てきて驚きました。それほど、今回の唐古・鍵遺跡の建物は、規模や構造を見てみますと、従来知られていなかったもののようですね。Ⅲ-3様式の段階に推定されているといいます。この建物については、唐古・鍵遺跡の中ではそんなに不自然ではないとも言われているようです。現地説明会がありましたから、その様子を知っている方が会場にも半数ぐらいおられるんじゃないかと思いますけれども、そういう新しい資料が一週間前に出ました（図2上）。

さて、唐古・鍵遺跡では、今回発表された建物のほかに、近畿地方でもっとも古いもの、時期的な設定ではⅡ様式段階（大和地方で言うⅡ-2様式ですから、近畿全体の第Ⅱ様式の編年観とは若干違いますが）に、近畿地方では最古級の大型建物が出ておりました（第七四次調査）。特にこの建物については、その由来が非常に問題になってくると思います。私自身は大和地域で今までに出土している土器の様相であるとか、あるいは集落構造のあり方などを検討してきたなかで、これが近畿地方の大型建物系譜の独自な歩みの出発点になるかどうかはまだ検討を要するのではないかと思っております。特に柱の樹種が、ヒノキとかスギを使わずに、今回の第九三次調査で出た建物を含めて、ケヤキやヤマグワを使っております。第七四次調査で出た大型建物の規模は七m×一一・二m（推定ではさらに伸びるようですが）、柱には直径が六〇cmぐらいのものが使われております。また、今回検出された第九三次調査で発見された建物では直径八〇cmという大きなものがありましたが、そういう大きな柱に広葉樹材を普通に使っている（図3）。これが東日本的なあり方かどうかという問題は別にしまして、かなり近畿では異質な要素であります。だから、大型化する時期とか巨木を使用するという点では近畿地方の他の大型建物と共通点はありますけれども、柱に用いられている樹種の点から池上曽根遺跡や武庫庄遺跡の大型建物と系譜的に直結するかどうか、さまざまな方向から検討が必要じゃないかと思います。例えば、独立棟持柱をもつもたないとか、側柱で構成される建物なのか、それとも総柱建物なのか、といった複

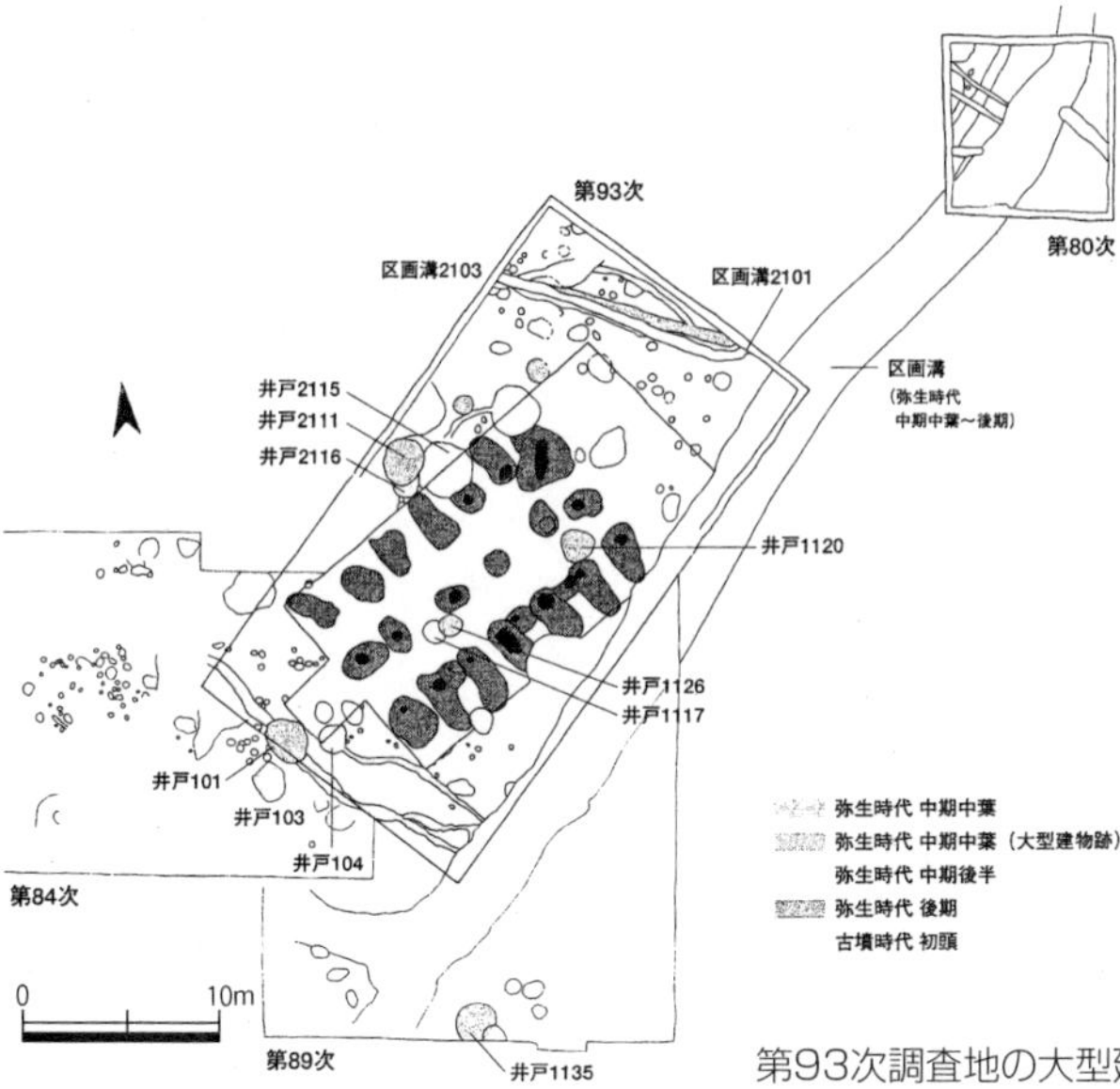

第93次調査地の大型建物

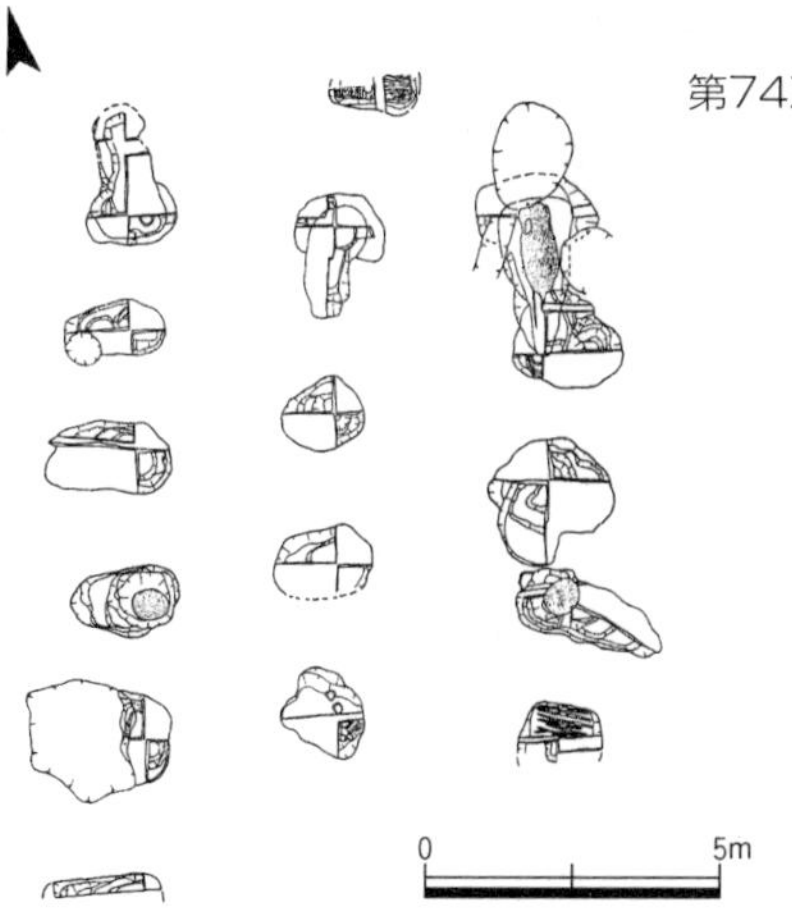

第74次調査地の大型建物

図２　唐古・鍵遺跡の大型建物
（上：唐古・鍵考古学ミュージアム2005
下：豆谷和之2000）

眼的な視点で比較していくと、大和の例は系統を異にするように思われます。極端なことを言う方は、唐古・鍵遺跡の大型建物を縄文的であると言う方もおられまして、新聞のコメントでもこのことを強調された方がおられたようでありますけれども、このことも含めて、建物の諸要素が何に起原するのか、どの地域に系譜をもつのか、これが今後の議論の基本材料になるでしょう。

大型建物が増加し始めるⅢ期以降において、まずその系譜の観点から問題になりますのは、建物の消長から見た大型建物の類別が必要であるということです。これまでのご発表の中でも立地点についての細かな検討がなされておりましたけれども、私は大きくみて二つのパターン分けが単純でわかりやすいと思っております。すなわち、A型：立地点踏襲型—歴代建設パターンと、B型：立地点一過型—移動建設パターンが歴然としてあるのではないかと考えております。

例えば唐古・鍵遺跡のようなタイプ。二つに分ける中のB型ですね。先ほど言いましたように、第七四次調査で出た建物(図2下)の周辺では日常的な建物遺構が、この大型建物の出現前後にあまりありません。換言しますと、居住適地であるにもかかわらず日常的居住性の備わった場所ではない。生活臭の感じられないいわゆるマツリ場であるらしい。付近一帯の様子を見ますと、イノシシの下顎骨、卜骨、銅鐸形土製品、鶏頭形土製品、供献土器などが出ておりますので、集落内では特別な領域。全般的にこの地域での建物の建造は極めて一過的なものであると考えられます。

これに対して、池上曽根遺跡とか、先ほど紹介のあった下之郷遺跡では、秋山浩三さんや川畑和弘さんが検討なさったように、かなり何度も建物の建て替えをやっているにもかかわらず、一地点を踏襲している（A型）。建設場所を固定化する、占有化する、踏襲していることには大きな意味があると考えます。

最も重要なことは、こういった建物は大型で機能的にも長持ちする、耐久性があるはずだと思うんですが、にもかかわらず短命であると。これは他地域ではどれだけ同じことが言えるかどうかわかりませんが、近畿地方の場合には非常に短命である。それは人文的な解釈、自然的な解釈、いろいろできようかと思いますけれども、例えば耐久性の問題から適切なサイクルであるという

目渡穴１の蔓

目渡穴２の蔓

北西隅柱とその底面

図３　ケヤキ製の弥生時代最大径の柱材
（唐古・鍵考古学ミュージアム2005『たわらもと2005　発掘速報展』から）

見方もできるのかもしれません。

次に技術伝承の問題。実際的な目で見ますと、こういった大型建物の特殊な建築技術を次の世代が伝承するには、前の世代と知識や経験を共にし、暮らしていた期間として、ある程度の時間が必要だっただろう。つまり、かなり頻繁に建替えないと、五〇年に一回とか、一〇〇年に一回とかの建造ですと、難しい土木技術の伝承が適切に行いえないという見方もできるでしょう。建替えを一度も経験できない世代が生じてくる。

それから政治的な観点から推測しますと、建物自体の耐久性や技術伝承といった問題ではなしに、首長の交代に際して、ちょうど前方後円墳の築造と同じような形で建物が交代していったという見方もできるかもしれない。あるいは伊勢神宮の式年遷宮のように、二〇年などというように一定の年数をおいて、固定したサイクルで建て替えしていた可能性も実証性に乏しく、我々にはわからないことですが、あるかもしれない。

このように、いろんな解釈ができるんですが、ともかく、Aの歴代建設パターンの立地場所は、連続的に弥生集落の中の特定の場にあるということです。

次に選地の観点から居住区との関係を見ていきますと、大型建物には一般居住区との間に選地の上で区別がつかないものが出てくる。例えば台地の上の高いところにあります兵庫県加茂遺跡の建物も、最も高い位置にありながら現実には一般の竪穴住居が同じ場所に後で進出してきます(図4・5)。付近にはかなりの柱穴があります。柵もあろうかと思いますし、その中には竪穴住

図4　加茂遺跡の遺構配置と大型建物・方形区画（川西市教育委員会2000）

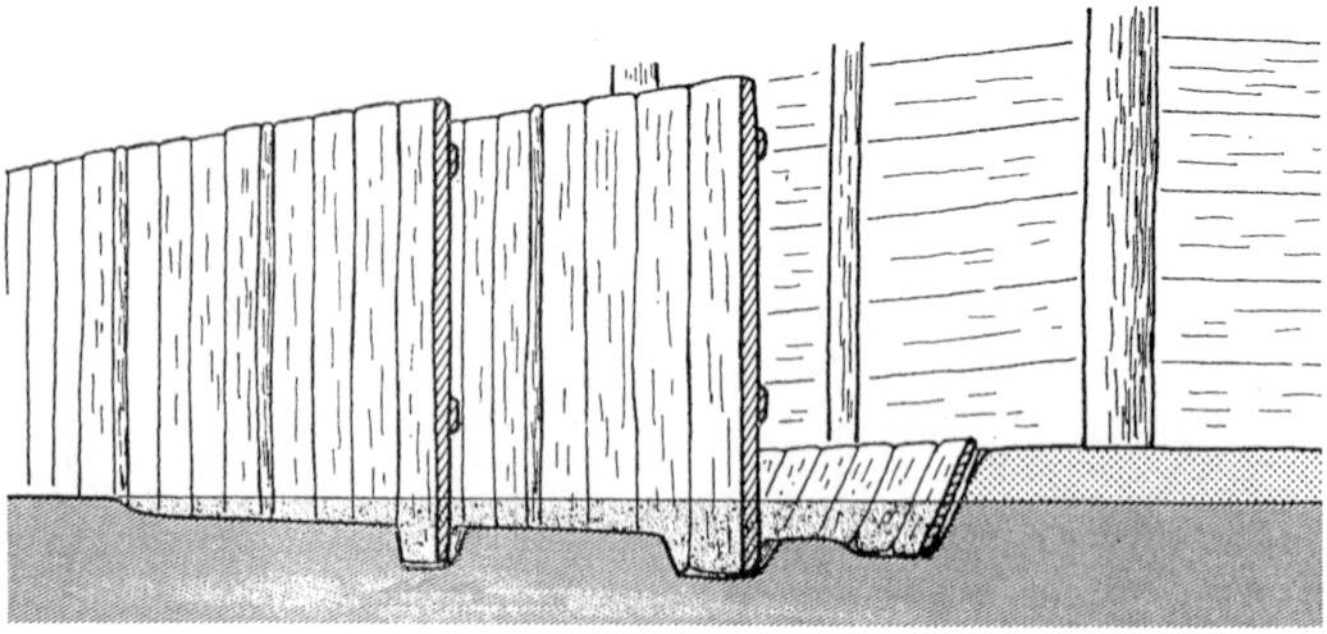

図5　加茂遺跡堅板塀設置推定図（川西市教育委員会2000）

居の壁溝（壁体が飛ばされたもの）があるでしょうけれども、この中には円形の竪穴住居が数多く、時期からいいましても大型建物の後に入ってきている。つまり、この場所が特化されている形跡がありそうでないというもの、これはいま一つの分類基準、選地の観点から私が言うところの類別a型、建設が一世代なのか二世代なのか、その辺はわかりませんが、集落の内部を移動していますので、消長の観点からしますと先ほどのB型ということになるでしょう。こういう遺跡では、集落の別の場所に大型の建物が今後出てくる可能性もあるということを考えております。

守山市の下之郷はその逆で、かなり同じ場所で、中央の施設の中に取り込まれた形で建物が随分建替えられていきます（一六頁図5）。図8は尼崎市の武庫庄の例です。これは建物じゃないという方もまだおられるんですけれども、独立棟持柱を持つ大型建物と考えた場合、周辺のこれにやや並行する位置に小型の独立棟持柱建物があります（図8-1左上の建物）。広瀬和雄さんは、これは小型神殿、超大型神殿、という区別で分けられておりますし、こういう分析を以前やられました岸本道昭さんあたりは、タイプを幾つか分ける中で、集落の中での既存数の類型化をしておられますけれども、一つは、ほぼ同時期に同一主軸でもって大型と小型のものがありますが、もし、これが同時期のものと考えるならば、大小の区別といったものの説明がつくと思います。しかし、それぞれの機能の違いといったものには言及し難い。類型についてはこういう問題があります。

次は大型建物のタイプ分類の問題に移らせていただきます。この仕事については既に幾人かの方がやっておられます。私も先行研究に学びながら、どういうタイプ分類が一番いいのかと考えましたところ、やはり視点は二つあろうかと思います。まず我々が考古学のほうでなかなか復元できない上屋の構造の問題。これについては、我々はあまり発言できないんです。そうした限界を踏まえるならば、建物の規模と平面形が大事ですし、さらには柱掘り形の作り方、作事という点に視点を当てることによって、考古学的なタイプ分類作業に立ち入ることができます。私の提示するこの分類のポイントは、これまで調査者が各々近年で一定の性格に見ておられる節のある小型の八雲型の建物から伊勢型に至るまでの間に、一貫した系譜を見て取れるものであります(図6)。しかし、私自身もこの類型に収まらないとしてまとめたものがあります。それぞれの類型についての説明や論点はそこに記載しているとおりであります(資料1)。

「八雲型」としましたものは、通時的に存在することを特徴とします。つまり、これは、庄内併行期、皆さんがよくⅥ期と呼んでいる庄内期の比較的多くの集落で認められまして、私の実感

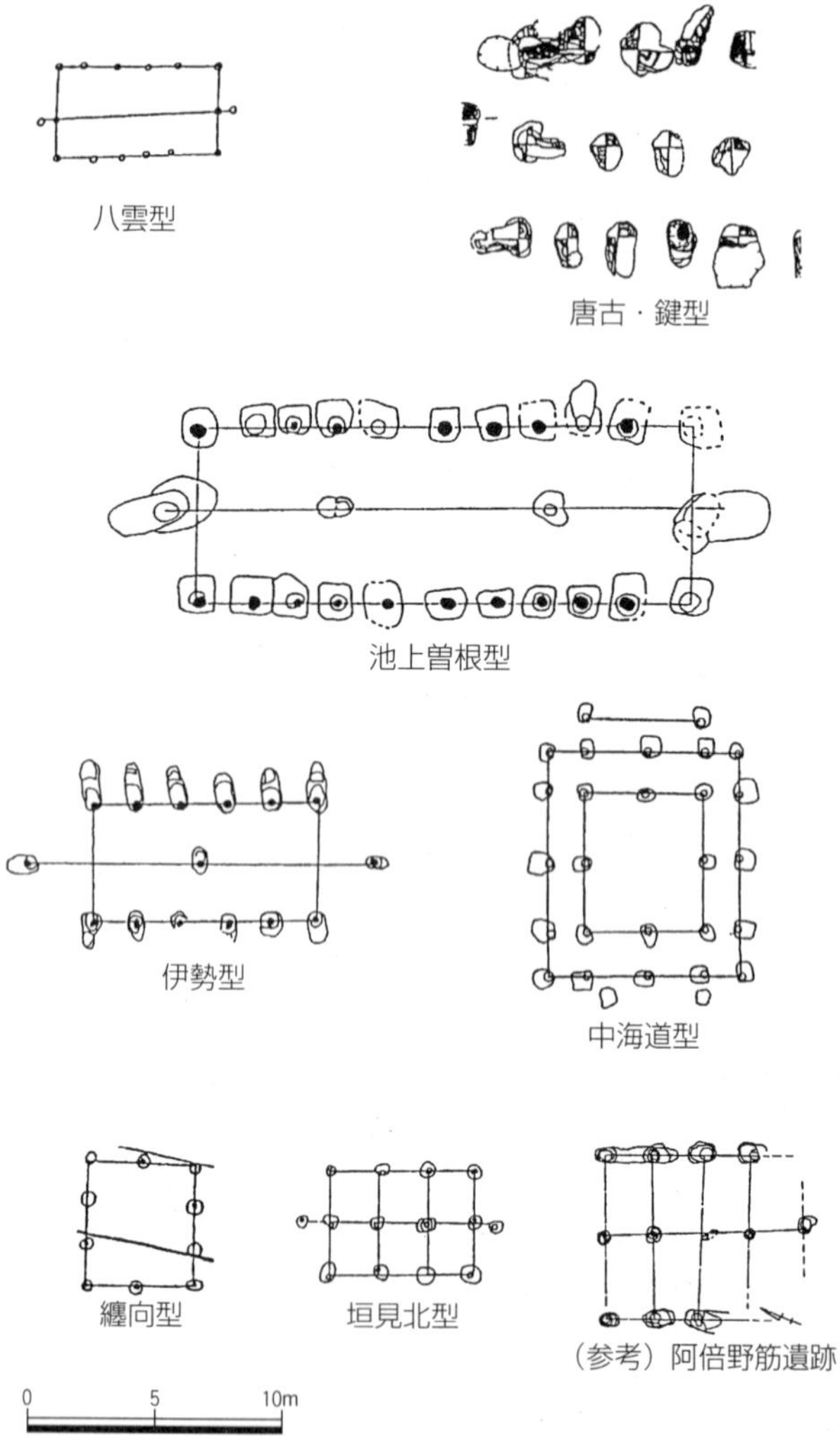

図 6　大型建物の諸タイプ分類案（報告書・概要・啓蒙書から）

類　型	梁行×桁行	平面形	棟持柱	規模	柱穴	時期	その他
八雲型	1～2間×多　間	長方形	独立/近接	小型	円形～不整円形 柱穴は小さい	弥生中期前半 ～後期	実例多い　時期幅長い
唐古・鍵型	2　間×多　間	〃	独立	大型	楕円形 ～隅丸方形	〃中期前葉	総柱　柱材広葉樹 唐古・鍵例のみ
池上曽根型	1　間×密接多間	〃	独立/近接・屋内	超大型	方形	〃中期後葉	武庫庄例
伊勢型	1　間×5間前後	〃	独立・屋内(1本)	八雲型より 一回り大きい	隅丸長方形 「斜坑柱掘形」	〃後期後葉	変則的なものを含む
中海道型	4　間×4　間	方形	－	大型	隅丸方形	庄内期後半～	四面観の建物 区画溝など独立的存在
纏向型	2間以上×2間以上	〃	－	小型	円形～方形	古墳前期	実例乏しい
垣見北型	2　間×2～4間	長方形	独立・屋内(総柱)	小型	円形～方形	〃　前期～	独立棟持柱を持ちつつ、 屋内に棟支えが貫徹し、 総柱になる。

資料1　近畿地方大型建物の諸タイプの分類案とその特徴

としては弥生前期の終わりから中期を経て後期、そして庄内併行期まで継続しているだろうと読んでいます。柱穴も小さい。小規模な建物で、比較的各地にあるように思います。

それに対して「唐古・鍵型」は、先ほど言いましたように総柱建物である。これは近畿の弥生の建物では異例のものでありまして、今回新しく出ましたものはこの類型の存在を補強した形になるかと思います。総柱で、しかも床束柱の柱どおりが悪いといいますか、意識的に桁行の柱の中間に束柱を設けているもので、古墳時代や弥生時代の大型建物には見られないタイプであります。こういった建物の系譜が今後また問題になりますけれども、東方との関係をもつ大和には存在する。だから系譜を異にするとみて、独立させた方がよい。

大阪府池上曽根遺跡の例を代表とする超大型の「池上曽根型」については、Ⅳ期に特徴的に存在することに大きな特色があります。土器で申しますと、凹線文成立期以降です。

それから、「伊勢型」については、そこにも書きましたように梁行一間、桁行五間前後の規格的長方形プランといっているものがあるということでタイプを設けました。弥生時代後期に定式化します。これについては幅広く見ますと、中央に、いわゆる主軸中央に一つだけ柱を置く、鞘堂説なんかが出ておりますす伊勢遺跡の典型的なものを標識例としたほうがいいかもしれませんが、私は山城に出ています大藪遺跡の大型建物なんかも含めて広く捉えたい。こういう見方をするならば、山城・近江には広義の伊勢型がかなり存在するとみられます。大藪遺跡なんかがあります山城地域は、受口状口縁をもつ近江型の甕と鉢が分布している地域でありまして、同様に建物でも大和や河内と違ったものがかなり点在していると見ておきたいと思います。しかもその大型化した建物が竪穴建物も含めて密集度を高めている状況は、近畿の他の地域に見られない現象であります。近畿地方の弥生時代後期の特色、新しい胎動として最も重視すべきは、この近江南部、山城の状況であります。

「中海道型」は、私は弥生時代には存しないタイプと考えております。これは梅本康広さんが分析されたとおり、古墳時代の中に存続していくタイプで、のちほど辰巳和弘さんがこれについての評価をされるだろうと思います。出現の上限年代は、庄内式期後半あたりかと考えています。また、滋賀県の例を標式とした「垣見北型」としたものについては（報告書が最近出ているんでしょうけれども）、以前公表されているデータとは全然違う評価をしておりまして、弥生時代前期とされていましたが、私に言わせればこれは古墳時代のタイプですから、広瀬さんがこれまで分析されてきたものも含めて、こういうタイプのものは、弥生時代のものとは考えなくてもいいということで、除外しております。

こういうふうに見ていきますと、やはりこれら諸タイプの建物のそれぞれの出現期が画期になっているといえるでしょう。私が各タイプの代表として提示しましたのは初現期の遺跡でありまして、初現の遺跡を標式としてタイプの名前をつけるべきだろうと思っています。したがって、ここに示した遺跡の大型建物の構築時期が、大型建物の推移をある程度示しています。

あと、建物の絵画の問題でありますが、これは皆様の発表であまり出てきませんでした。やはり重要な資料でありまして、土器などに描かれた建物の絵は近畿地方で頻繁に見ることができます。特に大和では大多数の資料が唐古・鍵遺跡周辺に集中いたしますけれども、相当数のものがある。そういうものを検討していきますと、何棟かをペアにして描いているものが多い。大型の壷形土器の絵画では、今まで建物が一棟だけ描かれてあるように思われてきましたけれども、実は二~三棟の建物を単位に対となって出てきます。そのペアの中には建物、私が池上曽根型としましたタイプ、藤田三郎さんなんかもこういう風に分類されており（図7）、かつては春成秀爾さんが詳細な研究をされておりました。そういう中でそのタイプ分けをした建物がペアになっている。先ほど伊勢遺跡の中でも、二棟の独立棟持柱の建物がペアになる、一棟ずつではなく二棟ずつが同時に建てられた可能性があるという話が出されておりましたけれども、建物の中に機能の異なるものがペアで祭祀空間に存在することを考えたことになる。そういう点では、絵画土器の資料に認められる様子が、幾つかの遺跡でも認められることになります。数遺跡のなかでそう

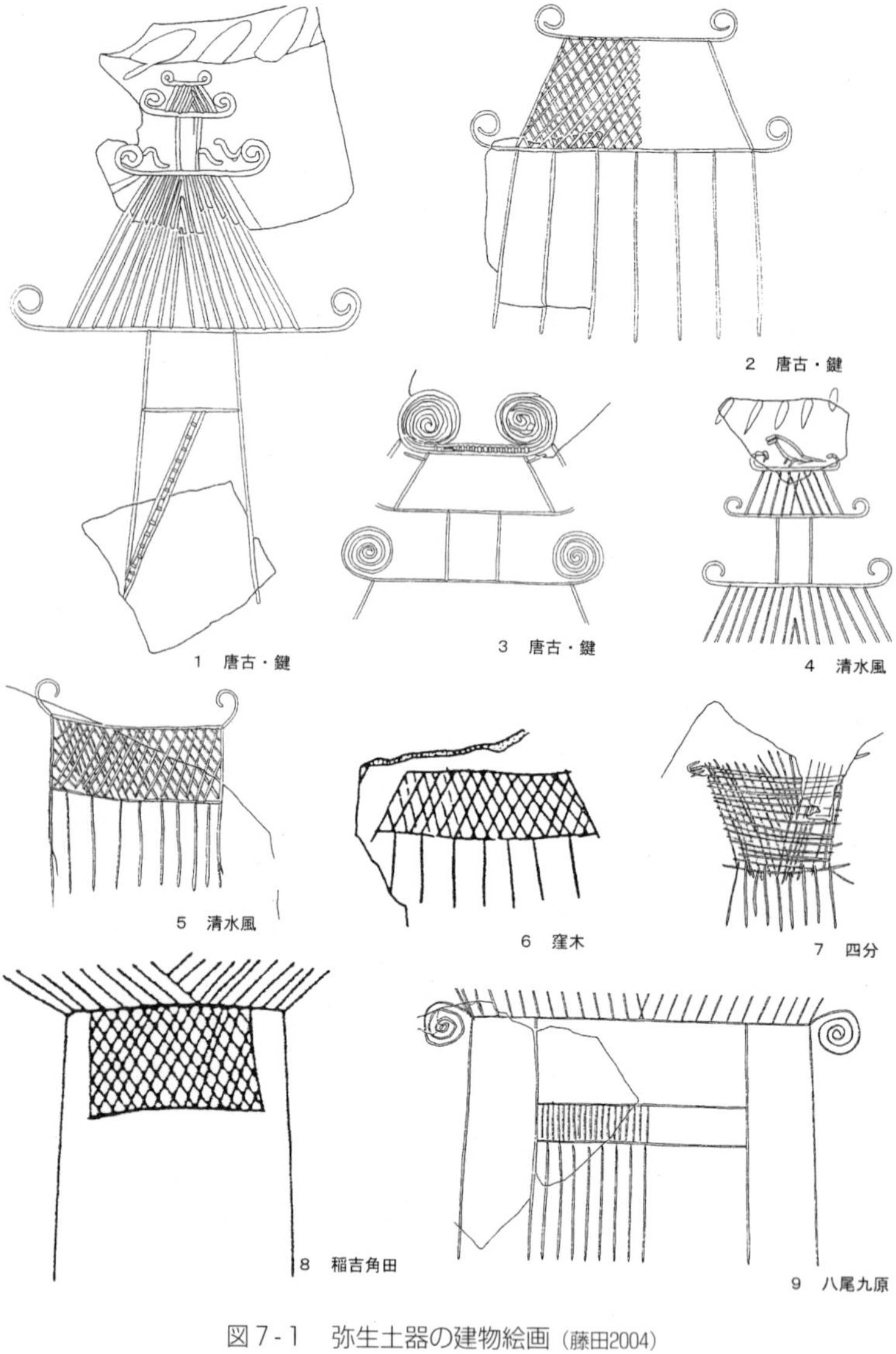

図7-1 弥生土器の建物絵画（藤田2004）

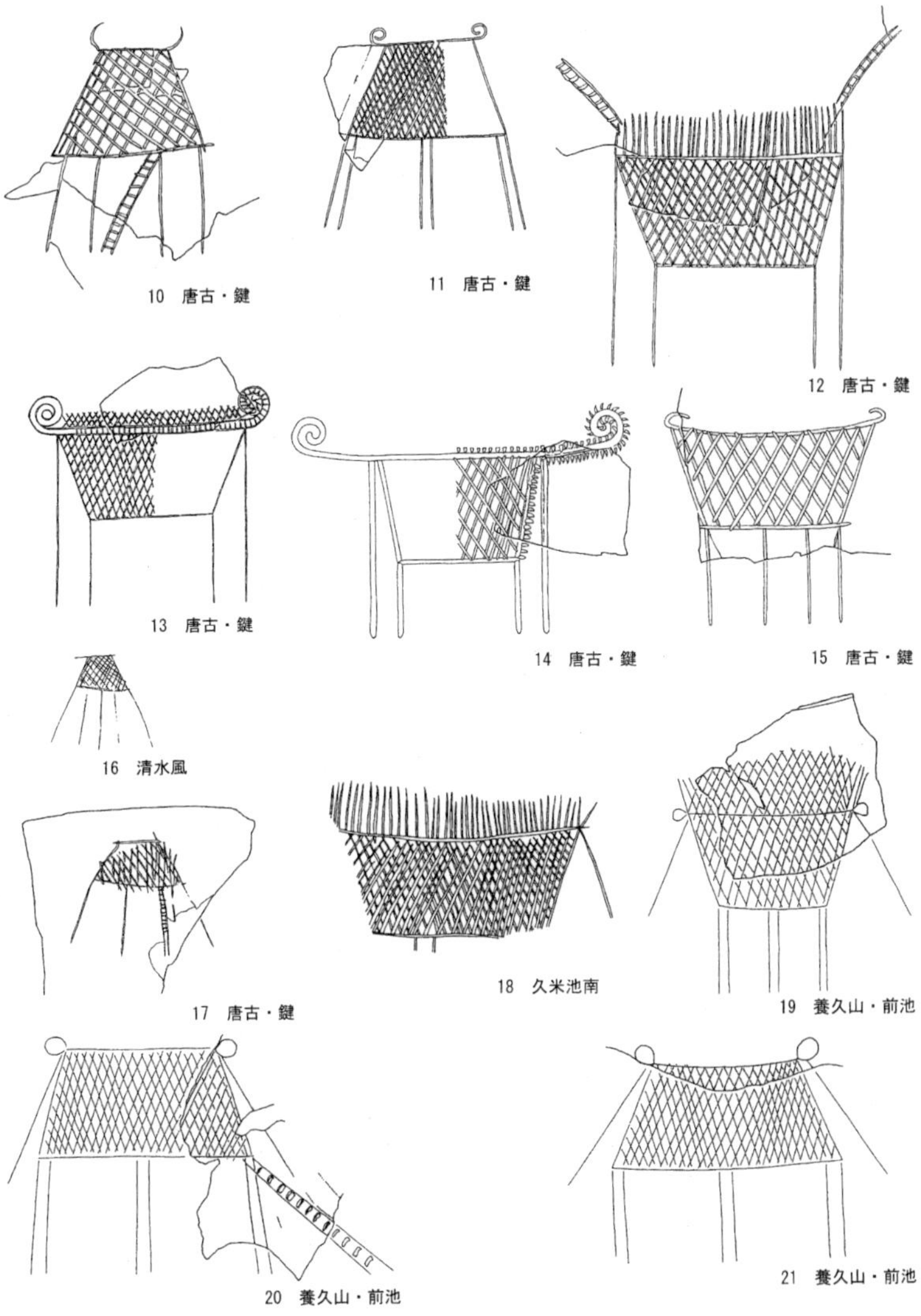

図7-2　弥生土器の建物絵画（藤田2004）

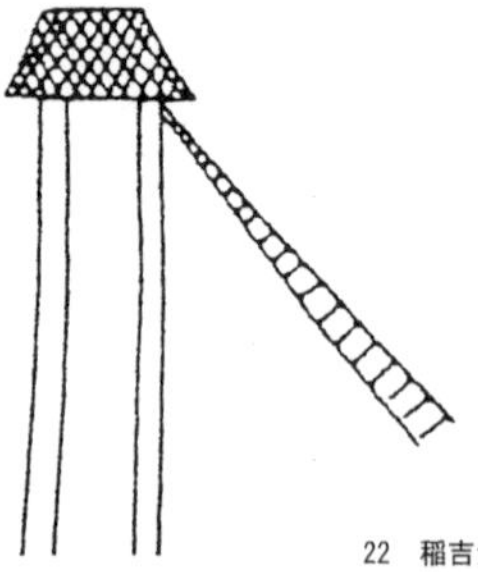

22　稲吉角田

23　唐古・鍵

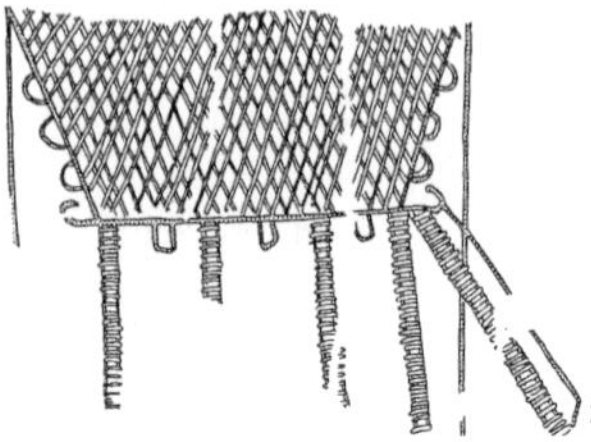

24　池上曽根

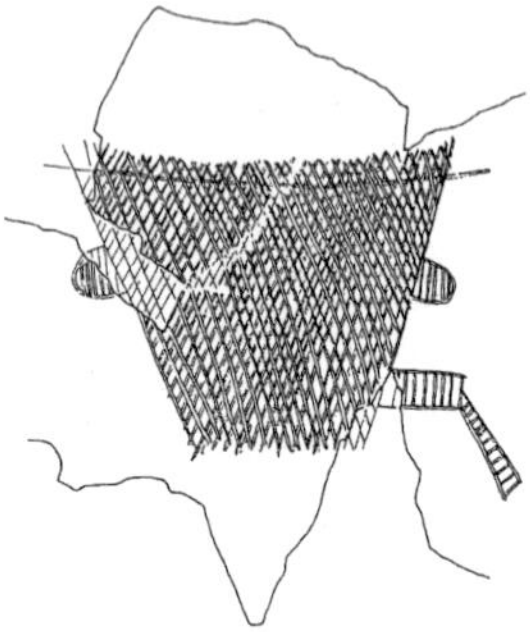

25　四分

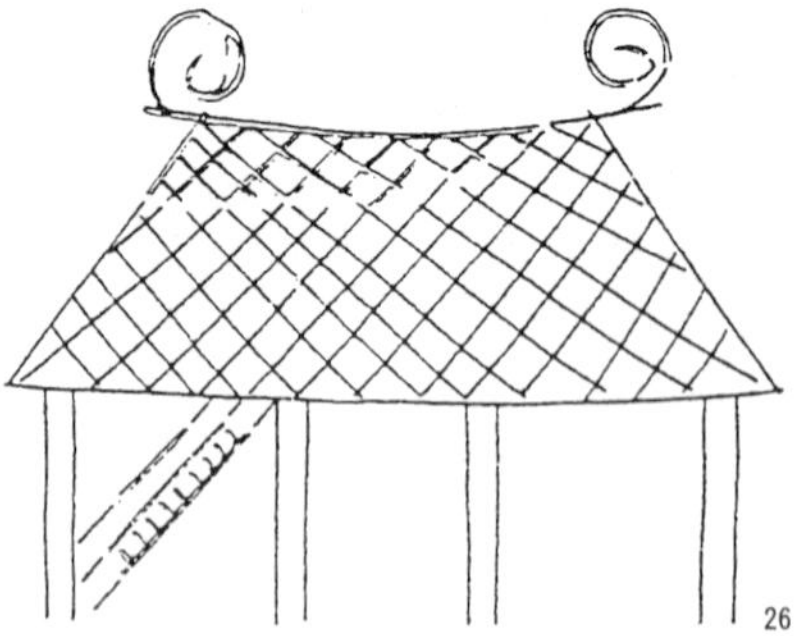

26　唐古・鍵

図出典
1～5・9～17・23・26　田原本町教育委員会
1・2　藤田三郎　2000「楼閣絵画土器のもう一つの建物」『田原本町埋蔵文化財調査年報9』田原本町教育委員会
5　藤田三郎　1997「盾と戈をもつ弥生の戦士」『田原本町埋蔵文化財調査年報6』田原本町教育委員会
6　岡田博ほか　1997「窪木遺跡1」『岡山県埋蔵文化財発掘調査報告』120岡山県古代吉備文化財センター
7・25　深澤芳樹　1998「西方官衙南地区の調査-第85次-」『奈良国立文化財研究所年報1998－Ⅱ』
奈良国立文化財研究所
8・22　佐々木謙　1981「鳥取県淀江町出土弥生式土器の原始絵画」『考古学雑誌』第67巻第1号
18　高松市教育委員会　1989『久米池南遺跡発掘調査報告書』
19-21　岸本道昭　1995『養久山・前池遺跡』龍野市教育委員会
24　秋山浩三・小林和美・仲原知之・山崎頼人　1997「特殊表現をもつ弥生建物絵画」『みずほ』第23号
26　藤田三郎　1992「コラム3唐古・鍵遺跡の絵画土器」『弥生の神々』大阪府立弥生文化博物館図録4

図7-3　弥生土器の建物絵画（藤田2004）

いう関連建物群のユニットが検証されますので、今後増大するのではないか、そういうことが問題提起として出てこようと。

既に与えられた時間がなくなってきましたので、方形区画の問題について少しだけ説明します。図8-1は比較的古い段階にあたる武庫庄遺跡の弥生時代の大型建物（あるいは大型の建造物）ですが、この西側には小溝があります。これは非常に直線的で長く伸びており、多分出土土器から建物と同時期でよかろうと思います。また、加茂遺跡の場合にも（図4）、建物の周囲にL型の溝が見つかっています。これらは、ほかの皆さんが報告されたものに比べるとはるかに細い溝でして、板材を縦方向に立てた竪板塀の可能性が高い。これは溝の中に幅の限られた板痕跡ですね、これが上から見て出てくるので竪板塀と考えられるものです（図5）。これが建物の周りを囲繞しますと、柵とは違って建物が全面的に見えないことになるので、完璧な遮蔽施設ということになる。また、武庫庄遺跡の大型建物には桁行方向に側柱の柱穴が一見布掘風になっておりまして、直径が大体五〇cmぐらいの柱のあいだをつなぐように構造材の痕跡が認められると報告されています（図8-2）。ですから、屋根倉形式ではなしに、まさに外壁があるといいますか、屋根の下の部分がオープンでない構造になっていますね。そうすると、遮蔽が二重になっていて、中に入っていたものも一体何かと想像の世界が広がるのです。つまり、非常に厳格な区画が、第Ⅲ様式（凹線文出現以前）に存在していたことになります。このように、弥生時代中期には加茂遺跡のように大型建物を囲む明確な方形区画があります。また一方において、池上曽根遺跡なん

図8-1　武庫庄遺跡の大型建物（半澤・三輪1999）

かのように周辺の区画ははっきりしないものもありますが。（ただし、最近の高位部の発掘調査で、軸線に区画の存在を想像させる建物がみつかった。）

次に時期が下がりまして、庄内併行期あるいは弥生時代後期末になりますと、ここにはご当地の近江南部の例でございますので伊勢遺跡と下長遺跡を例示しました（二一頁図12）。そして大阪の尺度遺跡のような、こういう柵囲いをした方形プランが出てまいります（図12）。

問題なのは纏向遺跡ですけれども、しっかりした溝が第八〇次のトレンチ調査で見つかっております。弥生集落の場合とは立地が違いまして、扇状地の高み、ちょうど珠城山古墳群の北側

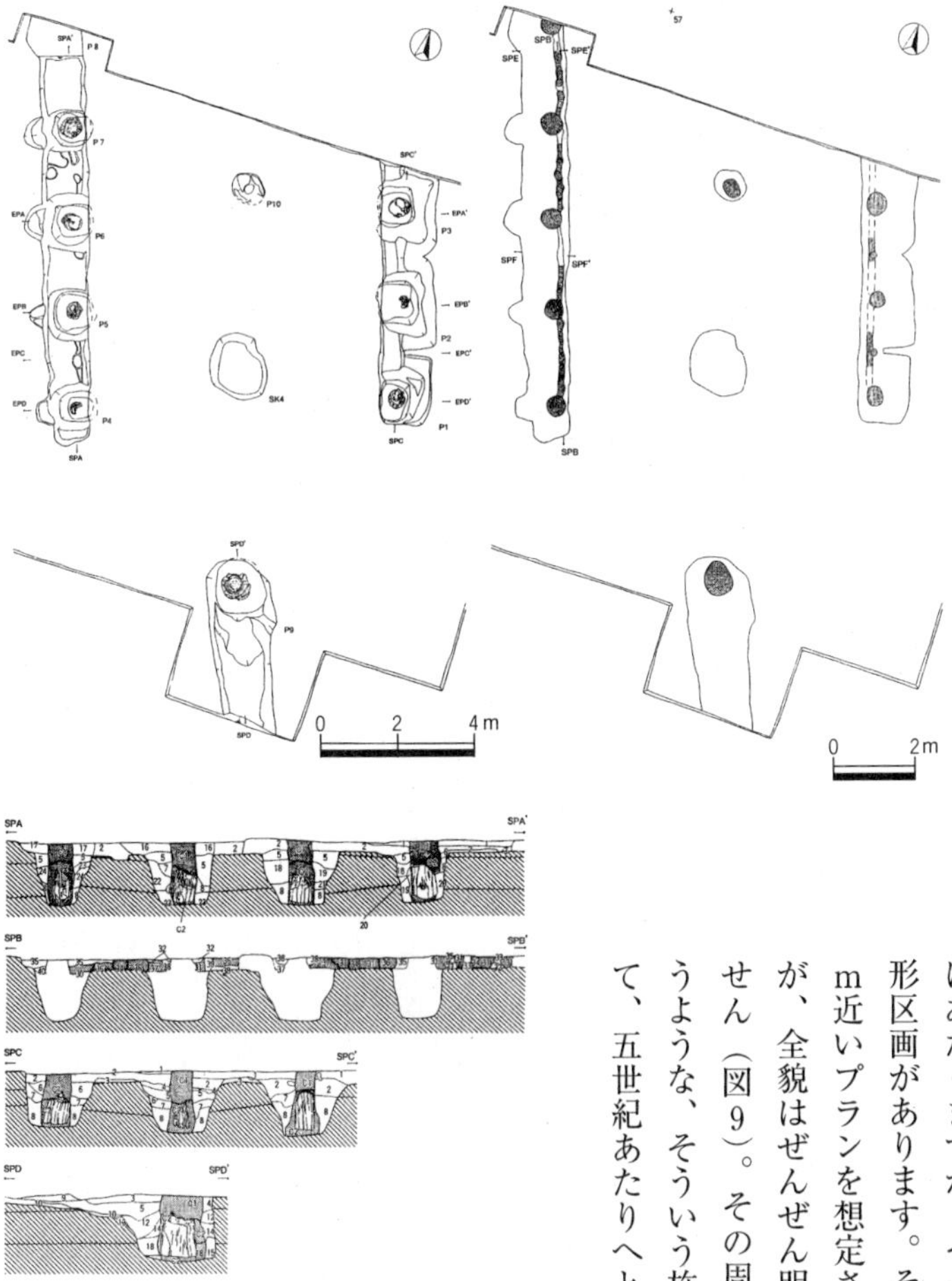

図8-2　武庫庄遺跡大型建物の構造
（半澤・三輪1999）

にあたりますが、そこで見つかった方形区画があります。それは一辺一〇〇m近いプランを想定されているんですが、全貌はぜんぜん明らかではありません（図9）。その周辺では木樋を使うような、そういう施設が出ていまして、五世紀あたりへとつながっていく

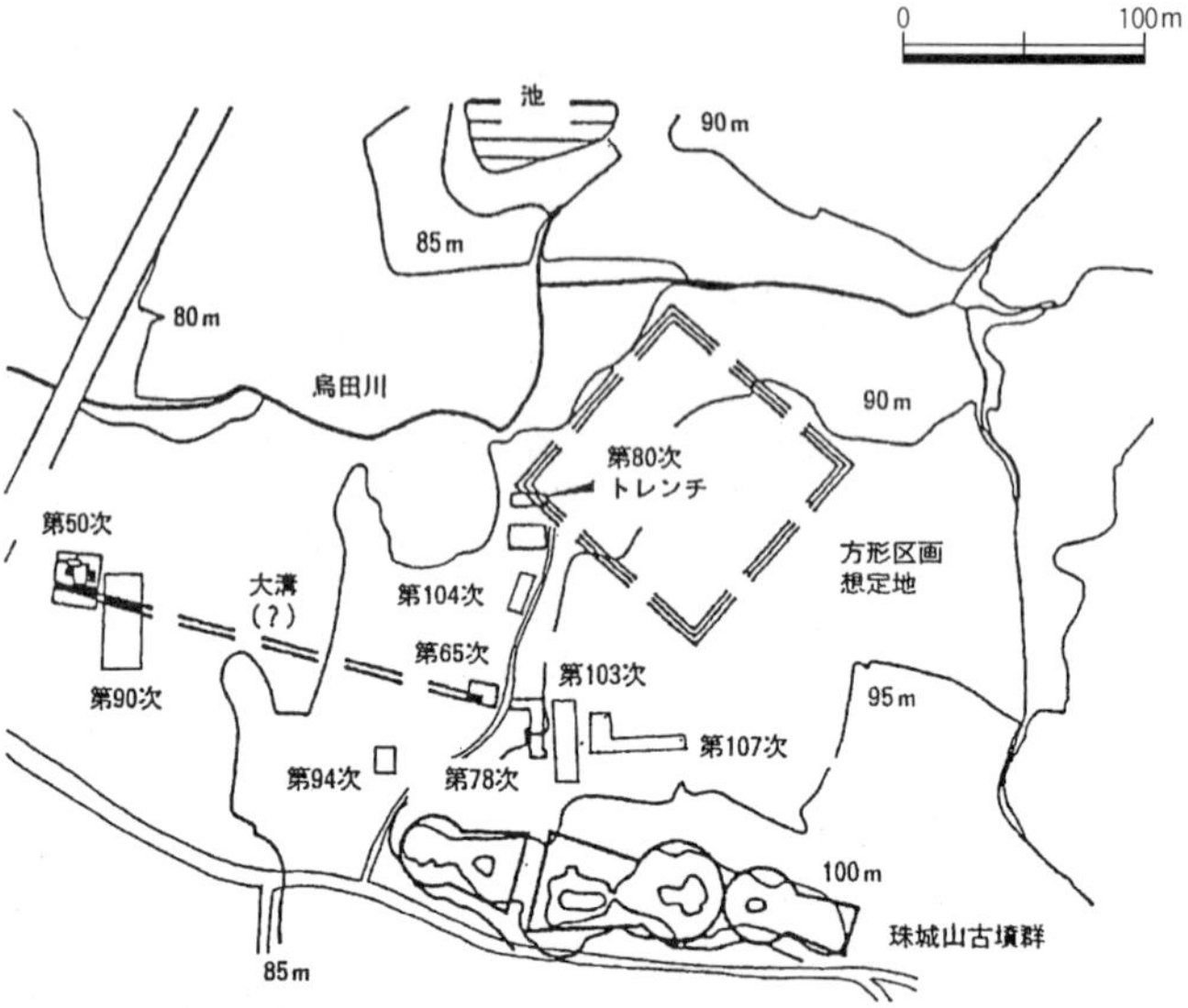

図9　纏向遺跡の方形区画想定図（清水ほか1998）

祭場とも考えられます。こういうものが明らかになってきますと、古墳時代初頭には、弥生時代集落の中にあった姿とは、かなり違ったあり方が出てくることがわかってきます。近畿ではまだ資料がまったく多くありませんが、こういう点も少し説明させていただきました。

資料集に書いた内容全部に触れることができなかったんですけれども、大型建物とか方形区画の問題で一番重要なこと（これは資料集には書かなかったんですが）、つまりこういった施設がどういう社会システム、社会構造のもとで展開しているかということについて、最後の数分で説明して終わりたいと思います。

こういう大型建物については、棟上げの着手儀礼から建物が完成するまで相当な日数がかかっていることが十分考えられます。我々が考えているほど早い時期に、あっという間に建ったものではないだろう。例えば、池上曽根遺跡で見つかった大型建物の柱の伐採年代には差が認められたところですが、これには木材のねかせの問題が含まれていると一般に言われています。しかし、もう一つ考慮すべき視点がありまして、ある程度長期にわたって建物を建てる過程、約束があって、そこに歴史的意義を認める（これは伴野幸一さんがご指摘されていますけれども）、建てた結果ばかりでなく、建てる過程に意義を認める議論です。そういう目で見ますと、やはり集団的な協同労働によってこういう建物を建てる過程、材を集めるのにも人と時間をかけ、建て終わるまでが一つの大きな意味をもってきます。

弥生社会の社会進化過程の枠組みについては、都出比呂志さんなんかは首長制の社会、いわゆるチーフダムの段階を提唱されておりまして、私自身もそれを採用すべきだと思っております。ただし、特にチーフダムの性格については、最近では単一方向的な発展よりも多様な方向に発展することを多くの方が説いておられます。松木武彦さんなんかもそういうことを力説されておりますけれども、そういう中で協同労働を集団指導型でやっていく形のものから質的転換を遂げて、個人が主宰権を握って協同性を失っていくといいますか、共同体を疎外するといいますか、そういう飛躍の段階があろうと。その段階が弥生中期末～後期初頭ではないかと考えています。

この段階では、近畿の弥生土器が有紋土器から一斉に無紋化、粗製化しますので、東アジア的な視野から見れば、九州から遅れて韓半島の土器転換の間接的な影響がようやくここまで及ぶようになったように見える。弥生土器の形質の大きな変化がここにあらわれている。それと同時に、集団の社会関係も変わってくるのがこの時点です。そういう考証から敷衍しますと、弥生社会が発達すると考えましても、池上曽根型のような大型建物がいつまでもこのまま後期社会に残っていくということは考えにくいわけであります。質こそ違いますが、そこに古墳の出現以上に大きな画期を求めるべきだという考え方を持っております。

これらのことを、首長の個人的な権威とか富の畜積力とか、さらに初期国家といいますか、原初的な国家の出現に向けての動きの発端が既に後期初頭に始まったというふうにとらえますと、伊勢遺跡のあり方は広域的な祭儀場であって、居住を基本としていた一般的な集落では全くないんじゃないか。もちろん伊勢遺跡には竪穴住居もあり、さまざまな機能をもつ建物があるわけですけれども、出てくる遺物などには生活臭が薄いのにこうした多くの建物がある。こういう視点で見るならば、近江南部の他の遺跡にこうした様子をうかがわせる遺跡が見られそうにないことや、先に推測したように広域的な祭儀場であることから、伊勢遺跡と同様な建物が今後付近から出てくるかと予測しますと、出てこない可能性があるのではないか。大型建物が（共同祭儀場だったとして）どういう地域をカバーしていたかというのはさまざまですので、大型建物を建てた意義が共通認識として貫かれた地域はどこまでと見るかという点は、今回の討議の中でもぜひ見通しが必要な問題ではないかというふうに思います。

最後にまとめますと、まず弥生時代前期という時期は、大型建物が顕在化せず、しかも石棒と

	縄文時代	弥生時代 前半期	弥生時代 後半期	古墳時代
	バンド社会／部族制社会	部族制社会		部族同盟
	部族制社会	部族制社会		首長制社会
	部族制社会	部族制社会	首長制社会	首長制社会
◎	部族制社会	部族制社会	首長制社会Ⅰ（単純）	首長制社会Ⅱ（複雑）
	部族制社会	首長制社会		初期国家
	部族制社会	首長制社会		前方後円墳国家
	部族制社会	国家（小国家）		古代国家
	大型記念物	大型建物	（大型建物）	古墳
	エピ縄文	真正弥生	エピ弥生	プロト古墳／古墳

資料2　大型記念物の系譜、そして社会進化に関する既往学説の整理
（◎印が森岡の取る立場）

か土偶なんかをまだもっておりまして、私はまだ部族的な社会をイメージしております（広瀬和雄さんは、灌漑農耕の開始を重く認めて、首長制というのを非常に早い段階に志向したと考えておられる時期かもしれませんが）。そういった意味では、弥生時代のコアになる部分というのは、大型建物の出現とともにはじまり、その終末は大型建物が姿を消す（あるいは少なくなる）中期末で区切りをつけて考えてみたい。そしてその後の後期は、新しく脱皮した体制を変えたチーフダムの社会がはじまる、というふうに考えてみてはどうだろうか。そういう弥生時代の社会像を変化を見究めて改定していく作業、段階設定の作業をこういった大型建物の構造、規模、構成から改めて考えることができるんじゃないかな、と考えております（資料2）。

　既に与えられた時間の三〇分が経過しまして、方形区画に対する考え方については十分に発表できま

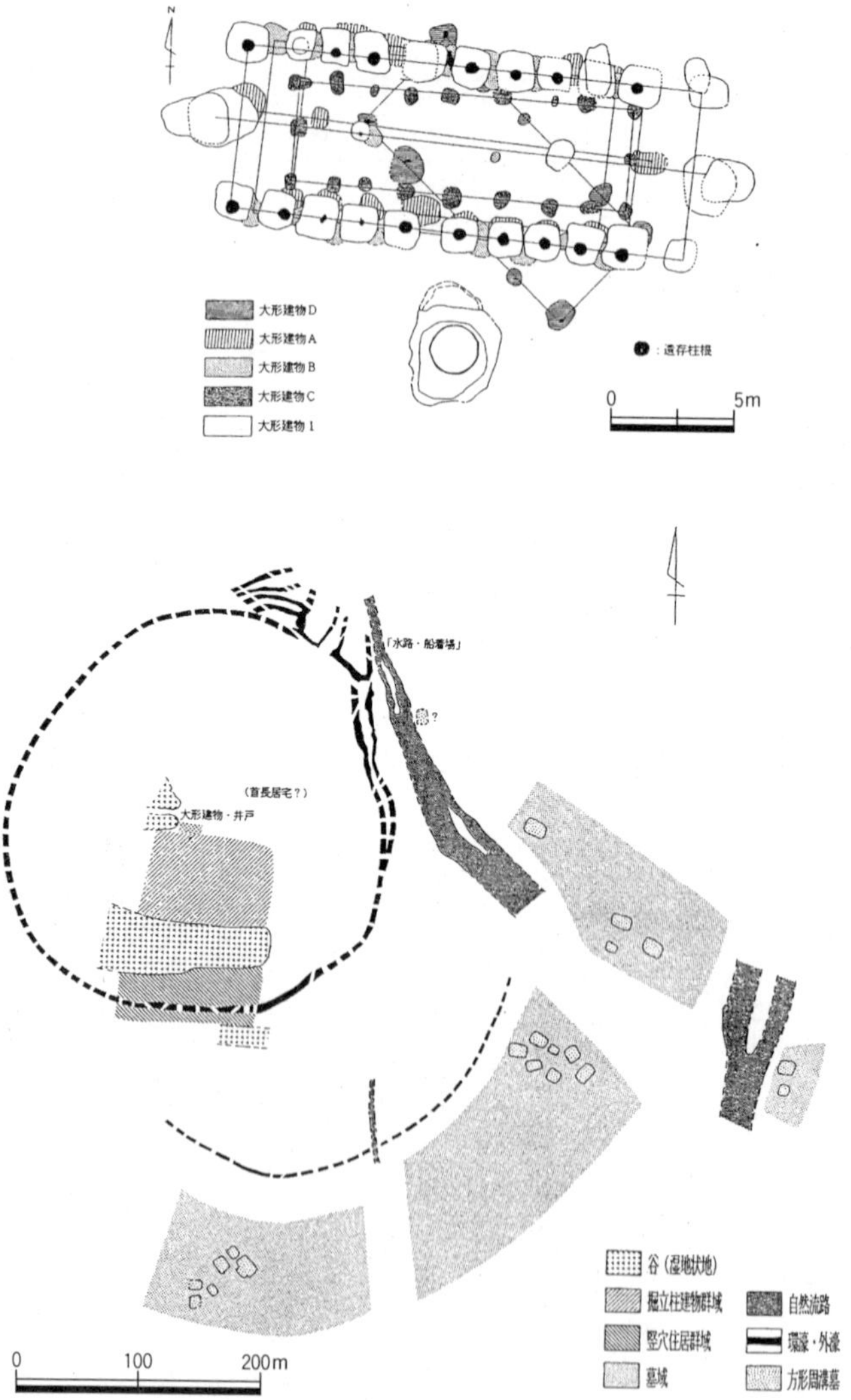

図10　池上曽根遺跡の集落構造と大型建物（秋山1999、秋山・小林1998）

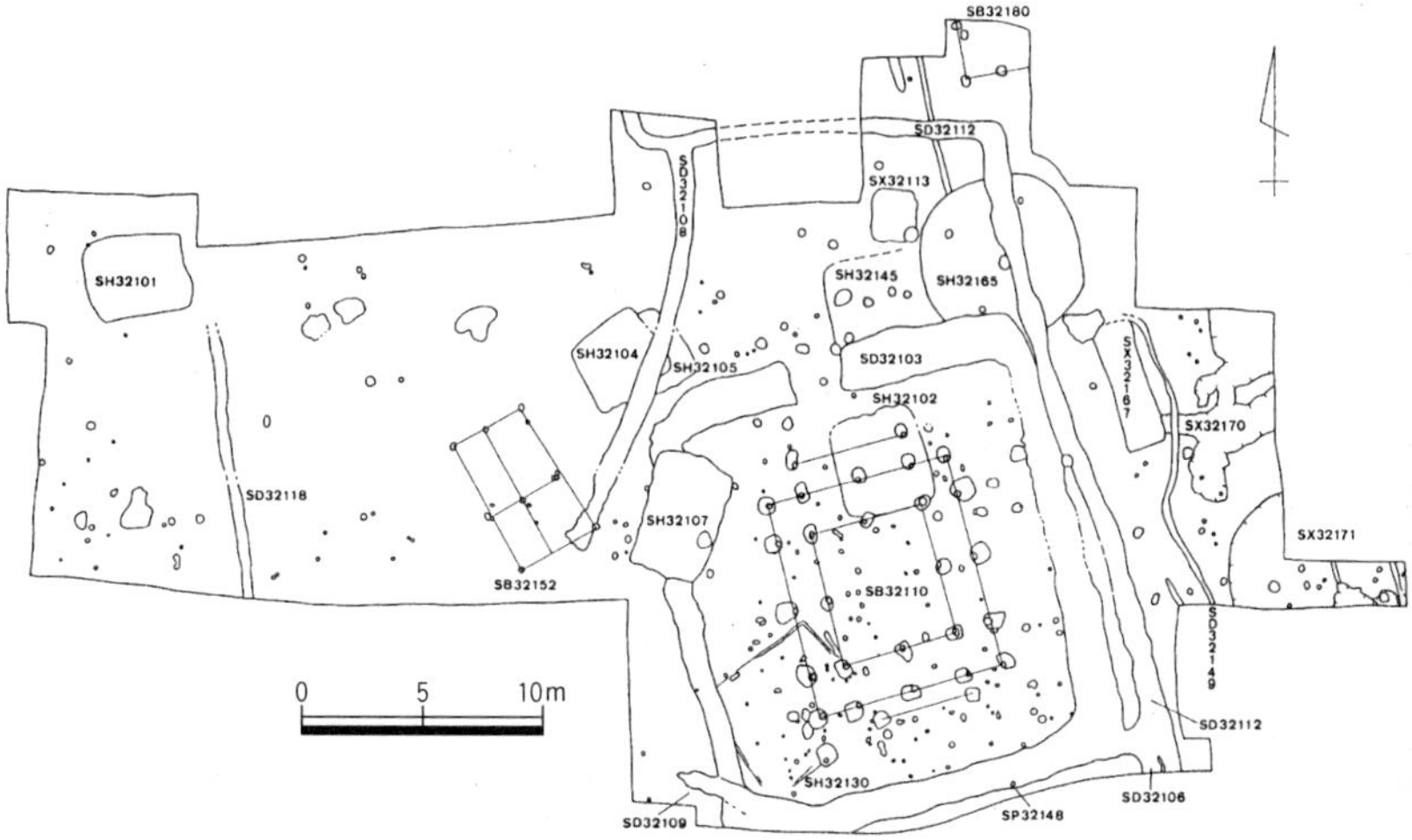

図11　中海道遺跡の大型建物（梅本1997）

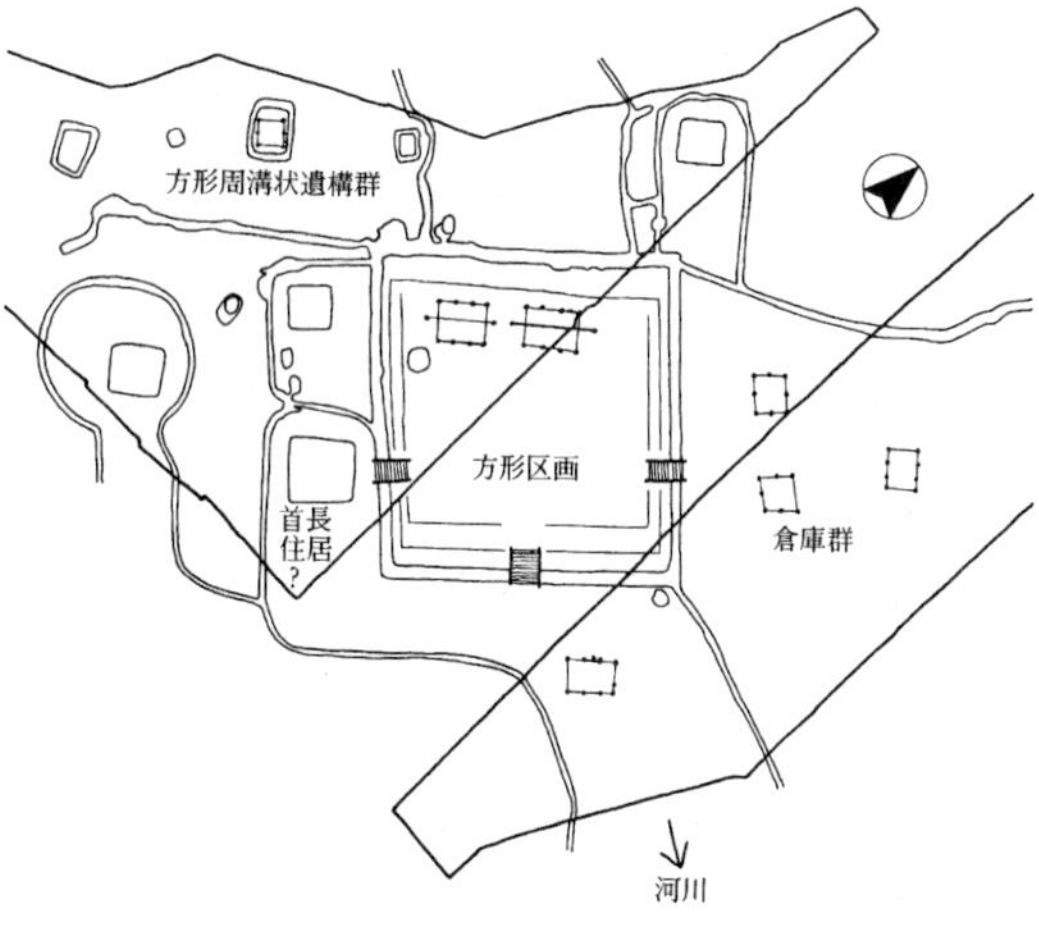

図12　尺度遺跡の方形区画（三宮1999）

せんでしたけれども、発表要旨、資料集のほうにその考え方のアウトラインだけは書いておきましたので、ご了承願いたいと思います。どうもご静聴ありがとうございました。

挿図出典

秋山浩三　一九九九「池上曽根遺跡中枢部における大型建物・井戸の変遷（下）」『みずほ』第31号　大和弥生文化の会

秋山浩三・小林和美　一九九八「弥生中期における池上曽根遺跡中枢部の空間構造と地形環境」『大阪文化財研究』第一四号　㈶大阪文化財調査研究センター

梅本康広　一九九七「中海道遺跡―第三二次発掘調査概要―」『向日市埋蔵文化財調査報告書』第四四集　㈶向日市埋蔵文化財センター・向日市教育委員会

唐古・鍵考古学ミュージアム　二〇〇五『たわらもと二〇〇五発掘速報展』

川西市教育委員会　二〇〇〇『国指定指定記念史跡加茂遺跡―弥生時代の大規模集落―』

三宮昌弘　一九九九「尺度遺跡庄内期集落の分析」『尺度遺跡Ⅰ―南阪奈道路建設に伴う発掘調査―』㈶大阪府文化財調査研究センター

清水真一ほか　一九九八『纏向遺跡一〇〇回調査記念―纏向遺跡はどこまでわかったか？―』　桜井市埋蔵文化財センター

野島稔　一九九四『雁屋遺跡発掘調査概要』四條畷市教育委員会

半澤幹雄・三輪晃三　一九九九「武庫庄遺跡」『平成八年度国庫補助事業尼崎市内遺跡復旧・復興事業に伴う発掘調査概要報告書』　尼崎市教育委員会

藤田三郎　二〇〇四「土器に描かれた弥生の建物」『第五回弥生文化シンポジウム　弥生のすまいを探る―建築技術と生活空間―』鳥取県教育委員会

豆谷和之　二〇〇〇「弥生時代中期の大形建物」『田原本町埋蔵文化財調査年報』9　田原本町教育委員会

山田隆一　二〇〇二「大阪府雁屋遺跡の大型掘立柱建物」『究班』Ⅱ　埋蔵文化財研究会

北部九州における弥生時代の特定環溝区画と大型建物の展開

久住猛雄

福岡市におります久住と申します。よろしくお願いいたします。

さて、今回のテーマ、特に弥生時代集落における方形区画の問題を考えるにあたっては、まず鏡山猛氏による比恵遺跡環溝の報告と研究をあげる必要があります（図1～3）。この研究が発表されたときには、これらの環溝群を同時存在と見ておりまして、環溝の大小が単位集団の大小などをあらわす、といった単位集団論的な見方がされております（鏡山猛一九五六）。現在のように首長層の居館といった見方はまだなされておりません。

ここで先に注意しておきたいと思いますが、鏡山氏の研究以来、九州の研究者の多くは「環濠」ではなく「環溝」という、「溝」の文字を用います。「濠」という文字では、初めから防御目的の濠、もしくは大規模なものをイメージしてしまいますが、実際は結構小規模な溝もありますので、「濠」という文字を使うことは一般的ではありません。

さて、鏡山氏の研究のあと一九八〇年代に入りまして古墳時代首長居館が相次いで発見されまして、これに触発されて武末純一氏が一九八七年の論文において、北部九州における弥生時代から古墳時代までの首長居館の成立過程を予察しています（武末純一一九八七）。この中で武末氏は、弥生時代集落の中にも古墳時代首長居館につながるような方形区画が存在すること、あるいは掘立柱建物が集中する部分があることを指摘していまして、今回のテーマと同様の問題意識を表明されております。それからまもなくの一九八九年、吉野ヶ里遺跡の調査成果がセンセーショナルに発表されたわけですけれども、これによって弥生時代集落の中に方形を志向する特定の環溝区画や大型掘立柱建物があることに注目が集まるようになりました。

ここではまず学史上重要な比恵遺跡の環溝群の検討をしたいと思います（図1～3）。鏡山氏は比恵遺跡の大小五つの環溝について、これらがあたかも同時のような記述をしております。ところが、第三号環溝の位置関係などを見ますと、実際には少なくとも第一・二・三号環溝については重複関係と見るのが妥当だと思います。当時は調査技術や遺構認識上の様々な制約などの問題があったと思いますし、実際に大規模な土地区画整理の造成最中に調査が行われていますから、物理的な限界もあったことにも注意しておく必要があります。これらの遺構のうち、第二号環溝と第三号環溝につきましては、その後の調査によって一部が再確認されております。図4の九次

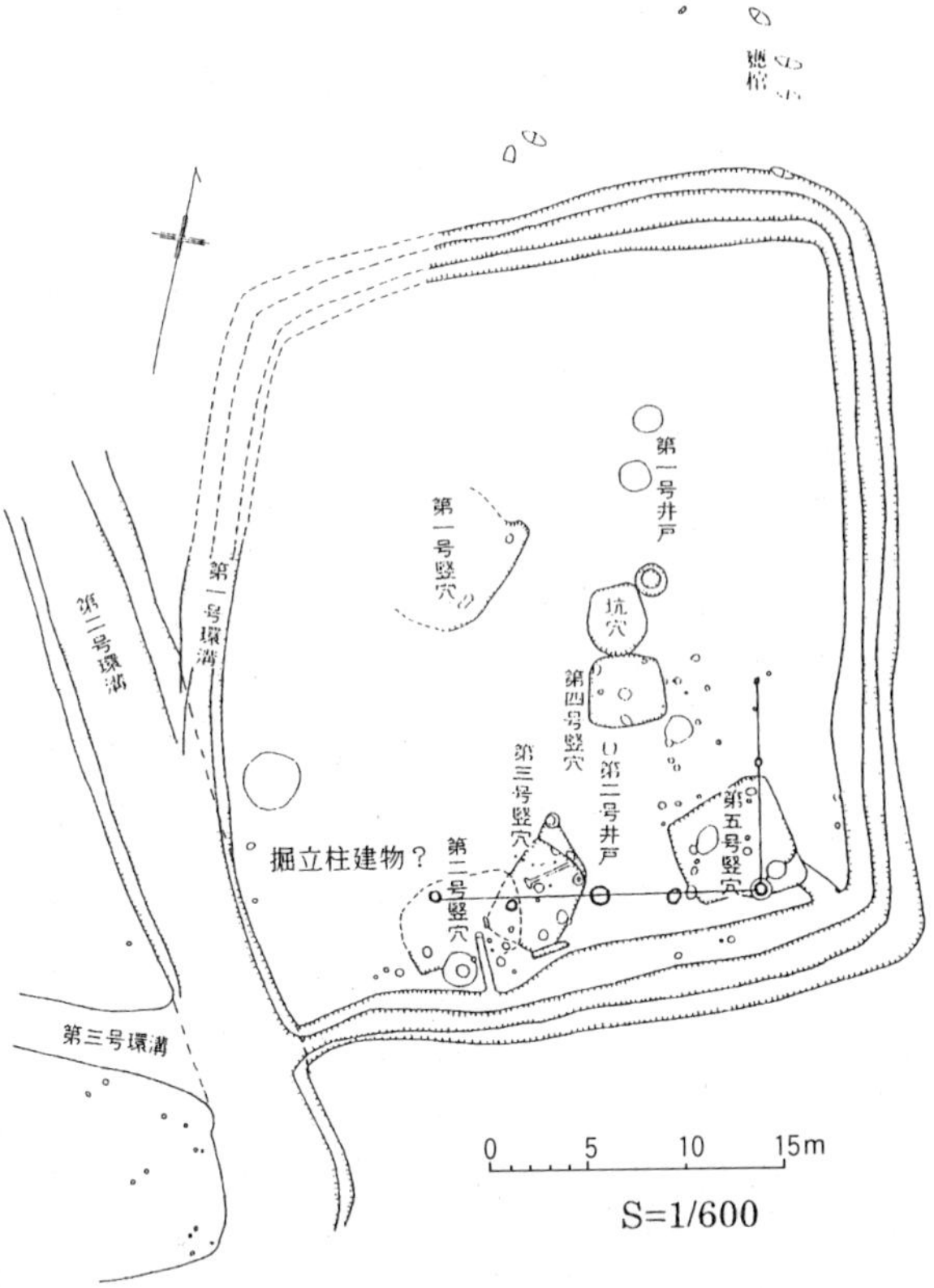

図１　比恵遺跡１号環溝（鏡山猛1956に加筆）

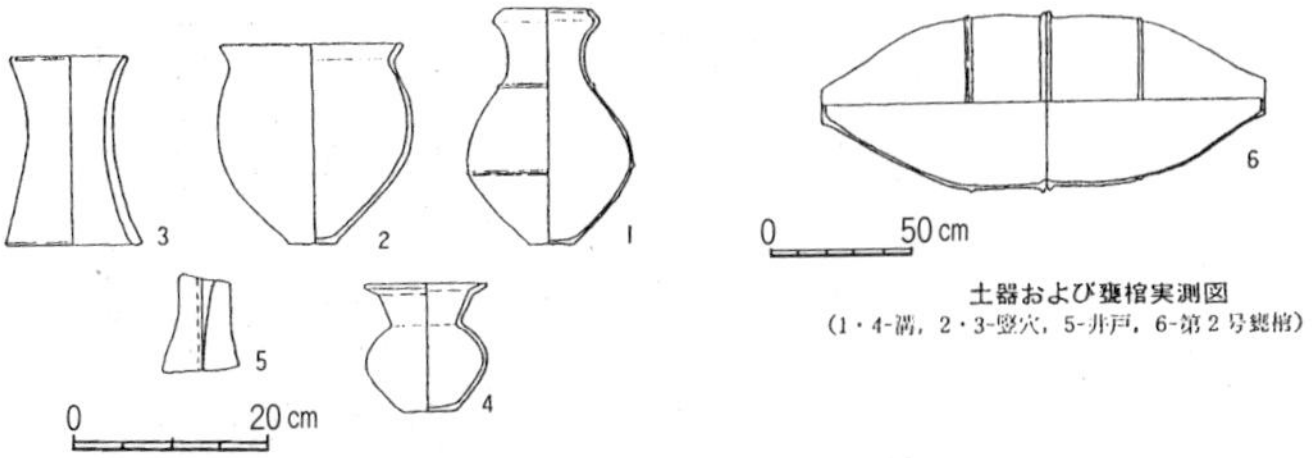

図２　比恵１次調査出土土器（１号環溝ほか）（鏡山猛1956）

調査の一号溝と一七号溝は、周囲では深い大きな溝の下部や井戸址しか残っていないような著しい削平を受けていましたが、位置から考えて第二号環溝の一部を再確認したと考えられます。

出土土器には弥生時代中期や後期の破片があるんですけれども、各溝で遺存率が高い新しい遺物を抽出しますと、一号溝は弥生時代終末期（久住一九九九bのⅠA期）に恐らく掘削されて布留〇式（久住ⅡA期）前後まで、再掘削されました一七号溝は布留Ⅰ式の古い段階（ⅡB期）から布留式の真中（ⅢA期古相）くらいまで存続した可能性があります。また、十次調査の三号溝は、削平によって浅く細い溝としてしか検出されていないんですけれども、もともと第三号環溝は第二号環溝よりかなり細かったようですし、位置関係からも第三号環溝でよいと思っています。南西の外側に、後期前半のやや新しい時期から後期後半の井戸が非常に集中して検出されています。すなわち、憶測でありますが、これらは第三号環溝の時期に関係するのではと思います。というのは、第二号環溝の場合を見ますと（九次調査の一号溝ですが）、南西隅外側に古墳初頭（私の編年のⅡB期）の大型井戸がありまして、この環溝群に限った話ですが、井戸と環溝の位置関係に規則性がある可能性が考えられるからであります。

これらとは別に、比恵の二次調査とされている調査区の第五号環溝、これは現在「比恵環溝住居址」という名前で史跡になっているんですが、これは一〇m四方のもので、環溝の集落としては規模があまりにも小さいわけです。この周囲には甕棺墓地や弥生時代中期の墳丘墓（吉留秀敏一九八九）、古墳時代初頭の周溝墓などが存在しますので（六次調査など）、この周辺状況から第

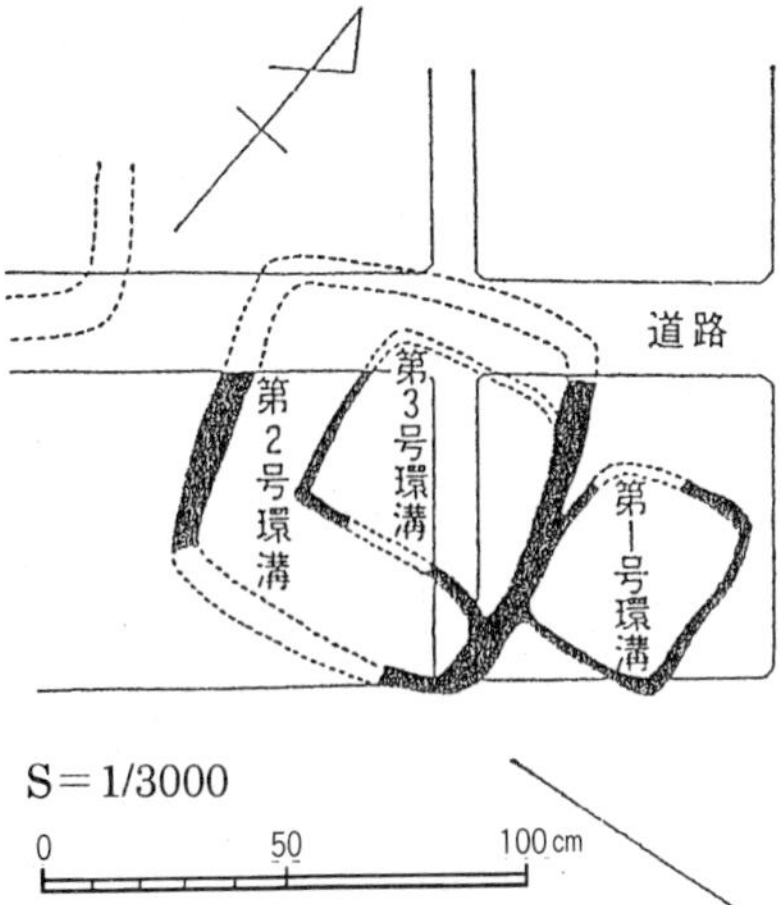

図3　比恵遺跡の環溝群
（鏡山猛1956「現溝住居阯論攷」）

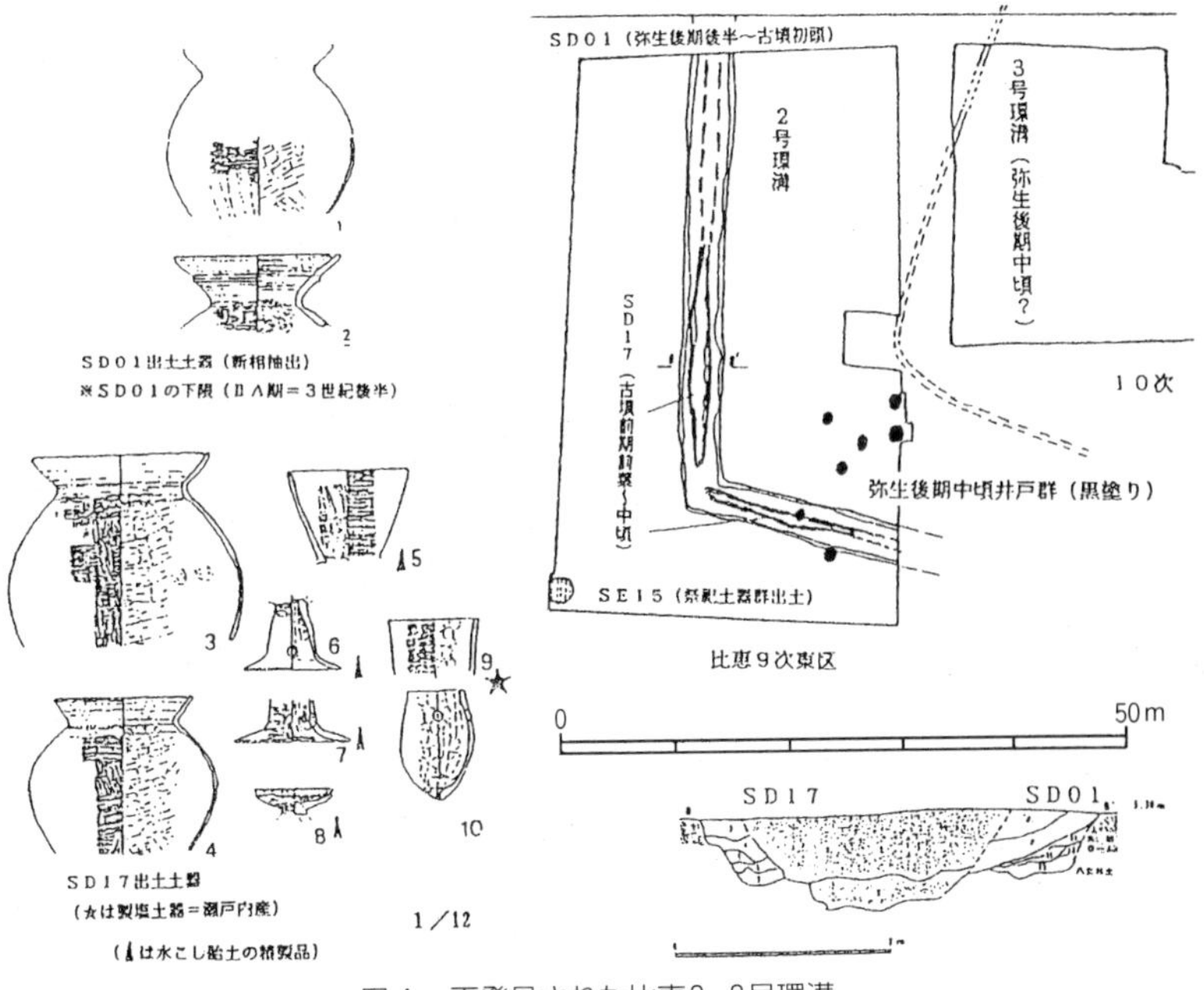

図4　再発見された比恵2・3号環溝
（杉山富雄編1986より構成、一部改変）S＝1/1000

五号環溝も恐らく弥生時代後期後半ぐらいの方形周溝墓の可能性が高いと思われます（久住猛雄二〇〇〇の第13図参照）。

次に、一辺九〇ｍの第四号環溝はもともと全体像が不明な上に、位置的に比恵遺跡群が立地している段丘中央を南北に貫くように存在する弥生時代中期の大きな条溝と重複関係を持つようになります。図５に示したのですが、集落が非常に大きいので縮小してしまうとわけがわからないのですが、図の上半分の比恵遺跡中央あたりを見て下さい。

さてこの条溝は、他の調査地点では古墳時代初頭になっても小規模な溝として残っておりまして、とすれば、四号環溝がこれと共存すると考えるのはちょっと難しいのではないかと思うわけです。つまり、断定できませんけれども、古墳時代後期とかそういう時期にも特殊な遺跡群、遺構があるので（比恵八次の「那津官家」関連の大型建物群など）、そういう時期のものじゃないかと考えております。もっともこれは完全な憶測で、まだちょっとわからないですが。

問題の一号環溝に戻りますけれども、鏡山氏が述べたように、これを中期後半とする説が根強いわけです（武末純一二〇〇二ほか）。ところが、その場合、環溝北側の甕棺墓地の関係が問題になります（図１）。鏡山氏の報告では、甕棺の方が新しいことになっております。これは、環溝の肩部を掘っていたら甕棺が出てきてしまった、甕棺がそのまま丸ごと残されていたから、甕棺のほうが新しいというわけです。ただし、墓壙の認識をしない間に甕棺本体だけを掘りあてているわけで、当時は墓壙の認識自体が非常に浅かったんだろうと思います。もしも溝の真ん中に

図５　比恵・那珂遺跡群集落全体図（S＝1/15000）
（弥生時代後期前半～後半）

甕棺があったなら、甕棺の方が間違いなく新しいということになり、ここでの推測は誤りで「済みませんでした」ということになるんですが、実際は逆に甕棺の墓壙を溝が切っていた可能性が非常に高いと思います。（補記：甕棺よりも環溝が古いというなら、中期後半よりもさらに環溝の時期を古くしないと辻褄が合わないと考えられるが、それはありえない。）

一次調査の遺物については、現在どの遺構に帰属するか不明な状況になっており、さらに完形の甕棺や図示されている遺物の残りよいものは全くどこに行ったかわからないのですが、九州大学に所蔵されている残っている比恵一次の全ての遺物を見る限り、甕棺の破片には汲田式から立岩式まであります。そして、実際に鏡山氏の報告で溝出土として土器が図示されていますのが（層位が不明なのが問題ですけれども）、図2にあります後期初頭から前半の壺類であります。ですから、環溝は甕棺の後と考えたほうがよりベターな、より妥当な線ではないかと思うわけであります。

また、環溝内の竪穴住居は、円形住居のように中期後半と考えられるものもありますが、図示された住居址出土土器は（住居址番号も不明なのですが）、後期初頭の土器であります（図2の2、3）。比恵一次調査の遺物全体を見ますと中期後半が最も多いわけですが、これは北側に中期後半までの甕棺墓地があり、南側に中期後半の住居址群がありますので、これらに伴うものであろうと考えられます。

結論的には、諸々の状況を考えますと、環溝の時期というのは、一次調査出土の遺物全体では

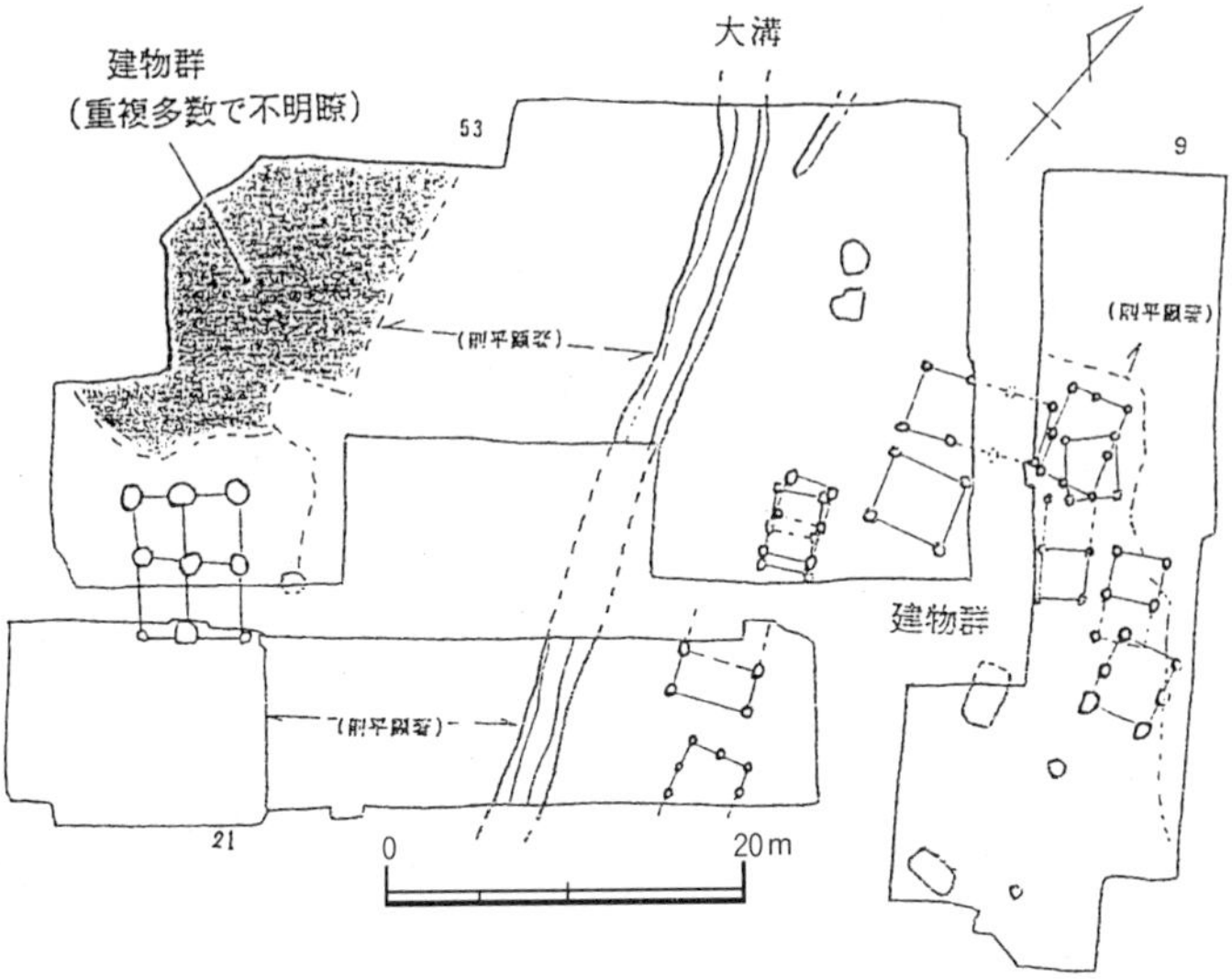

図6　比恵9・15・21・53次調査区の弥生時代中期後半〜後期初頭の遺構配置図（S＝1/750）

中期後半に次いで後期初頭〜前半の遺物が多いということもあり、この時期に属すのではないかと思います。環溝にともなう遺構は後期初頭の竪穴住居がまず考えられますが、そのほか（これも正確さにやや不安がある当時の限定された条件下の調査図面によりますですので何とも言えないんですが）環溝内の南辺に大型の柱穴が並ぶように見えまして、これは大型掘立柱建物になる可能性を私は認めたいと思います（図1）。あるいは鏡山氏の報告にあるように、環溝の内側に柵列に沿っていた可能性もあります。

このように一号環溝は中期後半までは遡ることはないと考えられるわけですけれども、確実で明瞭な方形環溝としては古いものであります。比恵の環溝の発展段階につきましては、武末純一氏は円形の中の方形である「A類型」とされたのですが（武末二〇〇二）、実際は比恵・那珂遺跡群には全体を囲む環溝はありません。（全体の）環溝と誤解されている条溝は、いずれも両側に各時期の遺構が展開しています（例えば図6）。それは段丘を縦横に区画するものであるか（吉留秀敏一九九四a）、あるいは私が以前指摘したように道路沿いの側溝になります（久住猛雄一九九九a、二〇〇〇）。

比恵遺跡の弥生中期中頃から後期前半の大きな条溝には、確実にその東西に同時期の建物が各地で展開しています。また、これはよく環溝と間違われるんですが、那珂遺跡の南部の大きな条溝は（これは中期後半から後期前半ですけれども）、南側の調査地点にも同時期遺構がまだまだ続きます。

今、比恵・那珂遺跡群を含む福岡市の東半分について、民間事業等の開発事前審査を担当していますので（講演時現在）、比恵や那珂の試掘調査をしたり今までのデータを見たりすることが多いのですが、比恵・那珂遺跡群では今まで公表に至っていないデータがたくさんありますけれども、（全体の）環溝はまずありません。逆に、段丘上にはまだよくわからない弥生時代の条溝がたくさんありそうです。

したがって、比恵・那珂遺跡群は、武末さんが「C類型」としました須玖・岡本遺跡群、特に須玖永田などを含む集落の様相と似ています。須玖・岡本遺跡群のその状況を武末氏は「都市」

と考えていますが（武末純一一九八九、一九九九ａ）（「都市」の条件については久住猛雄一九九九ａの註16で触れたが、基本的には都出比呂志一九九七に従う）、比恵・那珂遺跡群も同様に考えるべきものだと思います。

さて、比恵の一号環溝はそこに直前まであった共同墓地としての甕棺墓地を破壊していることから、あるいは何らかの公的な権力が成立したという評価も可能ですし、同様の方形環溝がほぼ同じ場所に繰り返し古墳前期に至るまで（各時期の規模や存続期間がそれぞれ異なりますが）継続していますので、公的権力ないし首長権が継続的に存在したとも評価できます。あるいは、大型建物の祭殿とか館（居館）が存在した可能性も（確定ではありませんけれども）ありますので、比恵の環溝というのは今日非常に重要な意味を持って再評価されるべきだろうと思います。

割り当てられた時間の関係もあるので、先に大型建物について述べたいと思います。

大型建物につきましては、宮本長二郎さんなんかが一九九一年に行った統計的な分析から、平面積約四〇㎡前後以上を大型建物、一〇〇㎡を超大型建物とする意見があります（宮本長二郎一九九一、高倉洋彰一九九四）。私もいちいちすべて集成したわけではありませんので、とりあえず従いたいと思うんですが、ただ、大久保さんや森岡さんの発表にありましたように、地域の実態によってはその区分が少し異なるのではないかと思います。実際、私自身もある程度集成しましたら四〇㎡以下でも集落の中で相対的に目立つ大きな建物というのは、やっぱり大型建物にすべきなんじゃないかと（基準を設けたのに矛盾したことを言っていますが）思っています。

北部九州で梁行三間以上でさらに屋内棟持柱をともなう平屋建物（これには一〇〇㎡以上の超大型建物が多いのですが）には、後で述べます久保園タイプ（図7）と総柱型高床建物（図8）が目立ちます。梁行が二〜三間かそれより多くあるというのは、単に地域的特徴とか嗜好性というだけではなくて、梁行を広くしても屋根を支えることはできるという他の地方とは違った建築技術的なアドバンテージ（優位性）があったのではないかと思います。

最古の大型建物は夜臼Ⅱ式期の粕屋町にある江辻遺跡です（図9の左端）。約六〇㎡弱の建物でありますけれども、桁行の側柱穴が小さく多いのが特徴で、構造的に屋内棟持柱を有します。後で言う久保園タイプの原形でありまして、これを「江辻タイプ」としております。（なお以下の建物の分類は、下村智一九九四の分類を基本とし、これを一部修正追加したものである。）

次に、梁行二間以上、桁行三間以上で棟持柱を持たない大型建物がありますが、これは中期前半までにすでに多くあります。周船寺遺跡とか東入部遺跡といった（この時期の拠点集落の）集落中枢部に見られます。特に東入部遺跡とか周船寺遺跡では掘立柱建物が集中していまして、方位（と軸線）をそろえて建物が並んでいる特徴があります。このタイプの建物は柱穴のあり方からさらに細分できると考えられますけれども、特に柱穴の掘り形の大きくなるものが出てきます。東入部遺跡で典型的にみられますので、これらを「東入部タイプ」とします。

この「東入部タイプ」で出現してきた大きな掘り形の特徴と、先ほどの江辻タイプの構造の延長線上に、中期前半（須玖Ⅰ式後半以降か）までには梁行三間以上、桁行五間以上の屋内棟持柱

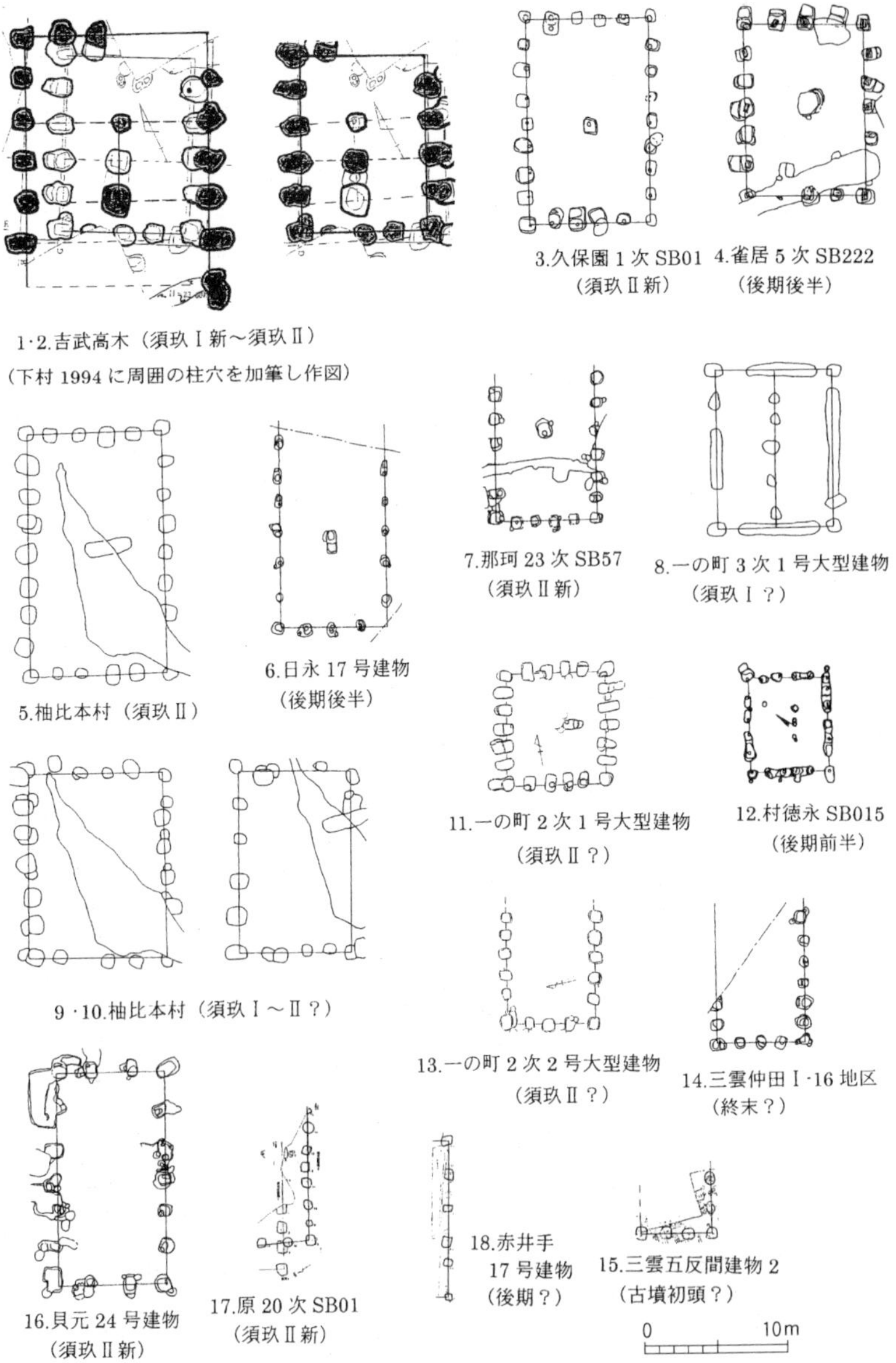
1·2.吉武高木（須玖Ⅰ新～須玖Ⅱ）
（下村 1994 に周囲の柱穴を加筆し作図）
3.久保園 1 次 SB01
（須玖Ⅱ新）
4.雀居 5 次 SB222
（後期後半）
5.柚比本村（須玖Ⅱ）
6.日永 17 号建物
（後期後半）
7.那珂 23 次 SB57
（須玖Ⅱ新）
8.一の町 3 次 1 号大型建物
（須玖Ⅰ？）
9·10.柚比本村（須玖Ⅰ～Ⅱ？）
11.一の町 2 次 1 号大型建物
（須玖Ⅱ？）
12.村徳永 SB015
（後期前半）
13.一の町 2 次 2 号大型建物
（須玖Ⅱ？）
14.三雲仲田Ⅰ·16 地区
（終末？）
15.三雲五反間建物 2
（古墳初頭？）
16.貝元 24 号建物
（須玖Ⅱ新）
17.原 20 次 SB01
（須玖Ⅱ新）
18.赤井手
17 号建物
（後期？）
0
10m

図7　久保園タイプの（大型）掘立柱建物（S＝1/600）

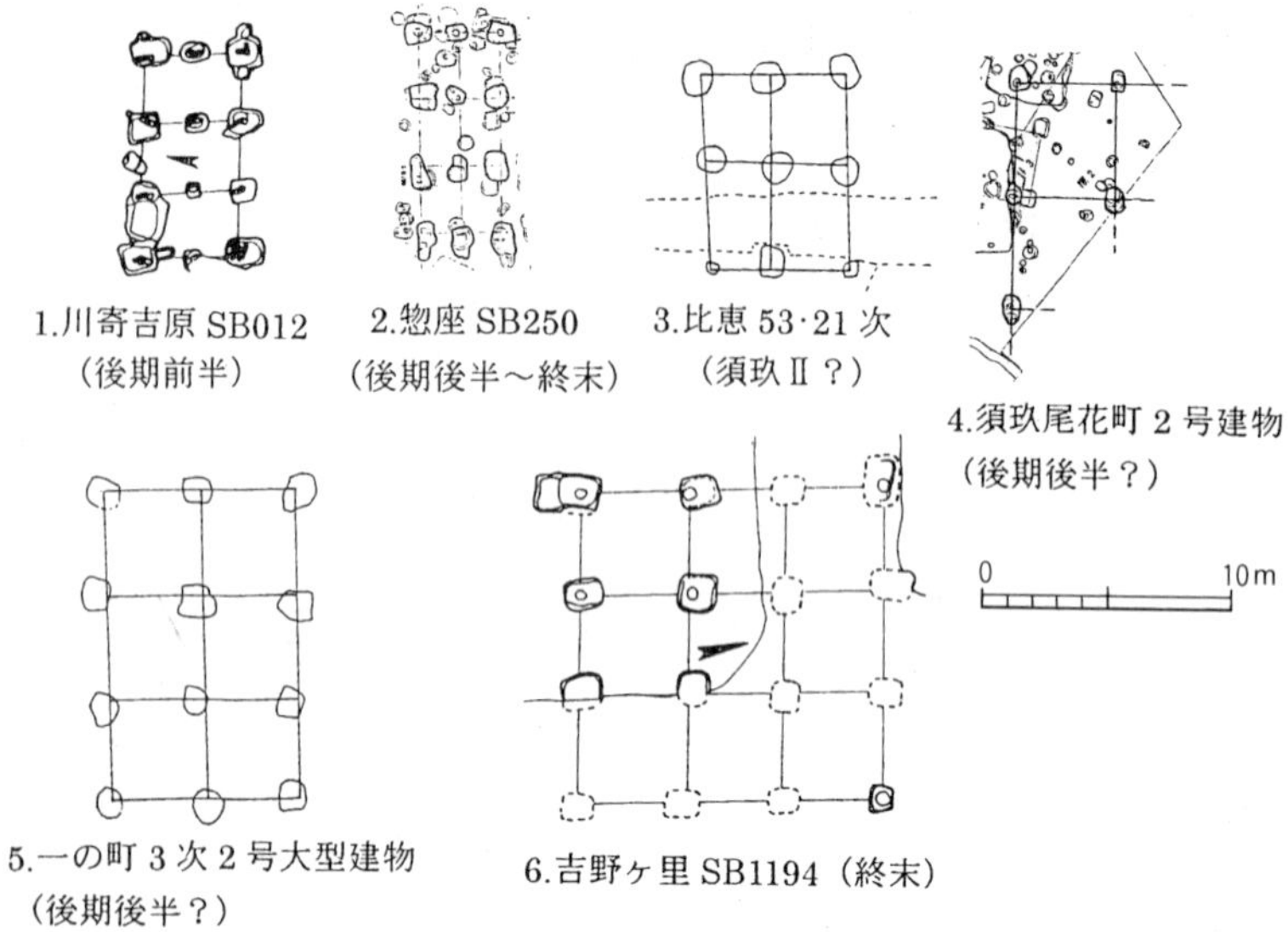

図8　総柱型（川寄吉原タイプ・比恵タイプ・吉野ヶ里タイプ）の（大型）掘立柱（高床）建物（S＝1/500）

を有するものが多い平屋の大型建物が出現します（図7）。久保園遺跡、柚比本村遺跡における最大規模の建物などのように、一〇〇㎡を超える超大型のものがたくさんあります。このタイプは最初に発見された遺跡名から、「久保園タイプ」としたいと思います。このタイプは、屋内棟持柱がどうもなさそうなものもあるので（未検出例が少なくない）、その有無とか、梁行と桁行比率などで型式細分できる可能性、あるいは柱の掘り方のあり方などでも細分できると思います。これらの建物の柱穴掘り形は、特に久保園タイプになりますと方形に近いものが出てきます（古代の建物ような完全な方形ではないですが）。また掘り形の規模も一辺一m前後、あるいはそれ以上になるなどの（以前の建物との）技術的な飛躍がありそうです。

　有名な吉武高木遺跡の一号建物についてですけれども（図7の左上）、これは別の復元案も発表されています（庇付きの大型高床建築とする若林弘子氏の説）。しかし、既に宮本長二郎氏が言っておられるところですが（宮本長二郎一九九六）、柱穴の並びが微妙に違うとみられまして、柱穴の平面的な状況から切り合いがある二棟の建物を復元すべきだと考えています。つまり、「久保園タイプ」の建て替えであろうと。この場合大きいほうは二〇〇㎡を超える巨大なものになる可能性があります。時期につきましては、当初は吉武高木遺跡の（首長層の）墓地との関係から、（その時期と同じ）中期初頭の土器が少しあったので中期初頭としたようなんですけれども、少なくとも報告された柱穴の出土土器を見る限りでは、（大型建物の時期は）恐らく中期後半前後と考えたほうがよろしいのではないかと思います。ちなみにこの状況は、建て替えの状況とか時期とか、墓地の時期的な関係とかは、七田さんの報告にありました柚比本村遺跡のケース（柚比本村は墓地が中期前半〜中頃、建物が中期後半〜末）とよく類似しております。

「久保園タイプ」の建物は少なくとも弥生時代中期前半（志摩町一ノ町遺跡）から古墳時代初頭までありまして、北部九州の代表的な大型建物の類型になります。特にこの類型の建物はおそらくは変容しつつ、古墳時代以降の首長居館にみられます大型平屋建物の類型の一部にも受け継がれている可能性があると考えます。

　さて、久保園タイプには柚比本村遺跡の例のように祭祀土坑が伴っていることがあります（補記：久保園遺跡でも中期末の複数の祭祀土坑が隣接する）。また、那珂遺跡群二三次例では、その前面にある大溝に祭祀土器がたくさん大量に廃棄されておりまして、さらにその周辺に青銅器鋳型が多く検出されています。この場合、青銅器生産と何らかの関係がある可能性もあります（青銅器生産自体が祭祀を伴うか）。日永遺跡の大型建物の場合は、広形銅矛・銅戈が近くに埋納されております。これらから、この類型の建物は、全てとは言いませんけれども、祭殿的性格が強いものが多いのではないかと思います。ちなみに、ここで「祭殿」と言いましたのは（「神殿」という言葉はわざと避けているんですが）、ただ単に祭祀を執行した場であろうという意味で、「祭殿」としております。

次に、「総柱型」建物があります（図8）。このうち、このうち川寄吉原遺跡とか惣座遺跡の例（これらは佐賀県の遺跡ですが）は高床倉庫であろうと思います。これらを「川寄吉原タイプ」とします。

七田さんの発表を聞いて考え直したのですが、ここへ同類に含めた（図8の）比恵五三次例と、須玖尾花町の例（これは実際に全体像はわからないんですけれども）は、吉野ケ里遺跡の高床倉庫群のなかで重層建物とされたSB一一三四〇のような建物に近いと思います。したがって、別の（細分した）類型を設定した方が適切ではないかと考えております。（補記：吉野ケ里SB一一三四〇を含むこれらを「比恵タイプ」と仮称したい。）

次に、（総柱型の中で）一〇〇㎡以上の超大型建物となって、柱の間隔が広いタイプですね。

一の町遺跡と吉野ヶ里遺跡の例があります。これは柱間が広すぎますので（高床の）倉庫とするには床がもちませんので、高殿（象徴的な高床の祭殿）ではないかと思います。これらを「吉野ヶ里タイプ」とします。この類型は「久保園タイプ」と同様に、一辺が一m以上の掘り形の（方形を指向する柱穴が多い）大型柱穴が一般的で、柱自体も太いもの（径三〇cm前後ないしそれ以上）が多いようです。

ちなみに、石川県七尾市の万行遺跡の超大型建物ですが、これは（平面プランは）吉野ヶ里タイプと類似しておりまして、しかも庇がつく倉庫といわれています。しかし、私は吉野ヶ里タイプと同様に柱が広すぎるということと、庇がつくこと、並び倉とするには規模が相違する建物が三棟あることから、（高床倉庫ではなく象徴的な）高殿と考えたいと思います。ですから（三棟の）建物の配置は（変則的ですが）主殿と脇殿のようなものではないかと。特に二時期にわたって大型建物三棟を、反対方向に建て替えていて、さらにその後は方形環溝で区画されたよくある一般的な首長居館的構造に変遷していることが注意されます。つまり初めから首長居館ないし首長の祭殿ではなかったかと（首長の居館ないし祭殿が代替わりで更新されていった事例の一つではないかと）。しかしこれにつきましては、倉庫群であることを前提として、（倉庫としてはあまりに大きいことから）大和政権直轄の倉庫という説もありますけれども、そもそも倉庫でなければそうではないことになるでしょう。田嶋明人氏が（万行遺跡の概報中の考察で）指摘されていますけれども、（私も資料を実見しましたが）出土土器を見る限りでは大和政権（＝畿内中枢部

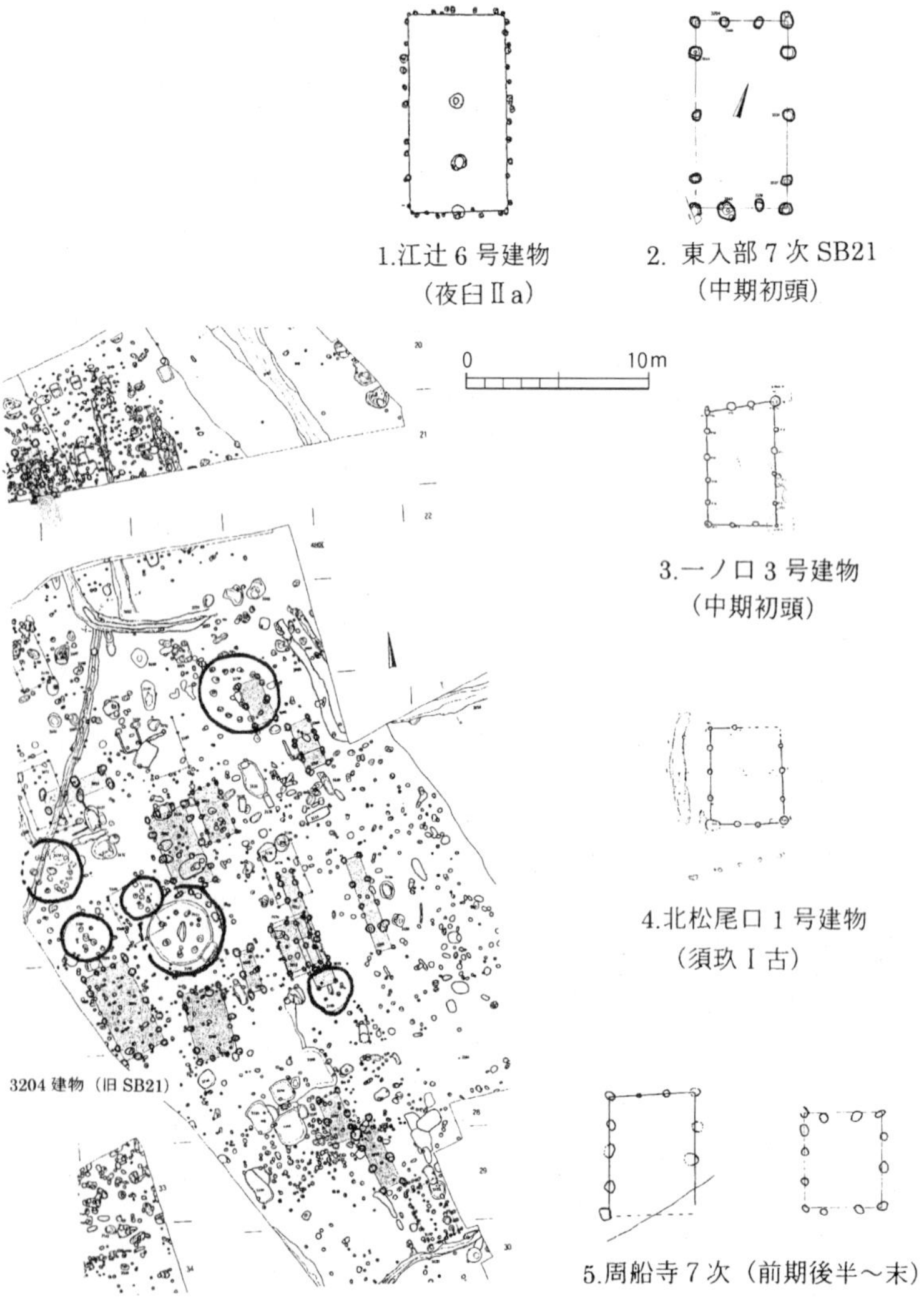

図9　江辻タイプ・東入部タイプの掘立柱建物（上）（S＝1/500）および東入部7次の弥生時代中期初頭前後（前期末～須玖Ⅰ）の集落（左）（S＝1/1000）

の土器）と直接関係のあるものは一切出ていないと思います。

さて、九州の話に戻ります。平塚川添遺跡の場合は（図10）、一〇一～一〇四号の並び倉があります。こういうケースの場合は同じ大きさで同じ形態の建物が並んでいますから並び倉でいいだろうと思います。このほかに平塚川添遺跡には「楼閣」とされる二〇一号の建物がありまして、総柱のまわりに庇がまわっております。これを「平塚川添タイプ」としたいと思います。平塚川添の例は大型建物の柱穴としては掘り形が非常に小さいので、逆に考えますと、より大きな中枢的な集落には「吉野ヶ里タイプ」のような建物類型に庇がついたようなものが今後検出されることがあってもいいのではないかと思っております。庇を有するものには、高床建物だけではなく平屋建物として守垣遺跡や周船寺遺跡がありますが、これらを「守垣タイプ」とします（図10）。

最後に、梁行一間で桁行が長い大型建物として挙げているものを、ここでは一括でとりあえず「那珂タイプ」としておきます（図11）。このうち、例えば比恵遺跡五〇次のＳＢ二五〇は超大型竪穴住居に次いで建てられた可能性がありまして、大型竪穴住居の機能を受け継いでいるかもしれません。このうち、細長い平面形の以来尺一〇号と比恵五〇次と、あるいは梁行が少し広い那珂三七次と比恵二七次ではタイプが異なるのではないかと思いますし、雀居ＳＢ五〇は屋内棟持柱のあり方などから実は「久保園タイプ」に似たものである可能性もあります。ですから、とりあえずこういうタイプで一括していますが、実際は高床建物以外に平屋建物が含まれている可能性がありますし、ちょっとこの辺は再検討する必要があるかと思います。（補記：図11-1～3を

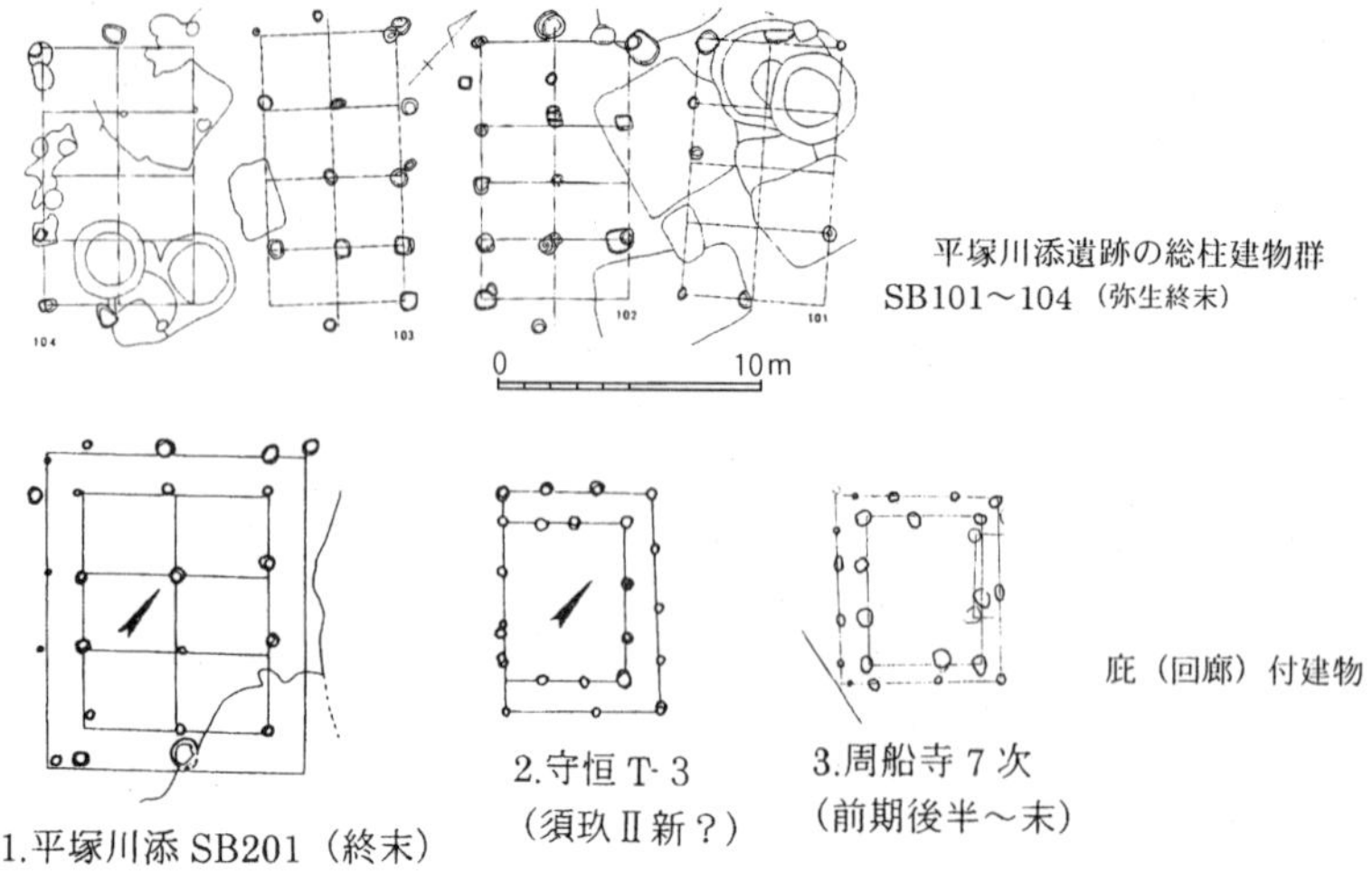

図10　平塚川添遺跡の総柱建物（高床倉庫）群（上段）と庇（または回廊）付建物例（平塚川添タイプ・守恒タイプ）（S＝1/500）

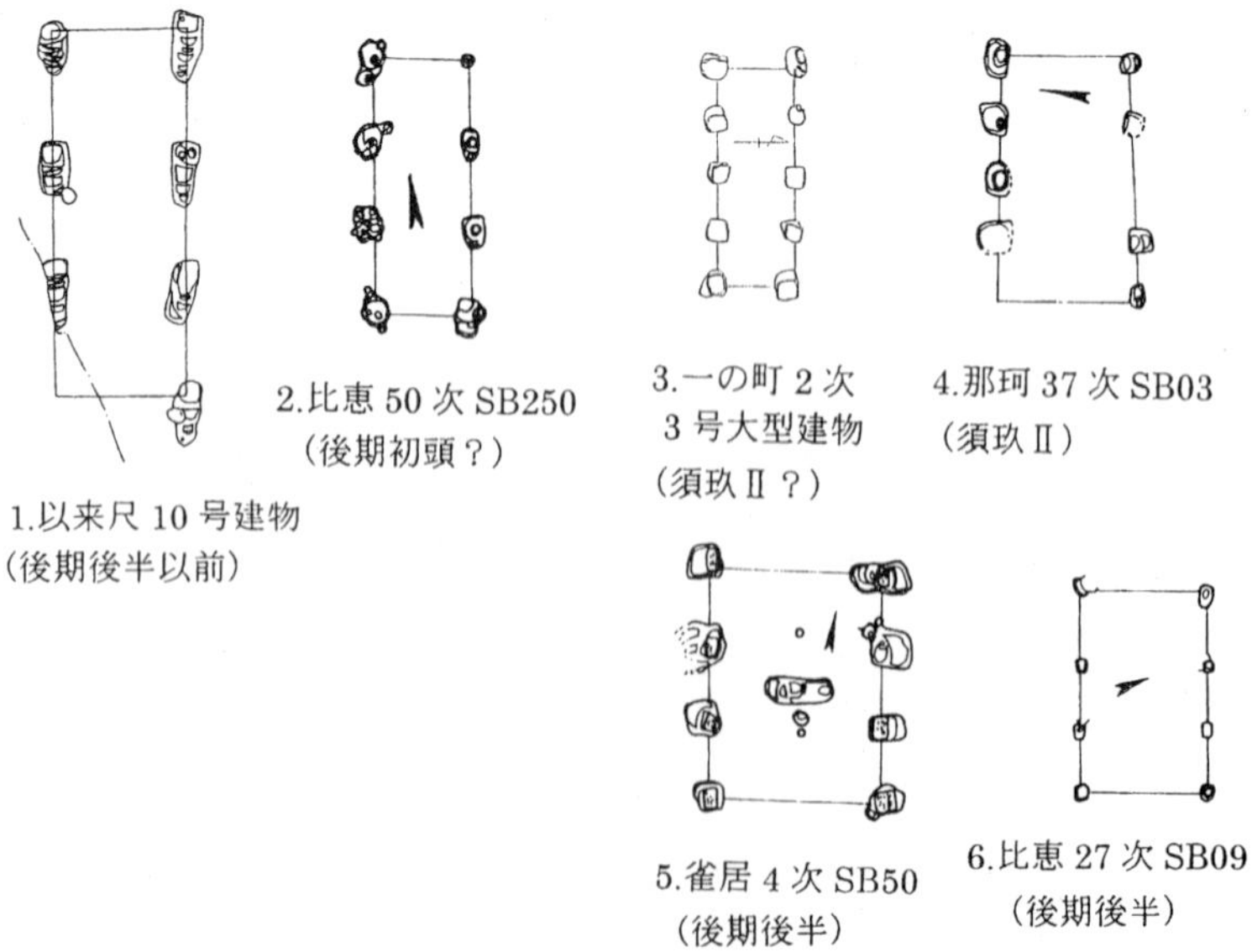

図11　梁行1間の大型建物例（以来尺タイプ・那珂タイプ・雀居タイプ）（S＝1/500）

「以来尺タイプ」、4、6を「那珂タイプ」、5を「雀居タイプ」として細分すべきか。「以来尺タイプ」と「那珂タイプ」は大型柱穴であれば高床、そうでなければ平屋の可能性があり、「雀居タイプ」は平屋建物であろう。)

ここまで見てきたように、大型建物には方形環溝や特定環溝区画が必ず伴うわけではなくて、むしろそうではないことが多いわけです。超大型建物でも集落の中枢ではないこともありますし、北部九州では必ずしも拠点集落ではないところにも大型建物があります。那珂二三次例(図12)は、(遺跡自体は大拠点集落ですが)比恵・那珂遺跡群の中では必ずしも中枢地点ではありません。雀居遺跡も内容の豊富な集落遺跡でありますが、各時期ごとの集落の面積等を見ますと、福岡平野においてはそれほど特別な存在とは思えません(沖積地のため遺跡自体の遺存率が良好でかつ調査区が広いという条件に恵まれている)。ですから、例えば集落中枢に立地していない大型建物の場合は、(拠点集落内の基礎単位集団に伴うような)大型竪穴住居等と似たような機能・性格を考える必要があるんじゃないかと思います。

当たり前の話ですけれども、大型建物の個々の性格というのは、一つの建築形式だから(必ずどういうものですということではなく、個々の遺跡の状況で推定する必要があります。例えば前代の首長墓の近くに大型建物が建てられていますす吉武高木遺跡や柚比本村遺跡の例(中期後半前後)というのは、祖霊を祀る宗廟的な機能を有するといわれております。それはそれで良いと思いますけれども、吉武高木の場合(図13)、超大型建物に接して(同時期前後の)掘立柱建物の

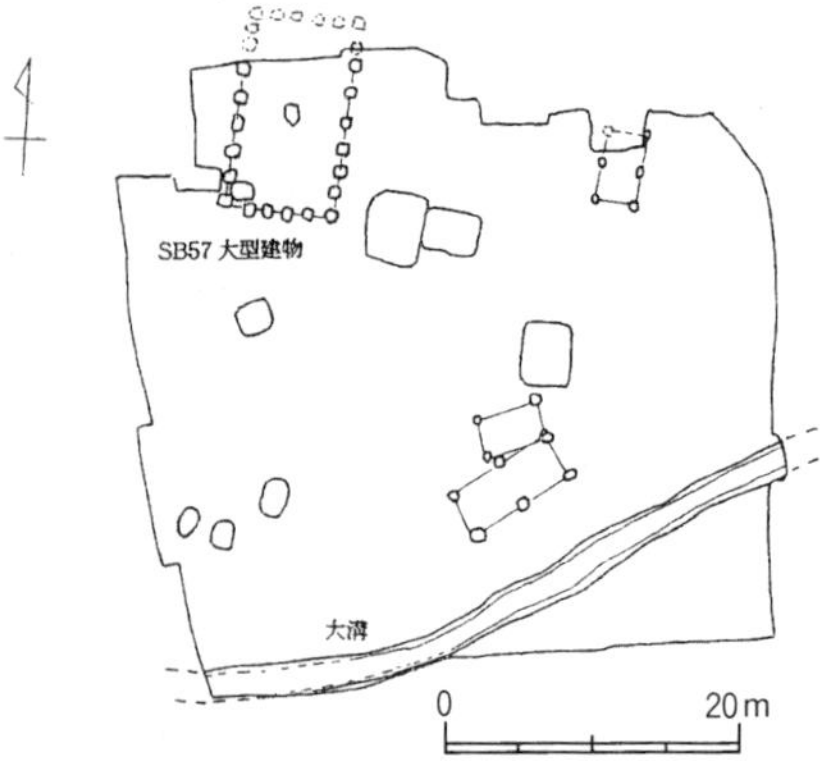

図12　那珂23次SB57大型建物と同時期（中期後半～後期初頭）の遺構
（S＝1/1000）

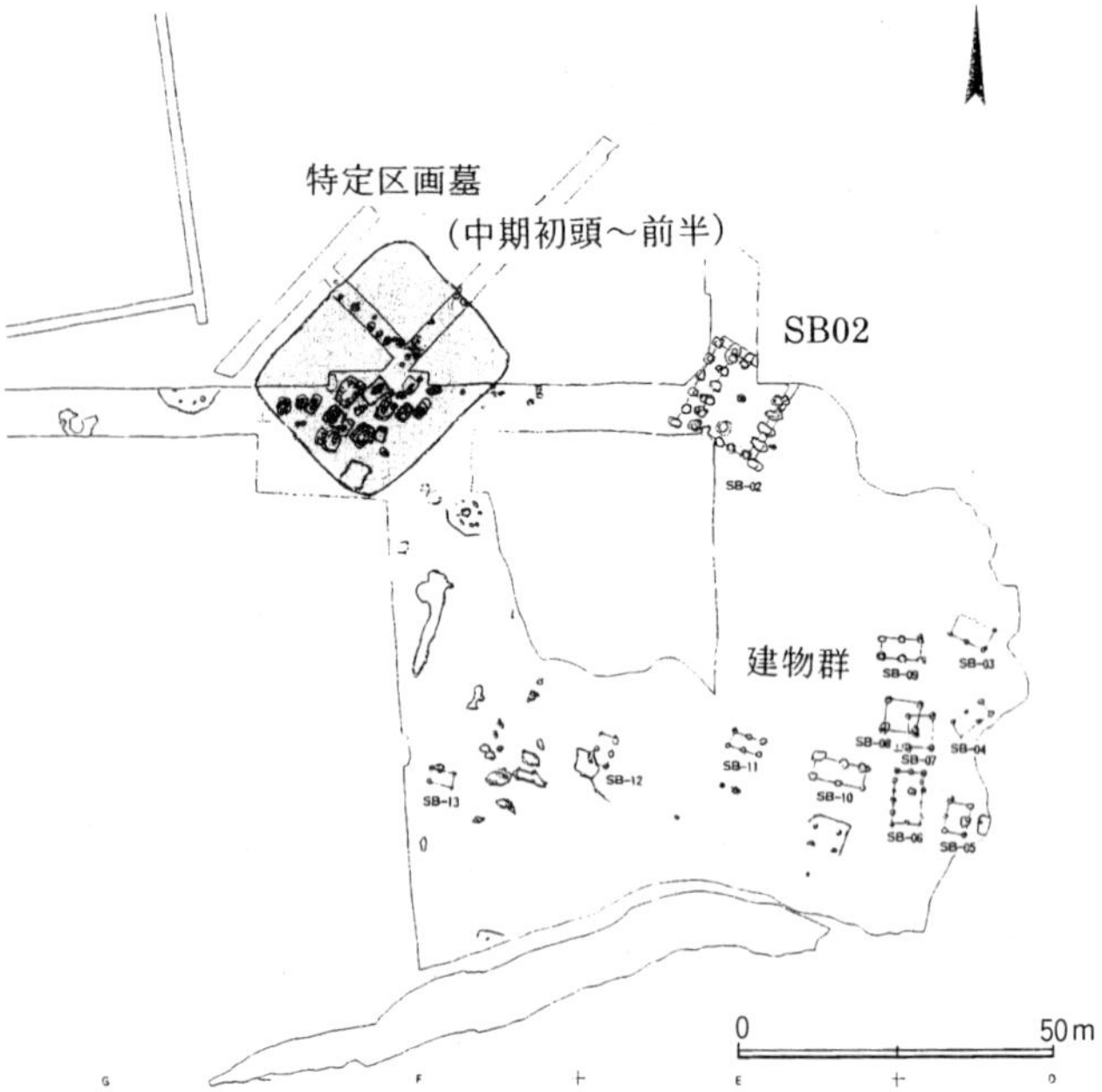

図13　吉武高木SB02大型建物と周囲の遺構（弥生時代中期）(S＝1/2000)

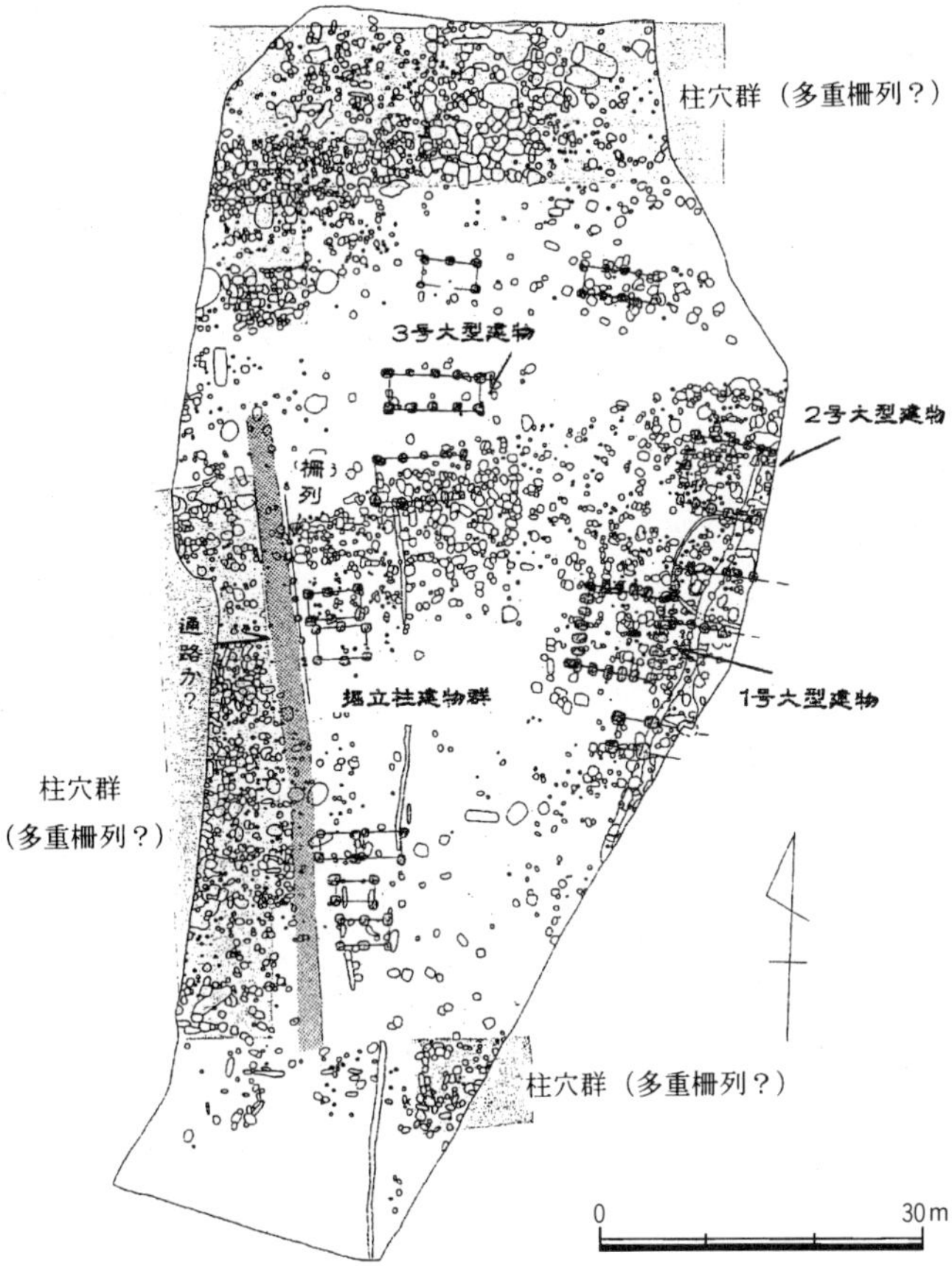

図14　一の町遺跡２次調査建物群（弥生時代中期中頃～後期前半）
（志摩町歴史資料館2001を一部改変）（S＝1/1000）

みが集中する範囲があります。この場合は宗廟的な機能だけではなくて、（周囲の建物群と合わせて）同様に首長の政治・祭祀執行の場となった可能性があります（武末純一一九九八b）。ただし、ここまで紹介した大型建物の祭殿には明確な特定環溝区画は伴ってとおりません。

ただし、ここまで提示したように、超大型建物は墳墓と関係のない集落エリアの中にも確実にあります。最近は、北部九州の大型建物は墓域と深く関係しているという意見が強く聞かれますけれども、それは一面的な見方だと思います。一ノ町遺跡における中期後半（～後期初頭）の建物には環溝はありませんけれども、方形を志向した区画（柵列か）の中にあると思われます（図14）。この一ノ町の場合は建物棟数が多く、建築の規模や形式も多様であります。ですからこの場合は、居館的な機能や、祭殿、あるいは倉庫なども共存すると考えられます（しかも一定期間建て替えつつ継続していると考えられる）。これは後期の雀居遺跡等も同様なんだろうと考えられます（補記：雀居の環溝は一辺一二五m前後の隅丸方形の区画の可能性があり、また周囲にも同時期の集落が広がる）。須玖・岡本遺跡群の中枢部の須玖永田遺跡A地点は方形環溝になると考えられますが（図15）、その四次調査地点の大型柱穴列は、一部しか調査されていませんけれども、柱穴の形態や並び方が久保園タイプの大型建物に似ていますので、ひょっとしたら工房群を直轄した、それこそ奴国王の居館の建物群に伴う大型建物のうちの一棟の可能性があります。

それでは、最後に方形環溝について述べたいと思います。

方形環溝というのは基本的に集落の中のある範囲の一部分の環溝でありまして、全体の環溝と

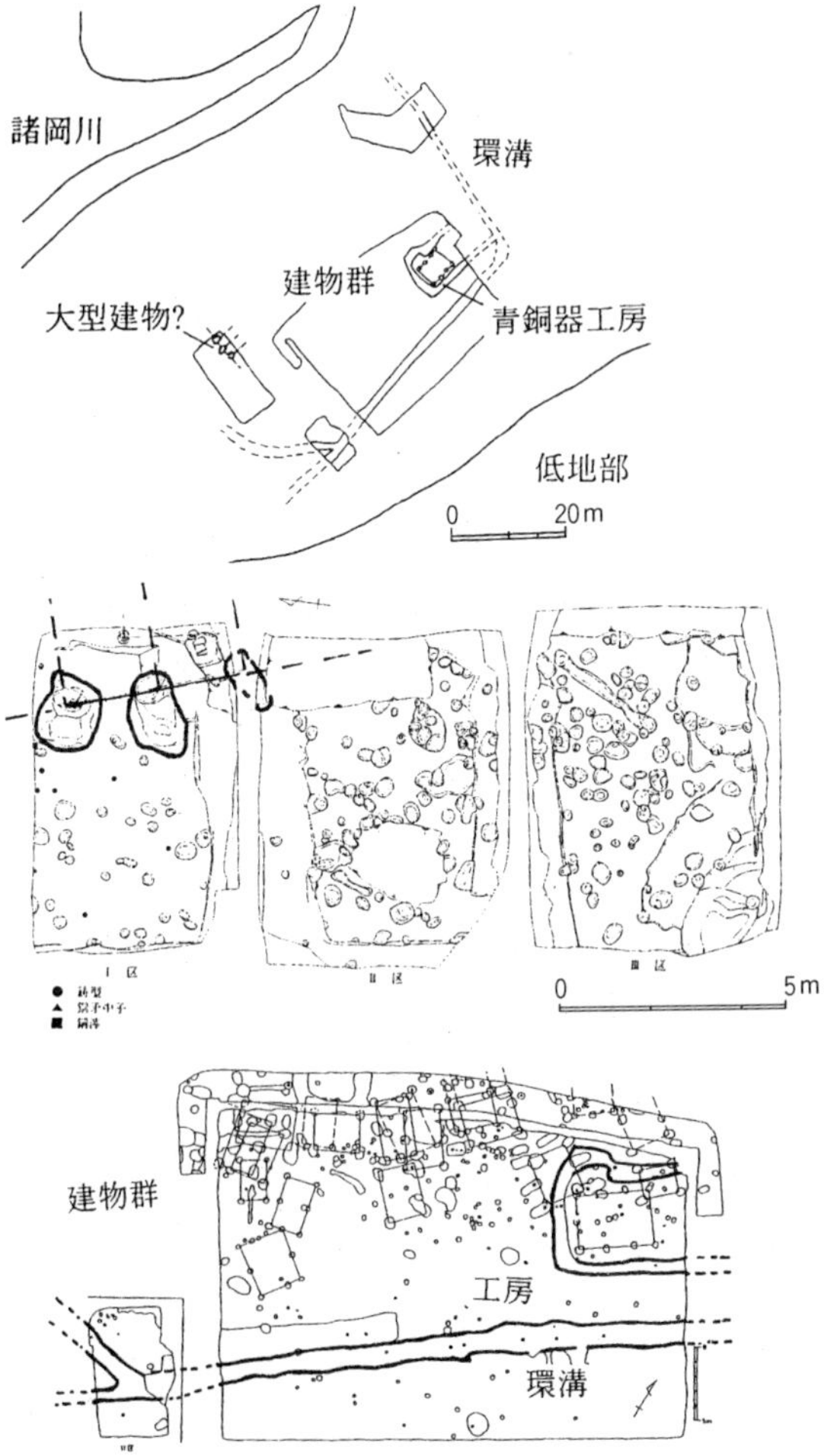

図15　須玖永田遺跡Ａ地点の環溝（上）(S=1/2000),
1次調査青銅器工房建物群（下）(S=1/800),
4次調査大型建物？（中）(S=1/250)

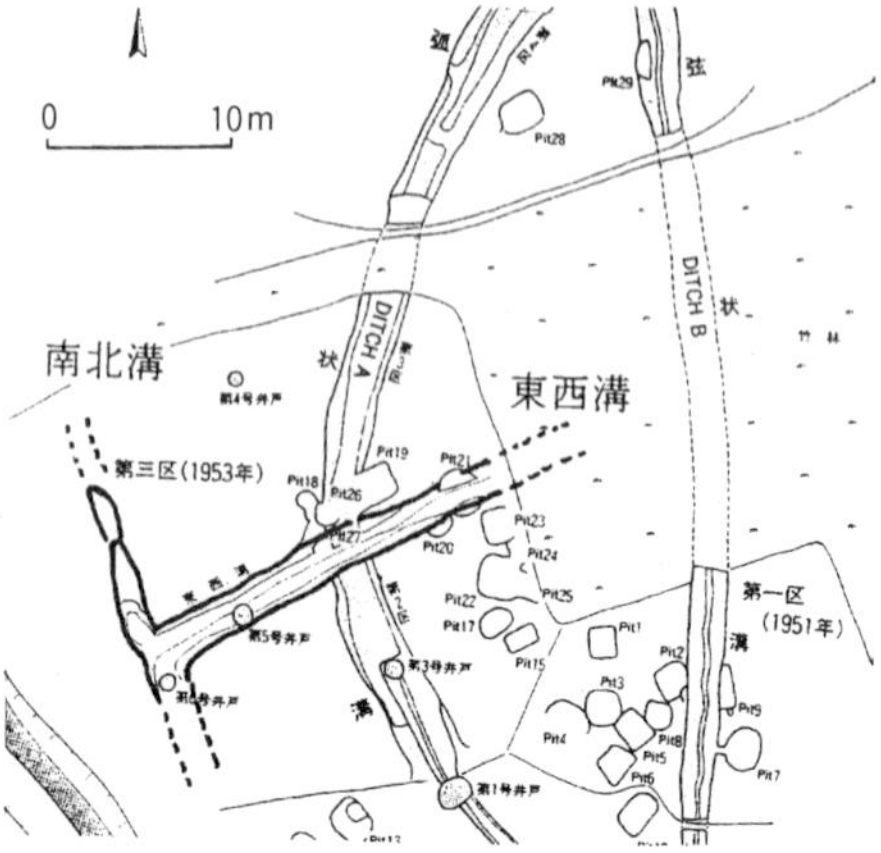

図16　板付遺跡のT字状環溝（弥生時代中期後半）
（S＝1/800）（森貞次郎・岡崎敬1961に加筆）

しての方形環溝というのは、今のところないのではないかと思います。集落の一部分としては、不整形気味でも方形志向のものが多いのは確かなのですが、円形と言っていいものもありますし（野方中原遺跡のA溝）、吉野ヶ里遺跡の北内郭のように変わった形のものもありますので、「特定環溝区画」との用語で括っておきたいと思います。この用語自体は、あくまで特定範囲の環溝ということでありまして、その機能や性格を限定するものではありません。

今のところ、最古の方形環溝の可能性があるのは、（遺構の遺存が良好ではないのですが）板付遺跡例（T字状溝）です（図16）。これは中期後半です。また、志摩町の一ノ町遺跡（図15）では、すでに述べたように大型建物を含む建物群があるのですが、若干の空閑地をはさんで外側に柱穴密集帯があって、これがコの字状になっております。つまり、方形を志向した空間があります。ただし、東側は斜めに水路（旧河道）が切るので完全な方形にならないのですけれども、一応そういう（方形を志向する）傾向があります。さらに古い弥生時代前期後半から前期末の周船寺遺跡では（図17）、二列の柵列で区画された掘立柱建物群がありまして、その柵列と並行、ないしは直行する形で建物群が展開しております。ですから環溝はありませんけれども、方形区画の淵源というのはひょっとするとそこまで遡る可能性もあると思います。比恵遺跡群の一部には（図6）、コの字状の建物配置に見えるようなところがあるので、こうした直線的方形志向の空間配置をさらに明確化させる形で、方形環溝というのは中期後半までには成立しているのではないかと思います。（補記：その後、「伊都国」の中枢である三

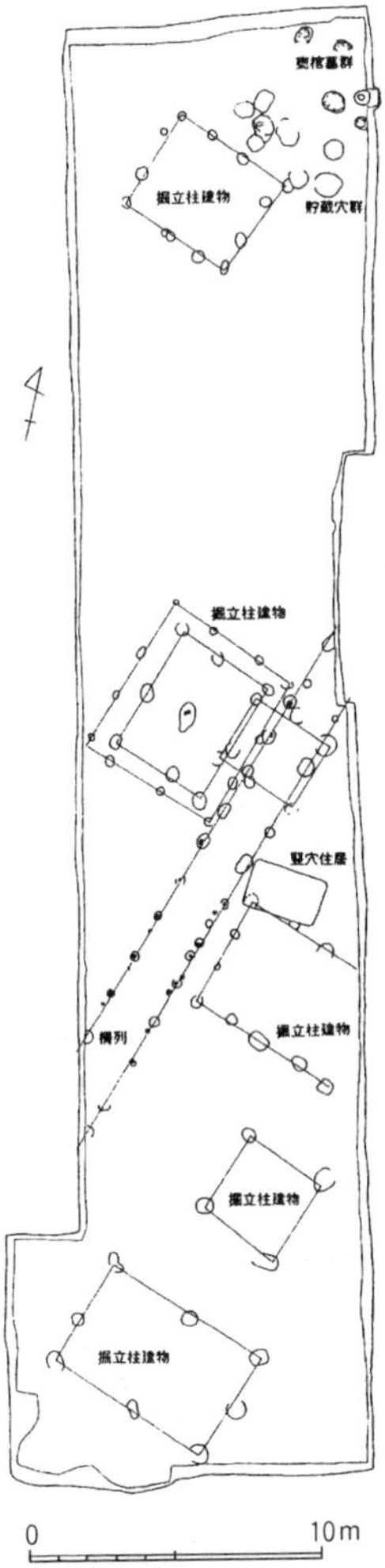

図17　周船寺遺跡群７次の弥生時代前期後半〜中期初頭の遺構配置（S＝1/400）（山崎龍雄2000）

雲遺跡群の下西地区では直角に折れる環溝の一部が発見されたが、中期後半に遡り、最古の方形環溝となる可能性が高いと考えられる。）

この方形環溝の出現と展開につきましては、武末純一氏が「A類型（円形の中の方形）」、「B類型（円形の外の方形）」から「C類型（円形のない方形）」へとして説明しています（武末純一一九八九、一九九八a）。私自身も基本的な流れとしては、これは非常にいい考えだと思うんですが、細かいところでは、例えばほんとうに「B類型」というのは普遍性があるかどうかなど、（現状では）問題な部分があると思います。（補記：「B類型」とされた野方中原遺跡は円形の「A溝」がまずあり、終末期には方形の「B溝」出現して共存するが、いずれも周囲に同時期の住居群が展開する特定環溝区画であり、首長層の居住区としての「A溝」と倉庫群の環溝の「B溝」である。）

弥生時代後期前半になりますと、先ほど紹介した比恵第一号環溝や（七田氏の話にあった）吉野ヶ里遺跡の南内郭の古段階（七田忠昭氏発表資料参照）、あるいは夜須中学校遺跡（協会当日資料集の図14参照）などがあります。こういうのはおそらくは集落の中枢部の施設だと思いますけれども、須玖・岡本遺跡群の一部の須玖唐梨遺跡（図18）のように、おそらくは集落の中枢の首長層の居館には関係のない方形区画などもあります（須玖唐梨例は工房ないし倉庫域と考えられる）。

弥生時代後期中頃から後期終末になりますと、特定環溝区画、あるいは方形区画が増加しまし

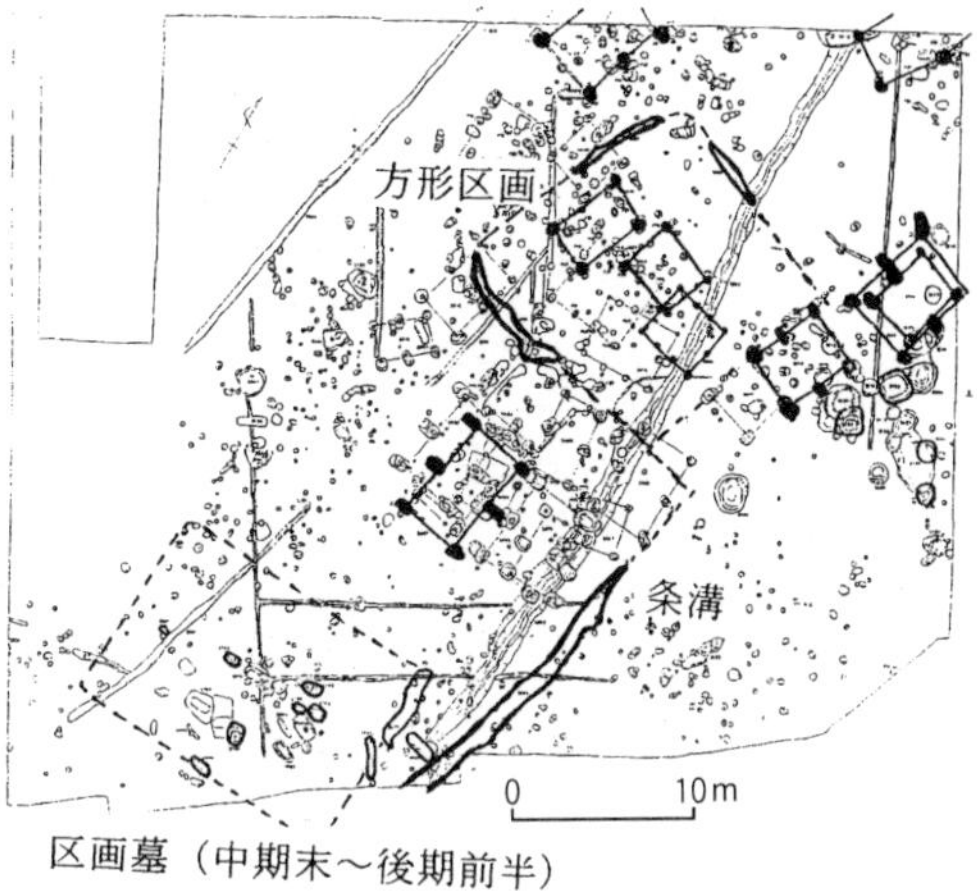

図18　須玖唐梨遺跡の弥生時代後期前半の遺構配置（太線）
（S＝1/800）（平田定幸・中村昇平編1998，吉留秀敏1995をもとに作成）

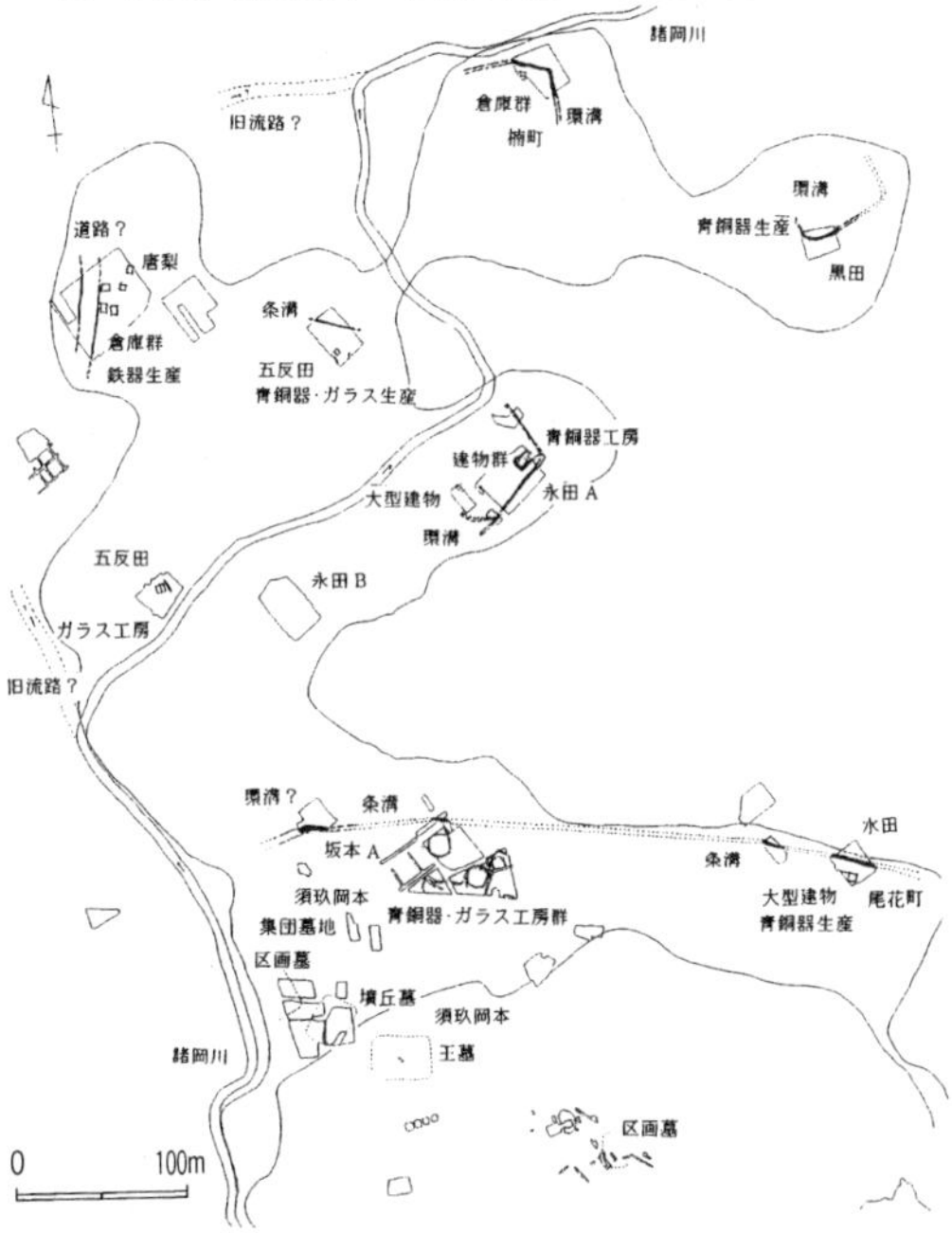

図19　須玖・岡本遺跡群北部低段丘集落全体図（S＝1/8000）
（弥生時代後期後半～終末期、ただし墳墓は弥生中期から記入）

て、普遍的なあり方を示します。比恵遺跡群第三号環溝（図3）や、東小田七板遺跡（協会当日資料集の図15参照）などがあります。あるいは吉野ヶ里遺跡の南内郭の新段階もこの時期です。吉野ヶ里遺跡の北内郭の場合には、おそらく（その存続時期の末期である）弥生時代後期終末の段階には超大型建物が伴うと思うんですが、その段階の頃にはおそらくは外環濠はかなり埋まっているはずなので、むしろ吉野ヶ里最終段階（後期終末）につきましては、武末氏の「C類型」としたほうがいいのではないかと考えます。他にも後期後半から終末にはいろいろな遺跡の事例がありますけれども、それは資料集（協会当日発行資料集）を見てください。

次に（「奴国」の中枢である）須玖・岡本遺跡群について見てみます（図19）。この遺跡群は、青銅器生産工房やガラス工房が非常に集中することで有名な弥生時代後期後半から終末期の遺跡群です。念のために（強調して）言いますが、図19の範囲は青銅器生産の形跡が出る（鋳型や中子等の鋳造関係遺物がまとまって出土する）が範囲（一五ｈａ）でありまして（ただし図19には墳墓のみ弥生時代中期も記入している）、この範囲だけでもおよそ唐古・鍵遺跡の面積（二五ｈａ）に近いと言えますので（ちなみに唐古・鍵では青銅器生産の痕跡がある範囲は集落のごく一部）、その間には各段の（質的・量的な）違いがあることがわかっていただけると思います。

また、弥生時代終末までの須玖・岡本遺跡群は、さらに南の丘陵部へ一～二キロと延々と続きまして、全体の面積は図5に示した比恵・那珂遺跡群と同じぐらいあるわけです（吉留秀敏一九九九、久住猛雄二〇〇〇、平田定幸二〇〇二）。須玖永田Ａ地点（図15）では、詳細不明ですけれども先ほど言いましたように、首長居館になる可能性があります。このように環溝になりそうなものは、先ほど述べた図19の須玖・岡本遺跡群の北部地区にたくさんあるのですが、その全てが首長居館かというと非常に怪しくて、武末純一氏が既に指摘しているように（武末純一一九八九、一九九八a）、都市的集落の内部を計画的機能的に空間分割・配置した環溝や条溝であると思います。

このように方形環溝ないしは特定環溝区画には、大型建物を含む（場合がある）首長層の居住区、あるいはその政治の場としての居館が多く含まれているようなのですが（比恵、吉野ケ里、雀居＝図20、須玖永田A地点、下條信行一九八六が指摘した千塔山など）、それ以外に倉庫群や工房群（等の一定機能範囲）を囲むもの（須玖唐梨、須玖永田A地点の一部、野方中原B溝＝図21など）、あるいは原古賀三本谷遺跡（終末期〜古墳時代初頭）や吉野ヶ里遺跡の「南墳丘墓」と従来言われていた、今は「祭壇」と解釈されている盛土遺構（中期中頃〜後半か）の周囲を、後に巡らす方形環溝（後期後半から終末期）のように、建物遺構を必ずしも伴わず祭祀場と推定されるものも存在しています。（その他、図22の蒲田水ヶ元遺跡例のように建物を伴う祭殿と考えられる小規模な方形環溝もある。）つまり、（特定環溝区画の）全てが「居館」ではありません。

それから、須玖・岡本遺跡群や比恵・那珂遺跡群には集落全体を囲む環溝はありません。図19は須玖・岡本遺跡群の中枢地区ですが、全体の環溝は全くありません。これは一見無防備にも見えるんですが、逆に言うと、中村慎一氏が指摘しているように集落規模や構造上の非常に傑出し

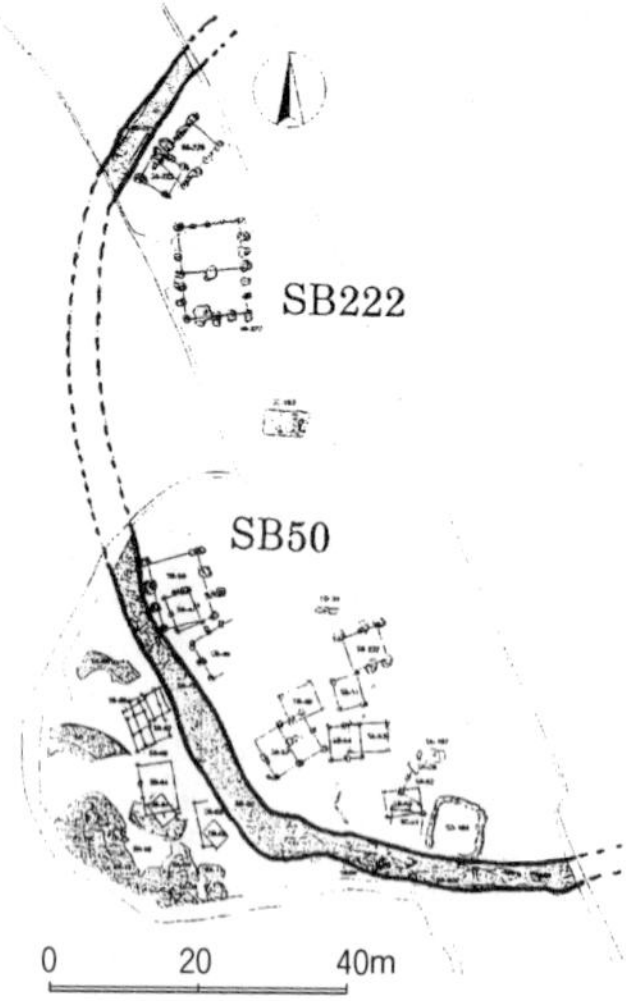

図20　雀居遺跡の環溝（弥生時代後期後半前後の集落）（S＝1/2000）（力武卓治編2001）

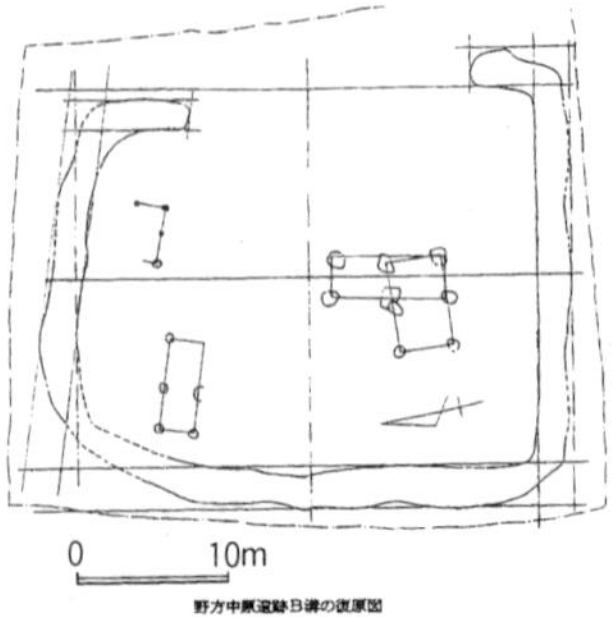

図21　野方中原遺跡の環溝
（上：S＝1/1000、下：S＝1/4000）
（上：B溝，下：遺跡全体図）
（上：吉留秀敏1995，下：二宮忠司編1992）

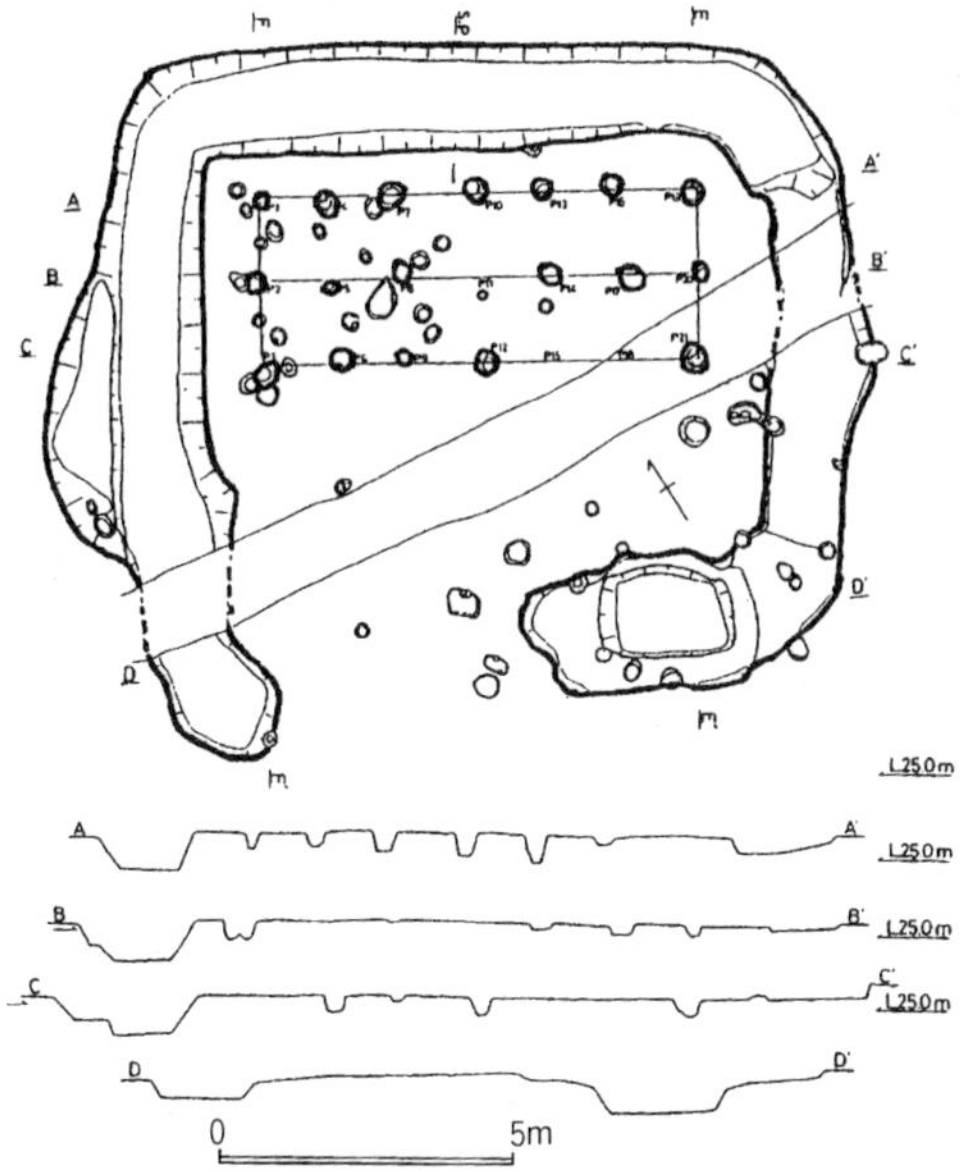

図22　蒲田水ヶ元遺跡の方形環溝と掘立柱建物
(S＝1/250)（後期中頃〜後半）（折尾学編1996）

た集落というものは（比恵・那珂もそうですが）、周囲に並ぶもののない強勢を誇る時期には防御施設の必要がないという見方（中村慎一二〇〇二）もあり得るかなと思っております（纒向遺跡にも全体の環溝は無い）。

さて、これらの次の時期に古墳時代首長居館が成立するんですが、北部九州では弥生時代後期後半ぐらいまでにこういう（古墳時代首長居館と類似する）方形環溝はかなりありまして、遺構論的に古墳時代初頭のものとの区別は非常に難しいところがあります。しかし、古墳時代首長居館の特徴としては、あえて言えば、古墳時代初頭以降は整った方形で隅角が直角になり、突出部があるものは方形化したものが多くなり、古墳時代初頭以降は環溝の内側に布掘柵列が多く付設されるという特徴があります。（補記：「突出部」については、講演では述べなかったが、北部九州の環溝では、古墳時代首長居館に多く見られる環溝の突出部が、弥生時代中期初頭の小郡市三沢一ノ口遺跡の柵列の突出や、中期後半の太宰府市国分松本遺跡の環溝の突出部に始まり、後期以降の特定環溝区画にはかなり多くみられることを当日の資料集の原稿では指摘している。）

弥生時代終末から古墳時代初頭に成立している方形環溝ですが、まず比恵・那珂遺跡群では、比恵二号環溝（図4）を中心としまして、縦横の条溝、及び延長推定二㎞になる道路状遺構（久住猛雄一九九九ａ）によって全体がレイアウトされています（図23）（久住猛雄二〇〇〇）。倉庫群と思われる（礎板痕跡を伴うことが多い掘立柱建物が集中する）領域も三ｈａぐらいありまして、あるいは小条溝に囲まれるような方形区画状のものが幾つかの箇所であります。未報告なん

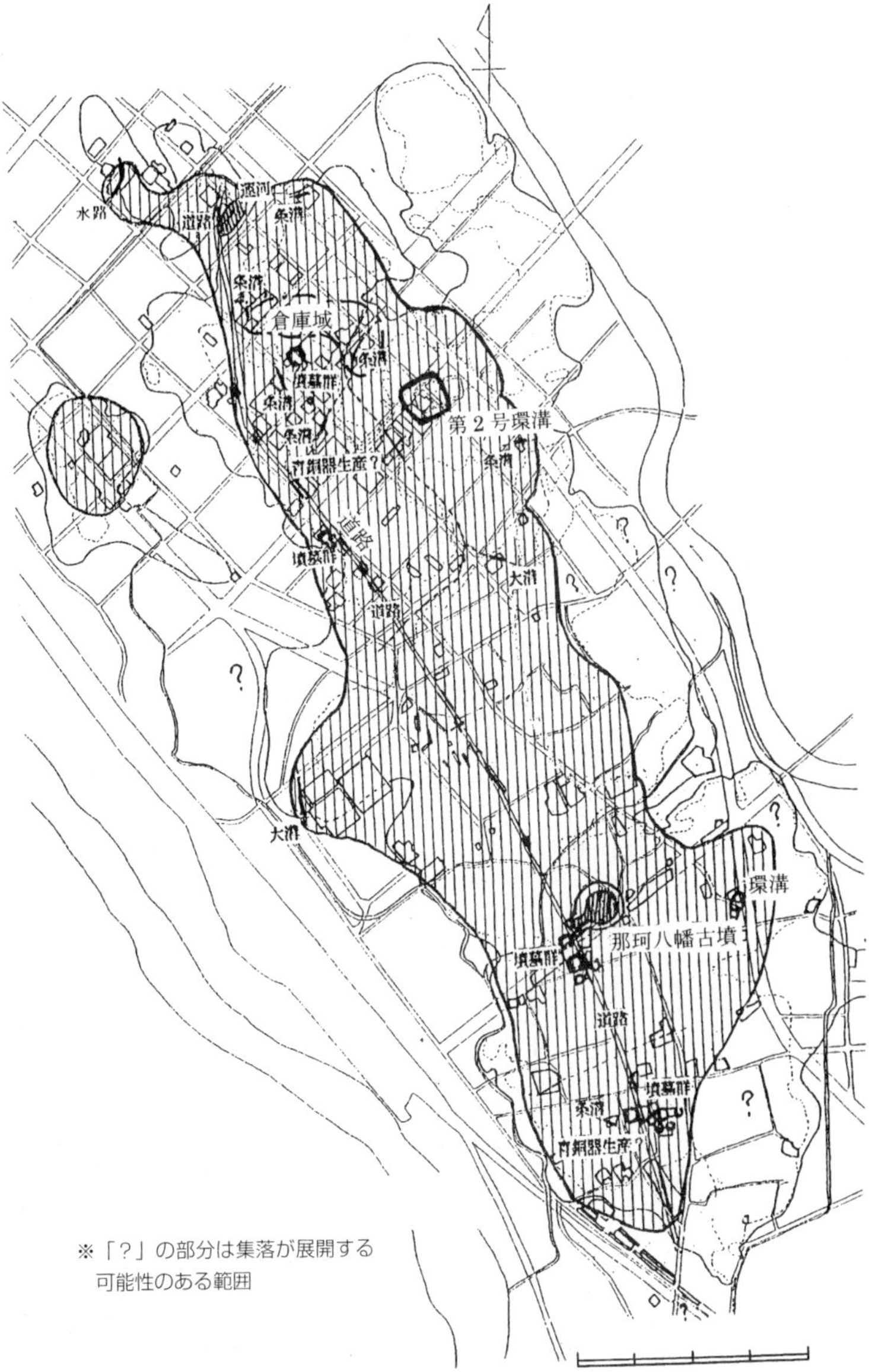

図23　比恵・那珂遺跡群集落全体図（S＝1/15000）
（弥生時代終末〜古墳時代前期前半）

ですけれども、那珂遺跡の南西部分には、さらに別の環溝や直線的な条溝が存在しています。この遺跡群は古墳時代初頭前後には畿内的な土器に変化するという点でも一番早く、中心的な遺跡です（久住猛雄一九九九b）。そして、那珂八幡古墳というかなり大きな古い古墳があるということは去年の考古学協会で述べたんですけれども（久住猛雄二〇〇二）、そういう意味でも非常に重要であります。

次に日田市の小迫辻原遺跡です（図24）。ここでは小迫辻原一～四期という変遷を考えております（土居和幸・田中裕介一九九五）。この変遷は、私自身が出土したほとんどの土器を見て編年したものをベースにしているんですけれども、遺構の検討結果とほとんど矛盾はありませんので、少なくとも主要遺構の変遷は問題ないと思います（住居址の時期的位置付けはまだ検討の余地があるんですけれども）。（補記：小迫辻原一期＝下大隈式末～久住一九九九bのⅠA期ないしⅠB期古相まで、二期＝ⅠB期～ⅡA期古相、三期＝ⅡA期～ⅡB期、四期＝ⅡB期～ⅡC期と考えている。また「一号条溝」を外環濠として解釈し、古くみたり、「三号居館」も古くみる説もあるが、系統的検討を踏まえた出土土器の時期比定や各遺構の関係から成立しない。）

そこで、特に弥生時代終末から古墳時代初頭への移行期に相当する一～二期には、「一号環濠」と「二号環濠」があります（「環濠」とするが日田市および大分県が用いる呼称である）。（これらの「環濠」は、）その周りには住居址群がありますので、武末氏の言うC類型に相当する首長居館的な様相を持つ環溝（環濠）（＝特定環溝区画）、つまり首長層の居住地（いずれも内部に竪

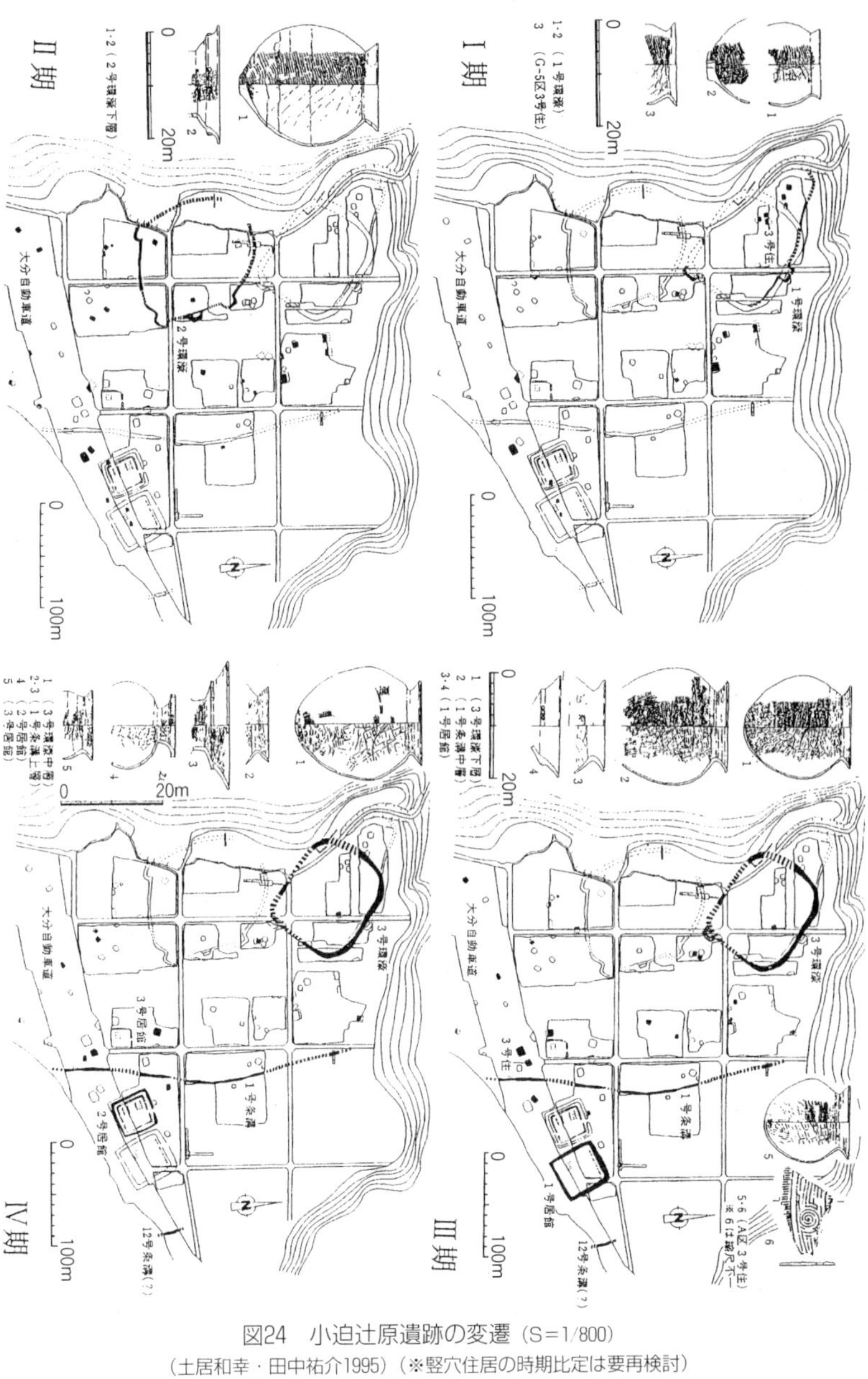

図24　小迫辻原遺跡の変遷（S＝1/800）
（土居和幸・田中祐介1995）（※竪穴住居の時期比定は要再検討）

穴住居が伴う様相）であって他の要素がまだ分離しないという段階になるかと思います。

続いて小迫辻原三期（ⅡA期〜ⅡB期）になりますと、台地の中央に南北に走る一号条溝が成立します。条溝の東側には、布掘の柵列を伴う、やや小さめだけれども整った方形となった「一号居館」と呼んでいる方形環溝が成立します。これに対しまして、一号条溝の西側は「一号環濠」を踏襲して隅丸方形の「三号環濠」が成立しています。「一号居館」にはやや大型の掘立柱建物一棟（総柱か）が伴うのに対して、「三号環濠」の内部には竪穴住居数棟が伴います。この二つの遺構は（出土土器から）同時に存在すると考えられるのですが、各環溝内の出土土器の組成や量をみますと、「三号環濠」の方では煤のついた甕が目立つことをはじめとして全体的にかなりの量があるのに対して、「一号居館」では出土土器が比較的少なく、壷や小型器種が相対的に目立ちます。ちなみに一号条溝の東側（「一号居館」側）ではわずかに住居址があるんですが、それらの住居址は小型器種ばかりが出るなど、何かおかしな住居址ばかりです。そういった「一号居館」周囲の様相や、（「一号居館」と「三号環濠」の）環溝内部の遺構の相違や、面積的な相違などからしますと、あとで辰巳和弘さんの話に出てきますように、「一号居館」を〈ハレの空間〉、「三号環濠」を〈ケの空間〉という言い方で考えたらよいのではないかと思います（橋本博文一九九四も同様の見解）。

ところでそうしますと、この小迫辻原遺跡では、「環濠」と呼んでいる遺構の実態（性格）が（首長層の）居宅、「居館」と呼んでいる遺構を祭殿と解釈することになり、ちょっと混乱しているように感じられるかもしれません。しかしこれは史跡指定に至る当時の学問的認識により名称がつけられましたので（補記：「環濠」から「居館」が飛び出すという単純な図式のこと）、これはこれでいた仕方がないと思います。さて、あらためて小迫辻原の主要遺構の配置の変遷を追いかけてみますと、機能が異なる大小の一〇〇m（三～四期の「三号環濠」）と四五m（三期の「一号居館」）ないし三五m（四期の「二号居館」）の方形環溝が鼎立し、そして最終段階（四期）には二〇m程度の「三号居館」とされている方形環溝がさらに成立して並存しているわけですから、一つの方形環溝のみで首長居館（の機能体）が完結するという単純な見方をここへ当てはめることはできません。つまり、小迫辻原遺跡に見られる〈首長居館〉というのは、これら方形環溝群総体として考えるべきであります。（補記：なお「三号居館」については、首長の政治的祭祀的活動の何らかの機能分化が考えられる。）

続いて図25の小部遺跡であります。小部遺跡では、最初に方形志向（隅丸長方形基調）でありながら、やや変形した様相の（周囲に竪穴住居群がある）環溝がありまして（ⅡA期初めに形成か）、この環溝には布堀柵列と島状の突出部を伴います。そして、内部の遺構の変遷から検討しますと、どうやらその後半段階（ⅡB期併行）に布堀柵列による長方形区画が真ん中に成立するようです。ですから、この場合は、首長の「ハレの空間」的なものが（方形区画内部の遺構状況がわからないのでまだ確定ではありませんが）、環溝の中にさらにできるのではないかと思います。したがって、武末氏が示された変遷（発展段階案）や小迫辻原の場合とは、また別なパター

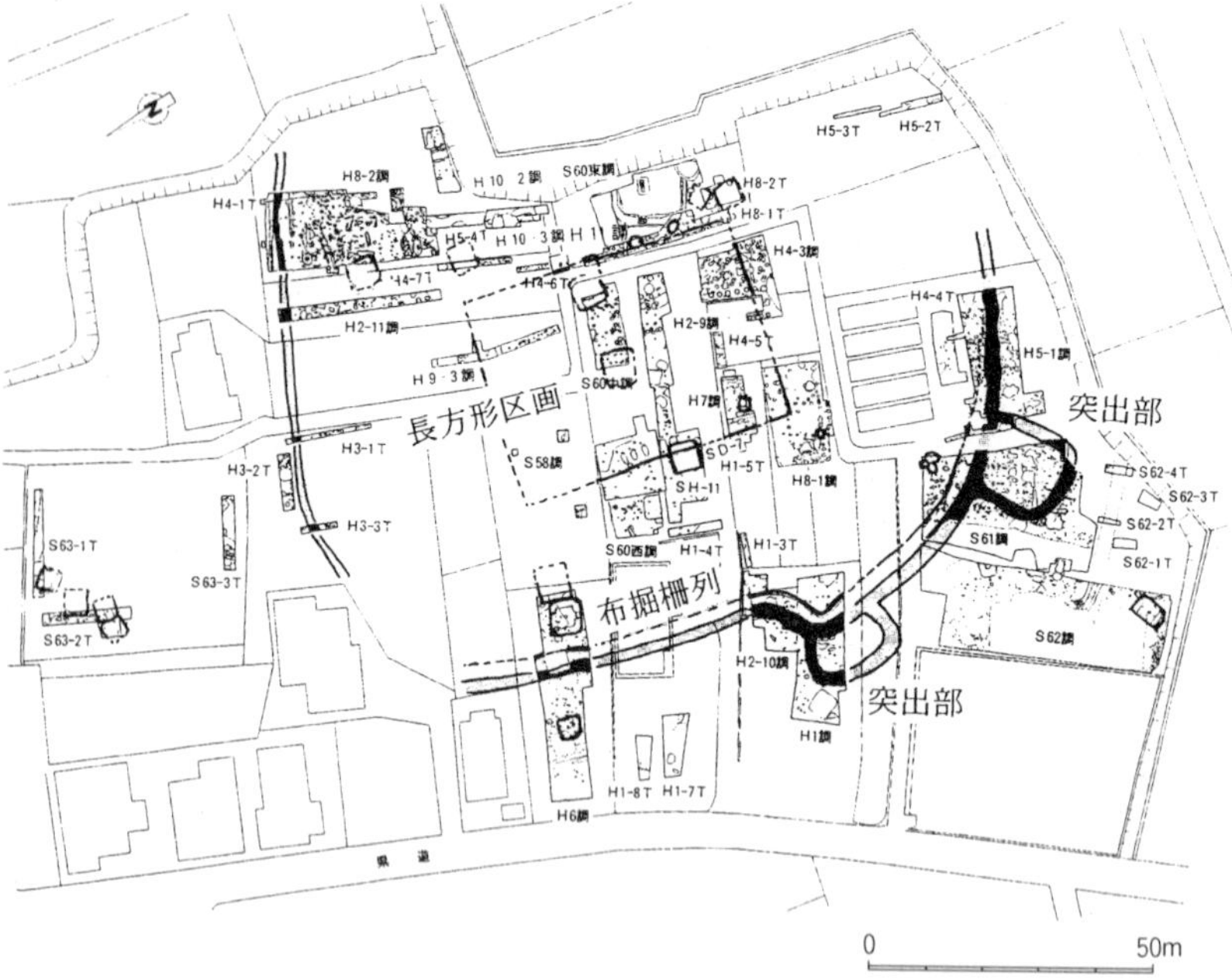

図25　小部遺跡の首長居館環溝（S＝1/2000）（佐藤良二郎2000）

ンのあり方ではないかと思います。（補記：その後、宇佐市教育委員会より小部遺跡の調査報告書が刊行されたが（佐藤良二郎・江藤和幸編二〇〇四）、その中では環溝のみの時期と長方形区画のみの時期を分けて新古の様相として考えられている。しかし、環溝や竪穴住居等の土器の多くを実見したが、環溝の土器の時期幅と出土状況や層位、および一部に見られる掘り直しから、また長方形区画の時期に環溝が埋まって外側の住居群が進出するような事実はないことから、長方形区画成立後も環溝は首長層の特定環溝区画として機能していると見るべきである。）

そのほか、小迫辻原遺跡の「三号居

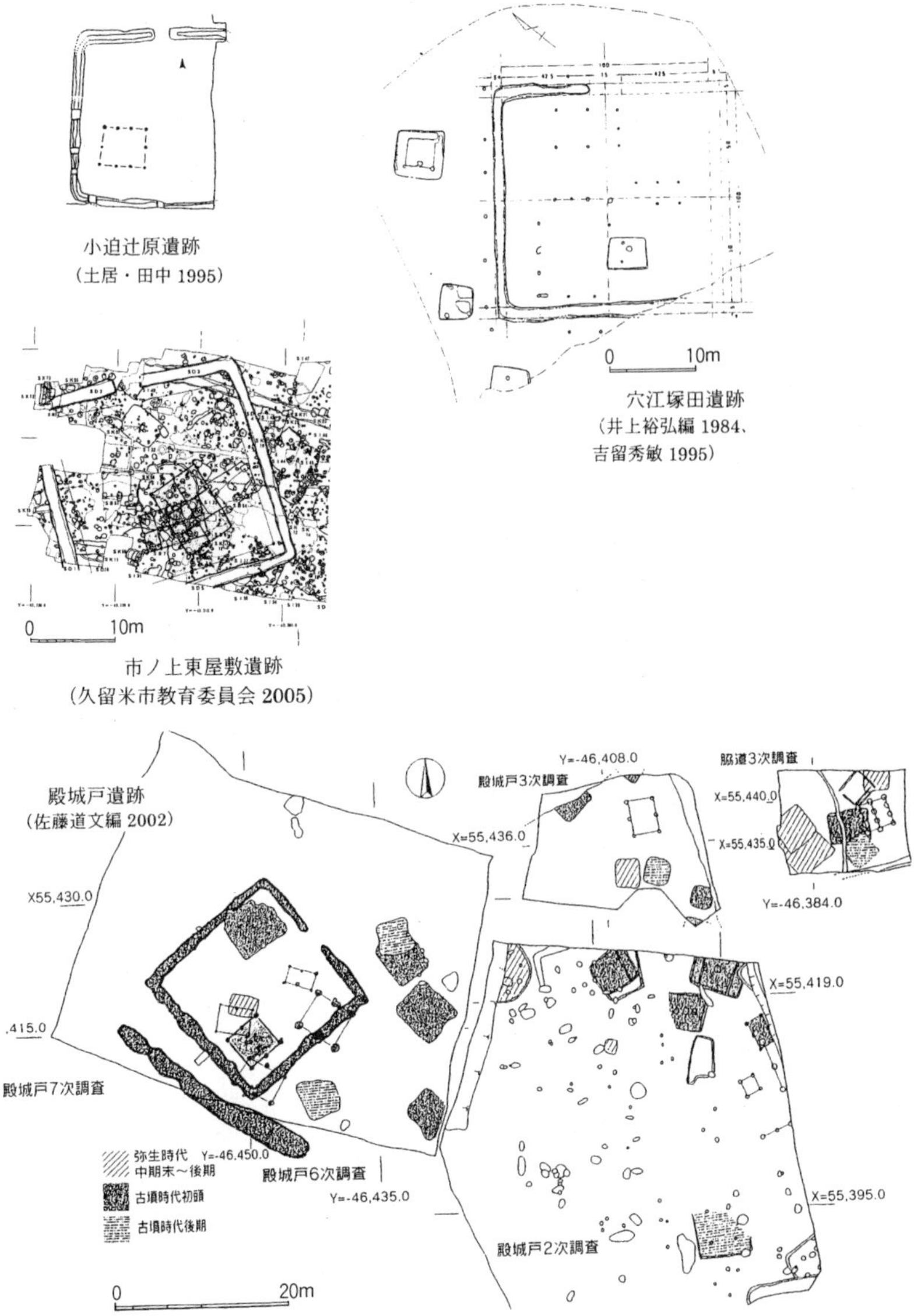

図26　小迫辻原「3号居館」（左上）と類似する方形環溝区画の例（S＝1/1000）

館」に似たものとして、「小さな居館」と単純に言っていいのかどうかわからないようなものがあります（図26）。これらの遺跡では、もしもこれらの方形環溝だけしかないのであれば、より低階層の「首長」（というと妙な言い方になりますが）の居館という解釈ができる可能性があります。けれども、小迫辻原遺跡のように、周囲に他にも様々な、複数の区画や環溝が検出される場合には、また違った種類の遺構としての解釈になりますので、これらの事例については、今後の周囲の調査の進展に注意が必要ではないかと思います。

最後に、シンポジウムということで、問題提起としてお話しますが、比恵・那珂遺跡群というのは、おそらくは弥生時代中期後半段階から（古墳時代初頭まで）基本的な構造は変わっていませんので、須玖・岡本遺跡群と同じ「都市」的な遺跡とあえてとらえたいと思います。先ほど森岡さんが階層社会化の流れを説明されましたが、私は弥生時代中期後半以降の玄海灘沿岸のごく一部のところについては（北部九州全てではありません）、「都市国家」的な要素があって、それが（その内部に）首長居館が存在（成立）する一つのパターンではないかと思います。（補記：すでに触れた三雲遺跡群下西地区の中期後半の方形環溝の検出などにより、この見方がさらに補強されつつある。）またこれに関連して、「居館」の問題は、方形環溝の部分だけを取り上げて比較するのはちょっと違うのではないか、ということを指摘いたしまして終わりにしたいと思います。

〈参考文献〉

甘木市教育委員会　一九九三『平塚川添遺跡発掘調査概報』（「平塚川添タイプ」）

天本洋一編　一九八一『川寄吉原遺跡』（佐賀県文化財調査報告書第六一集）（「川寄吉原タイプ」）

榎本義嗣編　一九九八『入部Ⅷ』（福岡市埋蔵文化財調査報告書第五七七集）（「東入部タイプ」）

鏡山猛　一九五六、一九五七、一九五九「環溝住居阯小論」（一）～（四）（『史淵』第六七・六八合輯、第七一輯、第七八輯）（鏡山猛一九七二『九州考古学論攷』に再録）

春日市教育委員会編　一九九四『奴国の首都　須玖岡本遺跡』吉川弘文館

久住猛雄　一九九九ａ「弥生時代終末期道路の検出」（『九州考古学』第七四号）

久住猛雄　一九九九ｂ「北部九州における庄内式併行期の土器様相」（『庄内式土器研究』ⅩⅨ）

久住猛雄　二〇〇〇「奴国の遺蹟-比恵・那珂遺跡群と須玖・岡本遺跡群-」（『考古学から見た弁・辰韓と倭』九州・嶺南考古学会第四回合同考古学会）

久住猛雄　二〇〇二「九州における前期古墳の成立」（『日本考古学協会二〇〇二年度橿原大会研究発表資料集』）

栗山伸司編　一九八六『守恒遺跡』（北九州市埋蔵文化財調査報告書第五〇集）（「守恒タイプ」）

佐藤良二郎　一九九五「大分県小部遺跡」（『考古学ジャーナル』三八四）

佐藤良二郎・江藤和幸編　二〇〇四『宇佐地区遺跡群発掘調査報告書Ⅰ小部遺跡』宇佐市教育委員会

七田忠昭　一九九七「有明海沿岸地方の弥生時代環濠集落にみる大陸的要素（予察）」（『佐賀考古』第四号）

渋谷格　一九九五「佐賀県柚比本村遺跡」（『季刊考古学』第五一号）（「久保園タイプ」）

下條信行　一九八六「弥生時代の九州」（『岩波講座日本考古学』第五巻）

下村智　一九九四「玄界灘沿岸地域の大型建物」（『考古学ジャーナル』三七九）
下村智編　一九九五『雀居遺跡二』（福岡市埋蔵文化財調査報告書第四〇六集）（「雀居タイプ」）
下村智編　一九九六『比恵遺跡群（二〇）』（福岡市埋蔵文化財調査報告書第四五一集）（「以来尺タイプ」）
秦憲二編　一九九七『以来尺遺跡Ⅰ』（筑紫野バイパス関係埋蔵文化財調査報告書第４集、福岡県教育委員会）（「以来尺タイプ」）
新宅信久　一九九四「渡来系稲作集落「江辻遺跡」で発見された大型建物について」（『考古学ジャーナル』三七九）（「江辻タイプ」）
杉山富雄編　一九八六『比恵遺跡　第九・十次調査報告』（福岡市埋蔵文化財調査報告書第一四五集）
善端直編　二〇〇三『石川県万行遺跡発掘調査概報』（七尾市埋蔵文化財発掘調査概報）（「吉野ケ里タイプ」？）
高倉洋彰　一九九四「弥生時代の大型掘立柱建物」（『考古学ジャーナル』三七九
武末純一　一九八七「北九州市・曽根平野の首長層居宅（予察）」（『古文化談叢』第18集）
武末純一　一九八九「北九州-吉野ケ里の同時代史-」（『歴史読本』第三四巻第一七号）
武末純一　一九九〇「北部九州の環溝集落」（『乙益重隆先生古稀記念　九州上代文化論集』）
武末純一　一九九八ａ「弥生環溝集落と都市」（田中琢・金関恕編『古代史の論点三　都市と工業と流通』小学館）
武末純一　一九九八ｂ「北部九州の大型掘立柱建物-集落の中で-」（浅川滋男編『先史日本の住居とその周辺』同成社）
武末純一　二〇〇二『弥生の村』（日本史リブレット三、山川出版社）

都出比呂志　一九九七「都市の形成と戦争」（『考古学研究』第四四巻第二号）
寺沢薫　一九九八「集落から都市へ」（都出比呂志編『古代国家はこうして生まれた』角川書店）
土居和幸・田中裕介　一九九五「最古の居館・小迫辻原遺跡」（小田富士雄編『風土記の考古学四　豊後国風土記の巻』同成社）
中村慎一　二〇〇二「弥生文化と中国の初期稲作文化」（佐原真編『古代を考える　稲・金属・戦争-弥生-』吉川弘文館）
橋本博文　一九九四「古墳時代前期の「居館」-東と西と-」（『大文協ぶっくす・二　小迫辻原遺跡と日田』大分県文化財保護協議会）
平田定幸　二〇〇二「北部九州地域（二）・福岡県須玖遺跡群」（『日本考古学協会二〇〇二年度橿原大会研究発表資料集』）
細川金也・渋谷格　一九九九「弥生時代の集落-佐賀平野の中・後期-田手・城原川流域を中心として-」（『弥生時代の集落』第四五回埋蔵文化財研究集会）（「吉野ケ里タイプ」）
松村道博編　一九九五『雀居遺跡三』（福岡市埋蔵文化財調査報告書第四〇七集）（「久保園タイプ」）
宮本長二郎　一九九一「弥生時代・古墳時代の掘立柱建物」（『弥生時代の掘立柱建物-本編-』第二九回埋蔵文化財研究会）
宮本長二郎　一九九六「第五章　弥生・古墳時代の掘立柱建物」（宮本長二郎『日本原始古代の住居建築』中央公論美術出版）
山崎龍雄　二〇〇〇「周船寺遺跡群第七次調査の概要」（福岡市埋蔵文化財調査報告書第六五四集）（「東入部タイプ」「守恒タイプ」）
横山邦継編　一九九五『吉武遺跡群Ⅶ』（福岡市埋蔵文化財調査報告書第四三七集）（「久保園タイプ」？）

吉留秀敏　一九八九「比恵遺跡群の弥生時代墳丘墓-北部九州における弥生時代区画墓の一例-」（『九州考古学』第六三号）
吉留秀敏　一九九四a「弥生時代環濠集落の変遷」（『牟田裕二君追悼論集』）
吉留秀敏編　一九九四b『那珂11』（福岡市埋蔵文化財調査報告書第三六四集）（「那珂タイプ」）
吉留秀敏　一九九五「九州一（福岡県）」（『ムラと地域社会の変貌』第三七回埋蔵文化財研究集会）
吉留秀敏　一九九九「福岡平野の弥生社会」（『論争吉備』考古学研究会岡山例会シンポジウム記録一）
力武卓治編　一九八三『久保園遺跡』（福岡市埋蔵文化財調査報告書第九一集）（「久保園タイプ」）

※講演内容を基本とした単行本としての刊行にあたり、講演録中に明記したもの、および特に重要な文献のみを記し、各遺跡の報告等は割愛した。ただし大型建物の各類型の指標遺跡の報告については記した。その他詳しくは、協会当日の資料集を参照されたい。また比恵・那珂遺跡群の古墳時代初頭前後の様相の最新の詳細図については、久住猛雄二〇〇五「三世紀の筑紫の土器」（『邪馬台国時代の筑紫と大和』香芝市二上山博物館）の図8を参照されたい。

第三部

古墳時代における「居館」

古墳時代の『居館』と大型建物

辰巳和弘

1. 居館の二分構造

これまで、弥生時代集落のなかで方形区画と大型建物が、地域や時代のなかでどのように変化してきたのかというご発表があったわけです。そこで「居館」という用語がたびたび使われてきましたが、私はそれらが古墳時代の「豪族居館」（ここでは「居館」という言葉を用います）にいかに連続するのか。また繋がらないのかということについて、私見を申し上げたいと思います。

私は一九九〇年に『高殿の古代学-豪族の居館と王権祭儀』（白水社）を上梓しましたが、そのなかで三ツ寺I遺跡（群馬、図7-29）について、幅三〇〜四〇mの濠に囲まれた約八五m四方の居館空間が柵列によって二分され、両空間がまったく様相を異にする遺構の在り方であることに注目して、民俗学の用語を用いまして、一方を「ハレの空間」、他方を「ケの空間」と定義したわけです。「ハレの空間」の中央には、広場を前に大型掘立柱建物とその正面からみて左後ろに覆屋をもった井戸が、他方の右側には一本の溝で繋がったふたつの石敷祭儀場があって、ここが首長のマツリゴト（祭事・政事）空間と認識される状況でした。

ところで、私はこれまで発表してきました古墳時代の首長居館に関する拙文では、可能な限り「祭祀」という用語を使わないようにしています。「祭祀」という言葉にはどうしてもカミ祀り（いわゆる祖霊祭祀も含まれると思います）的な側面が強調されまして、首長が具有する政治的な側面が希薄になるものですから、「祀り」と政治的「儀礼」という両面をいう用語として「祭儀」という言葉を使用しています。そういう祭儀空間として「ハレの空間」をとらえようとしました。

それから、もうひとつの「ケの空間」ですが、これを現代的な意味で「日常の空間」、「プライベートな空間」というふうに理解されてしまいがちですが、そうではありません。そこは首長の居住空間であるだけでなく、クラや各種工房、馬小屋など、首長としての日常の営みを支える空間と理解するわけです。

しかし、発掘後二〇年以上が経過したわけですが、三ツ寺Ⅰ遺跡のように居館内を明確に二分した遺跡はほとんど検出されないのです。しいて類例をあげれば原之城（群馬、図7-30）、それ

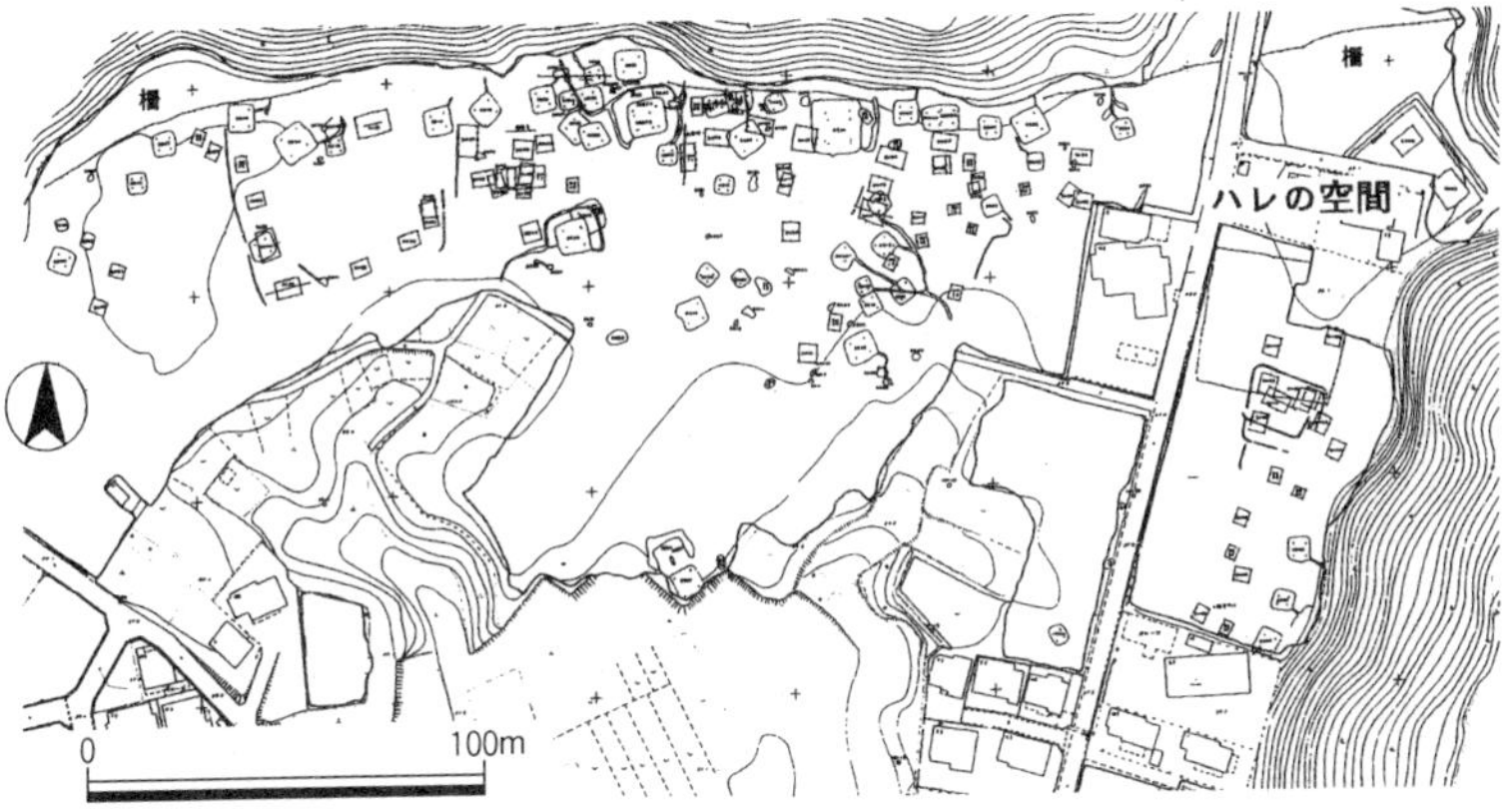

1. 大平(静岡)

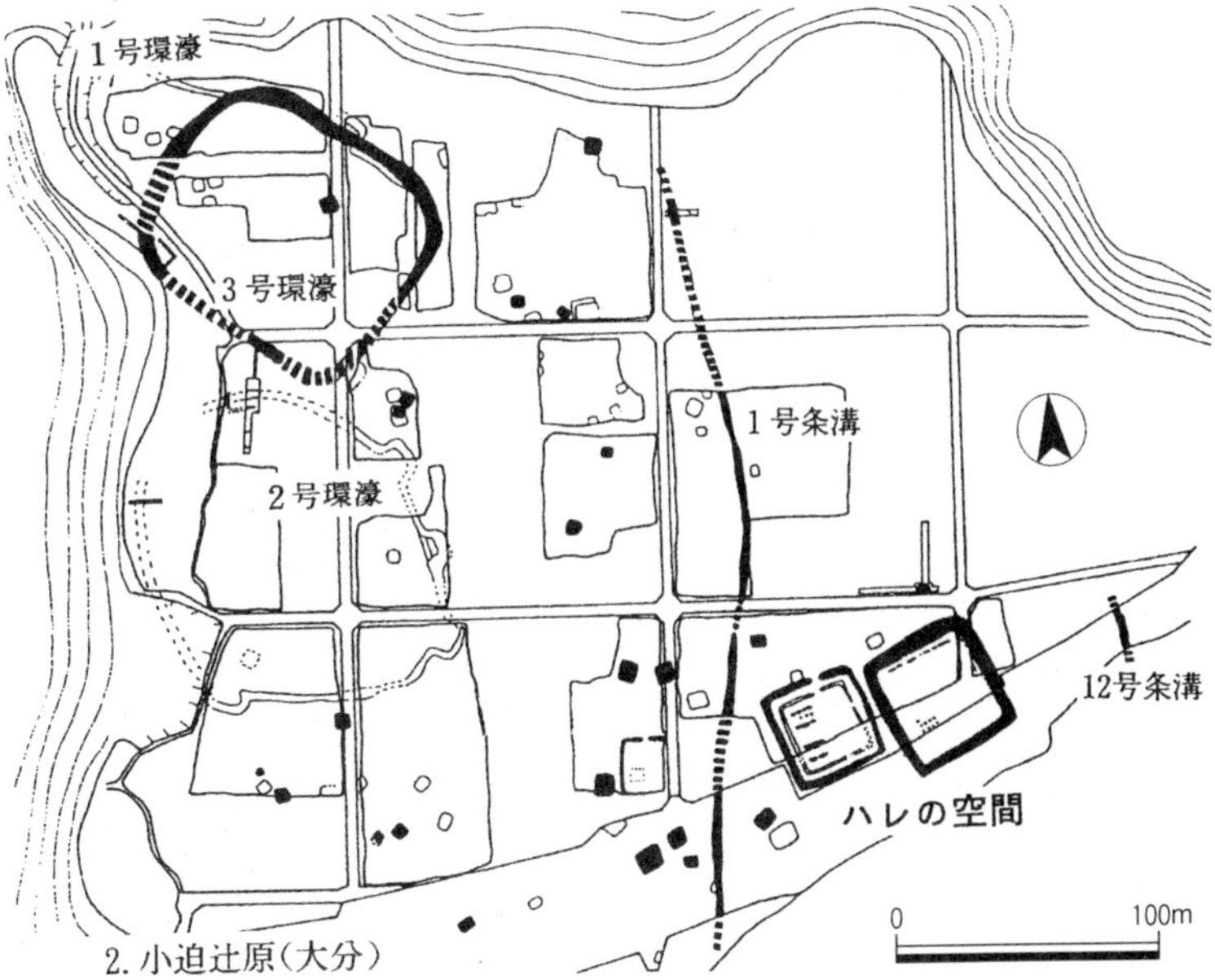

2. 小迫辻原(大分)

図1　A型居館（I）

から荒砥荒子（同、図7―28）、杉村遺跡（栃木、図7―27）などで、大きな濠を矩形に巡らせたなかを、さらに柵や溝で二分する遺構が検出されていますが、それらは三ツ寺Ⅰ遺跡の整然さにはるかに及ぶものではありません。またこれら二分構造をもつ居館遺跡がいずれも北関東という地域的に偏った分布を示す点に注意しておくべきでしょう。最近、三ツ寺Ⅰ遺跡のすぐ東で確認されました北谷遺跡（群馬）が大規模な濠を巡らせていた方形の居館であることが明らかになってきています。様相は三ツ寺Ⅰ遺跡に似ているようです。今後の調査に期待されます。しかし地域的な偏向にかわりはありません。だから、三ツ寺Ⅰ遺跡を古墳時代居館の典型と理解してよいのかどうか、考え直してみようということです。

2. 大平遺跡の再検討

古墳時代居館を考えるよい素材となるのが、さきほど浜松市の鈴木敏則さんが紹介された大平遺跡（静岡）だろうと思います。鈴木さんの資料を利用して話をすすめたいと思います。九二頁図8をご覧ください。左に大平遺跡の全体図がありますが、図中の上のほうに「1号居館」と書かれています。私は「居館」という用語をここに入れるのは賛成ではありませんが、それは後に述べることにして、その部分に鈴木さんも指摘されていますように四つ、ないし五つの方形区画が時期的に連続して営まれます。

いっぽう、それら方形区画の西に延びる丘陵上には、③～⑦と番号が付けられた柵や細い溝で

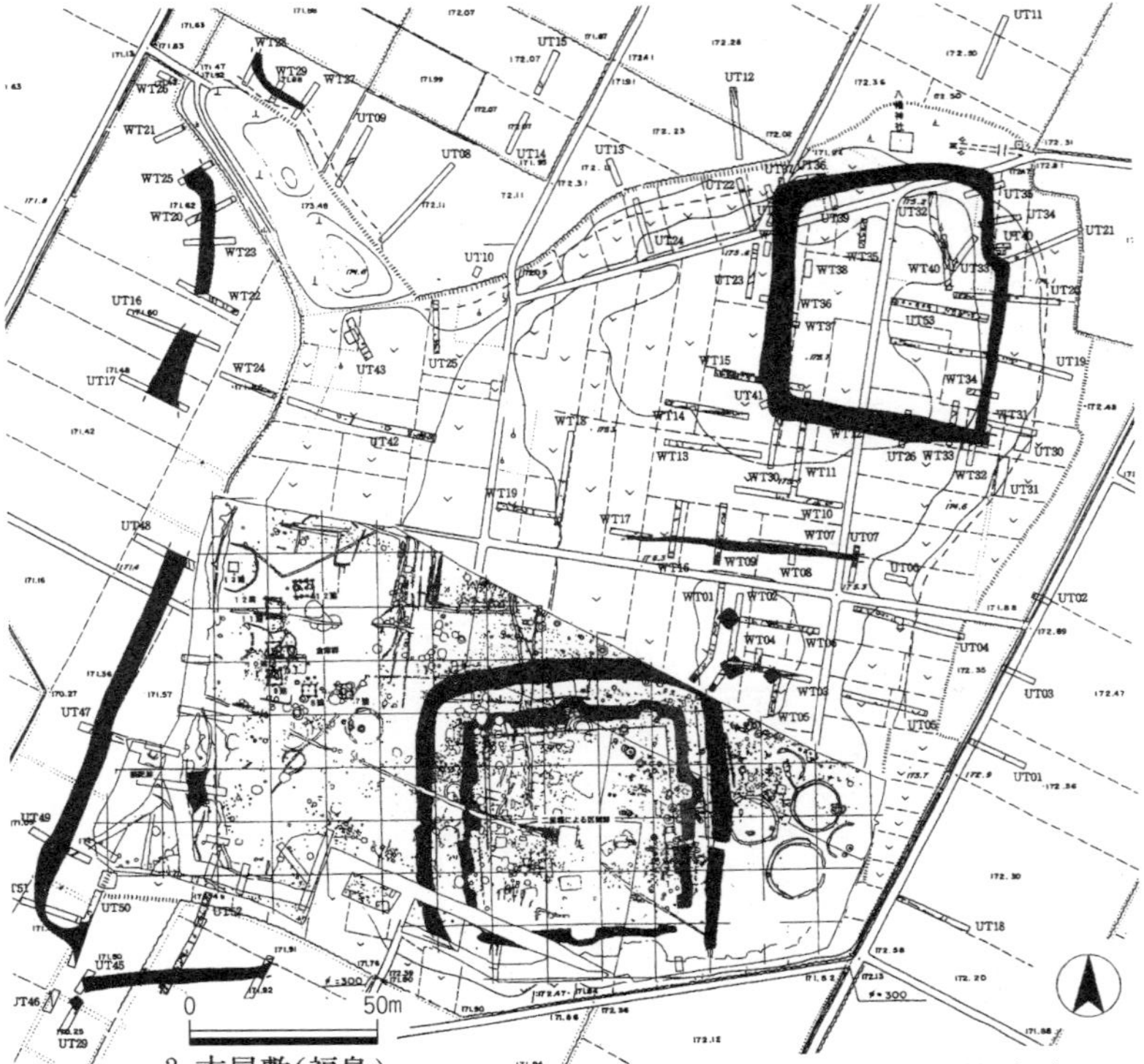

3. 古屋敷(福島)

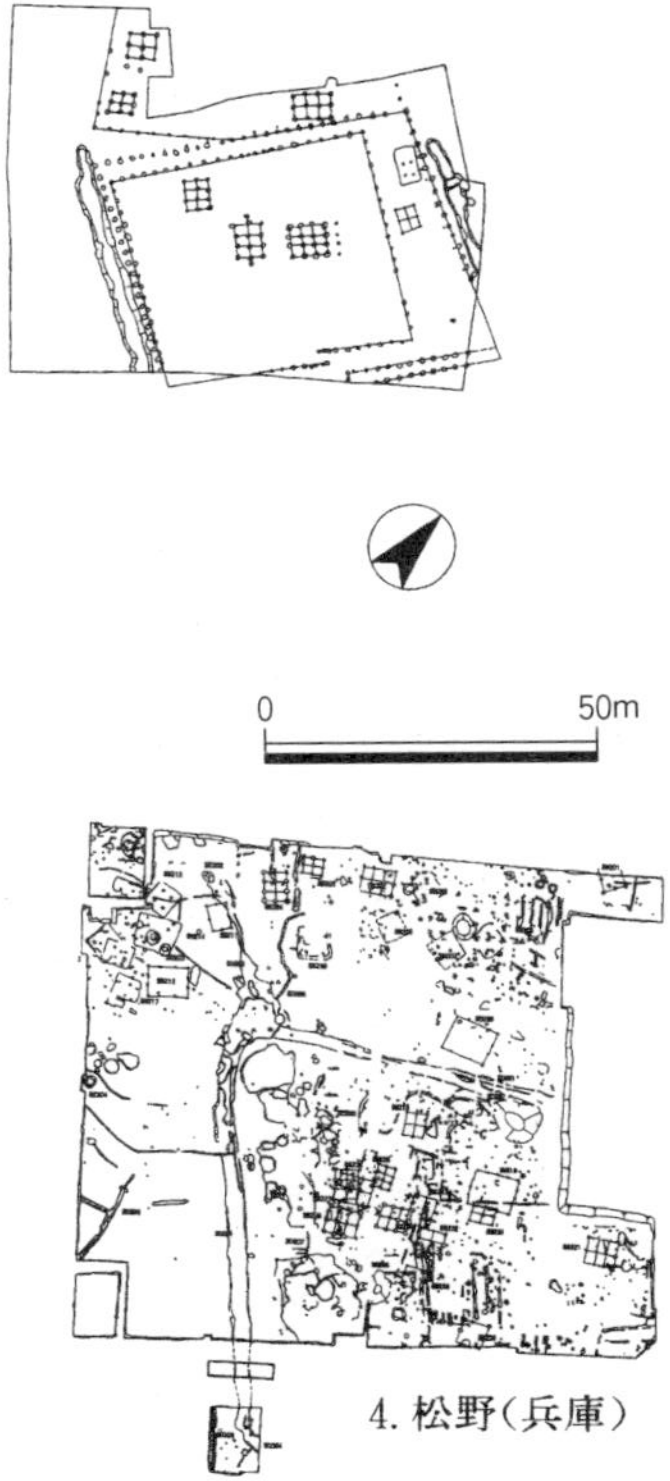

4. 松野(兵庫)

図2　A型居館（Ⅱ）

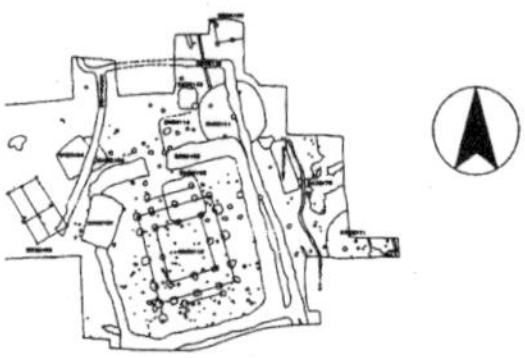

5. 中海道（京都）

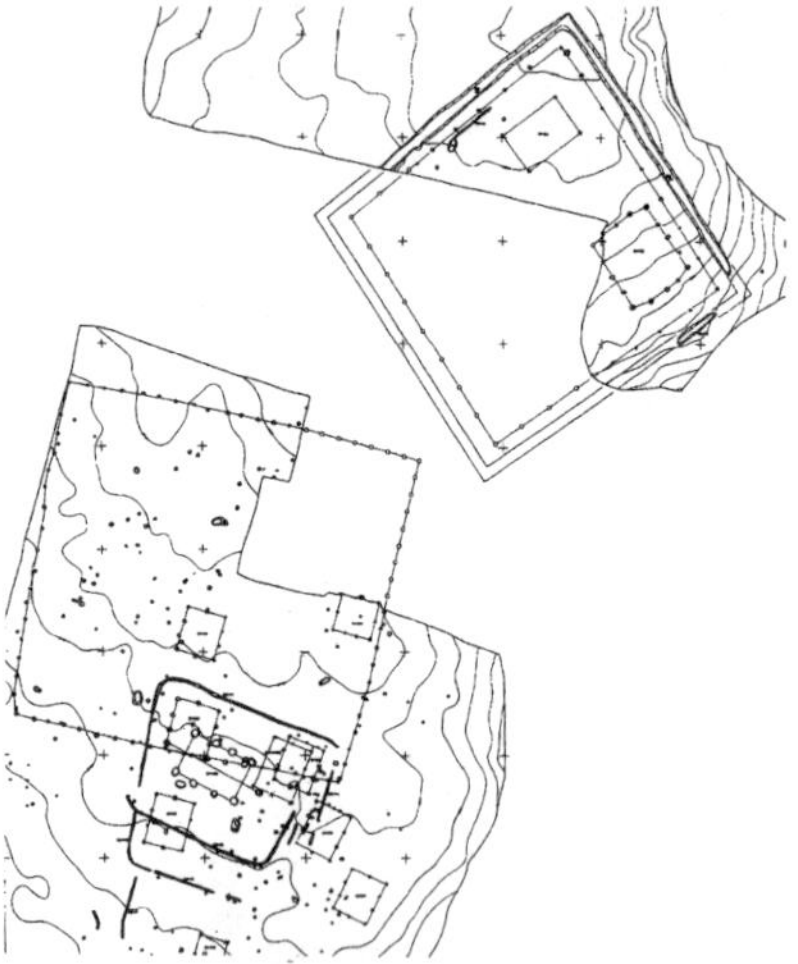

8. 大平（静岡）

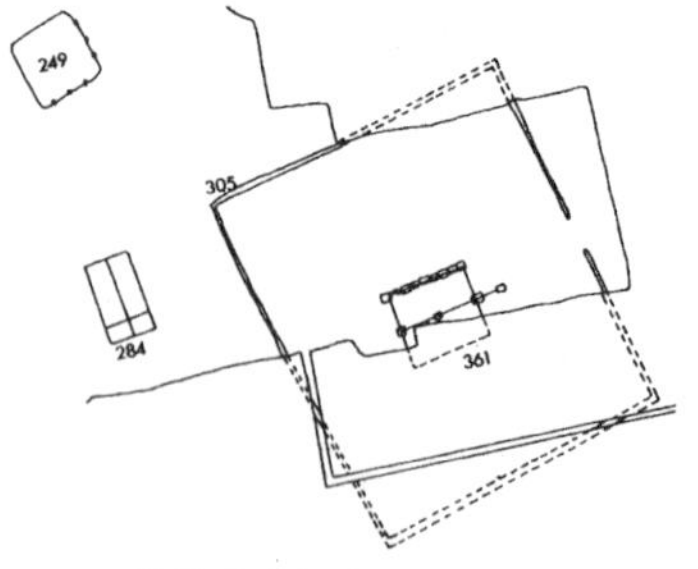

6. 高茶屋大垣内（三重）I 期

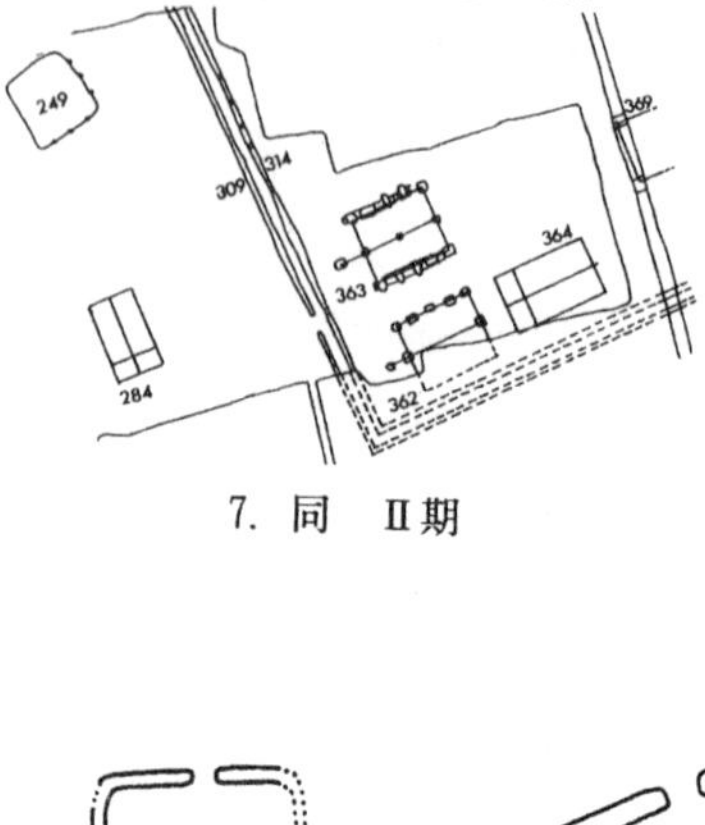

7. 同　II 期

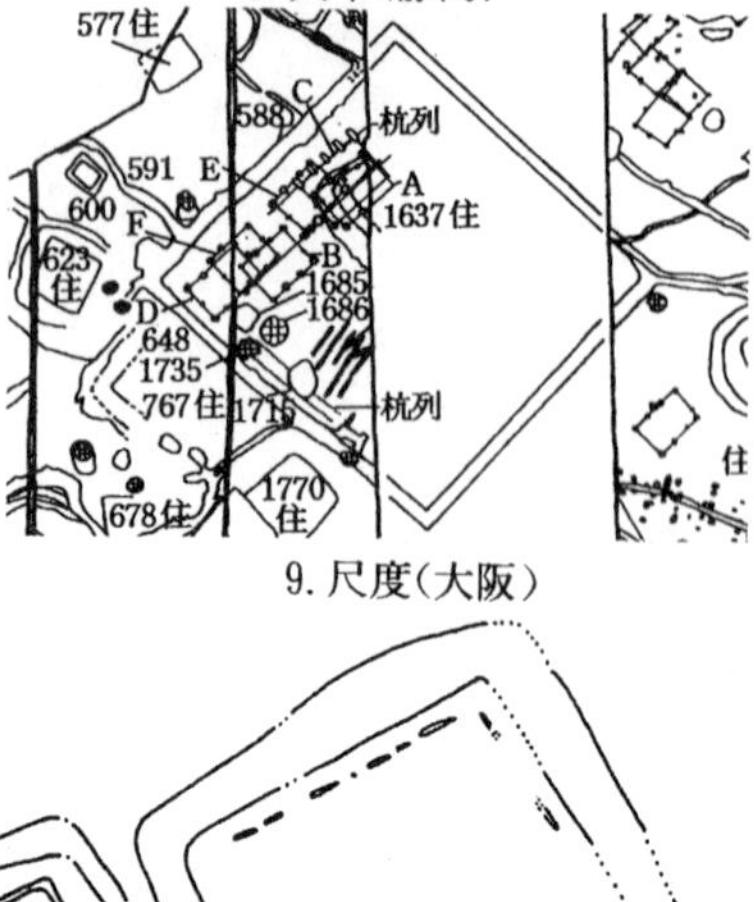

9. 尺度（大阪）

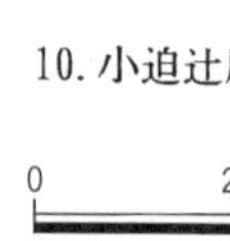

10. 小迫辻原（大分）

図３　Ａ型居館の祭儀空間

画されて隣り合う五つの区画があり、なかには④のなかに建つSB14や、⑤のなかのSB39のように非常に巨大な竪穴建物がある。一方で、⑥の区画には掘立柱建物が集中する。こうした状況は区画のそれぞれが、首長の居住、倉庫、工房、従者の居住など、区画ごとの機能に違いがあることを推定させます。

このように理解しますと大平遺跡全体を、ある社会的レベルの首長居館とみなすことができるのではないでしょうか。そう解釈してはじめて、①や②のように、まったく生活臭のない空間の説明がつくのです。従いまして、私は東寄りに継続して営まれる方形区画群のある区域を「ハレの空間」に、そして③~⑦を「ケの空間」に相当するものと理解したいのです。

したがって、我々が大きな遺跡のごく一部を発掘して、そこにちょっとした方形区画(大平遺跡の①や②のような)を検出しただけで、それを「居館」と言ってしまうことは考えものではないでしょうか。過去の発掘例を見直すと大平遺跡の「ハレの空間」に該当する部分を掘っている場合もあるでしょうし、また「ケの空間」の一部を掘っていることもあるだろうと考えているのです。そのように見てくると三ツ寺I遺跡との差異がより明確になってくるだろうと考えて、私は「居館」をA~C型の三つに類別・再整理してみたわけです。

ただし、大平遺跡全体が古墳時代のごく初期の居館だからと言って、その経営主体が前期古墳を築くことができたかというと、周辺には全く該当する首長墓が存在しません。おそらく大平遺跡よりさらにランクが高い、より広大な地域を支配する首長が経営するもっと広大な居館があることを考えておくべきでしょう。

3. A型居館

話を戻しましょう。大平遺跡にみるように、方形区画をもつ祭儀空間（「ハレの空間」）を核に、そのまわりに首長層の居住空間・工房・倉庫・さらに従者の住まいなど、ふだんの首長としての営みを維持するための諸施設を配置した事例をA型とします。すると小迫辻原遺跡（大分、図1-2）もその類例とすることができます。図中に黒塗りした遺構が古墳時代前期の居館に関連するもので、大平遺跡とほぼ同時期にあたります。図の「ハレの空間」と文字を入れましたところにある右側の方形区画が1号、左側が2号、それから溝の左側に小さな区画が3号です。1・2号の方形区画は濠の内側に柵を巡らせます。1号が先行する区画です。その西側には1号条溝と呼称される南北方向の大溝が掘削され、しかも一方に土塁を伴っているらしいのです。明らかに遺跡のある台地上の平坦面を二分する意図が見てとれます。

1号条溝の西側には、同じ時期の3号環濠といわれる隅丸長方形をとる環濠が出現しますが、その底にはたくさんの土器が捨てられていました。他方さきほどの1～3号の方形区画の濠内からは土器の出土がまったく見られず、対照的な差異を呈していて、そこに利用の相違があると理解されます。なおかつ1号条溝と3号環濠の間には、同時期の竪穴建物が散在していて、環濠が防御の意味ではなく、あくまでも区画を目的とすることが理解されます。おそらく1号条溝の西

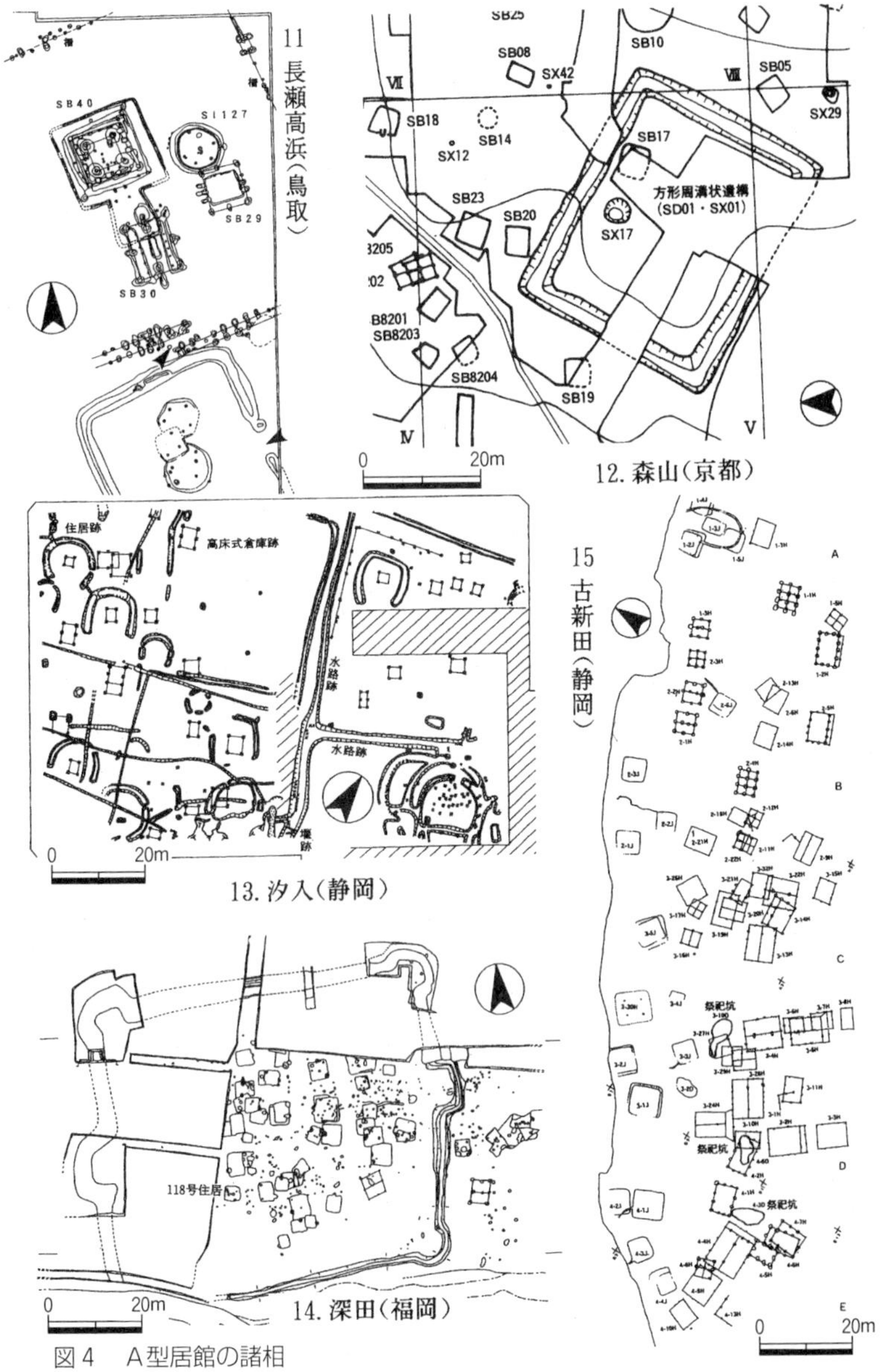
11 長瀬高浜（鳥取）
SB40
SI127
SB29
SB30
SB25
SB08
SX42
SB10
SB05
SX29
SB18
SB14
SX12
SB17
方形周溝状遺構
（SD01・SX01）
SB23
SB20
SX17
SB19
SB8204
SB8201
SB8203
0 20m
12. 森山（京都）
住居跡
高床式倉庫跡
水路跡
環濠跡
0 20m
13. 汐入（静岡）
15 古新田（静岡）
祭祀坑
0 20m
118号住居
0 20m
14. 深田（福岡）

図４　A型居館の諸相

側一帯は、大平遺跡の「ケの空間」に該当する地域であって、なかでも3号環濠内を首長の居住域とみなすことができるかと思います。1号条溝を境に、「ハレの空間」と「ケの空間」が併存すると理解したいのです。

先ほど申しましたように、広大な居館の一部を掘っているのではないかと推定される例に汐入遺跡（静岡、図4-13）があります。汐入遺跡は、方形区画が連なるように幾つも検出されます。最近の調査でもさらに西に拡がっていることがわかってきています。竪穴建物ばかりで構成される区画、また掘立柱建物から成る区画など各区画に個性がみられ、その様相は大平遺跡の「ケの空間」に似ているようです。

次に中期後半～後期前半に営まれる古新田遺跡（静岡、図4-15）では、濠や柵などの区画施設は確認されませんが、検出される建物や土坑などの遺構が一定のまとまりをもって分布し、祭儀、貯蔵、居住などそれぞれが使い分けられることが想定できます。

かような分析を経ると、高茶屋大垣内（三重、図3-6）、尺度（大阪、図3-9）、長瀬高浜（鳥取、図4-11）、森山（京都、図4-12）など、竪穴建物群やクラとおぼしき掘立柱建物が一帯に散在するなかに方形区画があって、その内側に一～二棟の掘立柱建物がある事例もまた、大平遺跡と同じように理解が可能かと考えます。なかには長瀬高浜遺跡のように、大規模な集落遺跡のなかで有力首長の居館と一般構成員の住居が隣接しあい、かつそれぞれが時代によって多少の移動を繰り返した結果、遺構の重複が激しく、方形区画遺構を巡らせた「ハレの空間」は特定されるものの、「ケの空間」がやや不明瞭な事例もある。

松野遺跡（兵庫、図2-4）も、従来は居館とされてきた方形区画（図2-4の上）の南東約一五〇ｍばかり南東にもやや不整形ですが方形区画があって（図2-4の下）、総柱倉庫群や工房の存在が指摘できます。これもA型居館として考える遺跡でしょう。

4．B型居館

次にA型居館よりもっと広い視野で理解しなければならない居館があります。「居館」という用語を用いるべきか迷うほどの規模が想定されます。葛城山東麓に展開する古墳時代中・後期の南郷遺跡群（奈良、図5-16）がそれです。この地域は近年の継続的な調査でその具体像が明らかになってきたものです。まず水の祭儀場となる建物を方形区画のなかに営んだ南郷大東遺跡、また一四二㎡という古墳時代最大級の床面積をもち四周に縁を巡らせた、祭儀用建物を柵で方形に囲む南郷安田遺跡（図5-17）。倉庫とみられる大型の総柱建物が並ぶ井戸大田台遺跡（図5-18）。ほかに武器・武具をはじめ、金属やガラス製品の生産工房とみられる南郷角田遺跡。大壁建物や石垣基壇を伴う掘立柱建物をふくむ集落遺跡の南郷柳原・井戸井柄遺跡。ほかに従者の居住集落とみられる下茶屋カマ田・井戸キトラ等の諸遺跡等々。葛城山麓に展開するさまざまな遺跡な特徴をもった遺跡は有機的に関連しあってひとつの大集団、おそらく葛城氏を構成していたとみなされる遺跡のありようです。A型居館をもっと大規模に展開させたものと理解すればよい

16. 南郷遺跡群
（奈良）

A 南郷角田遺跡
L 南郷大東遺跡
P 南郷安田遺跡
U 井戸大田台遺跡

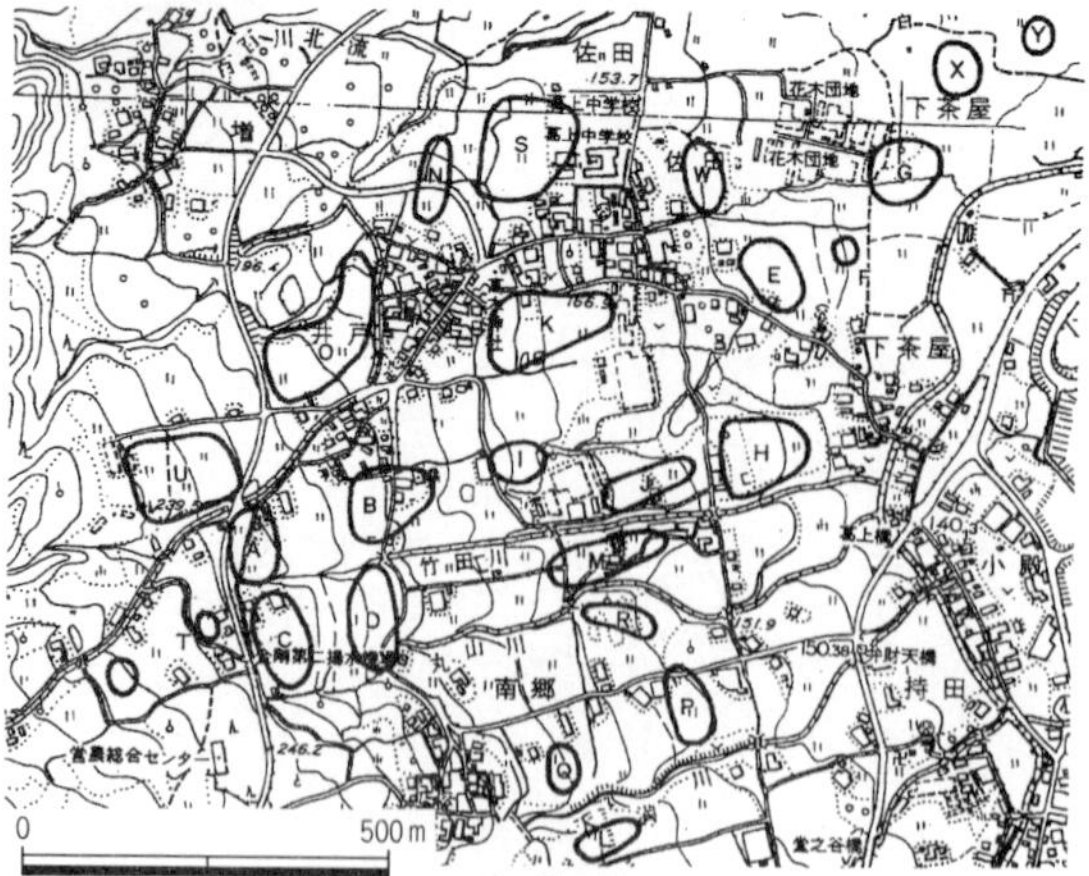

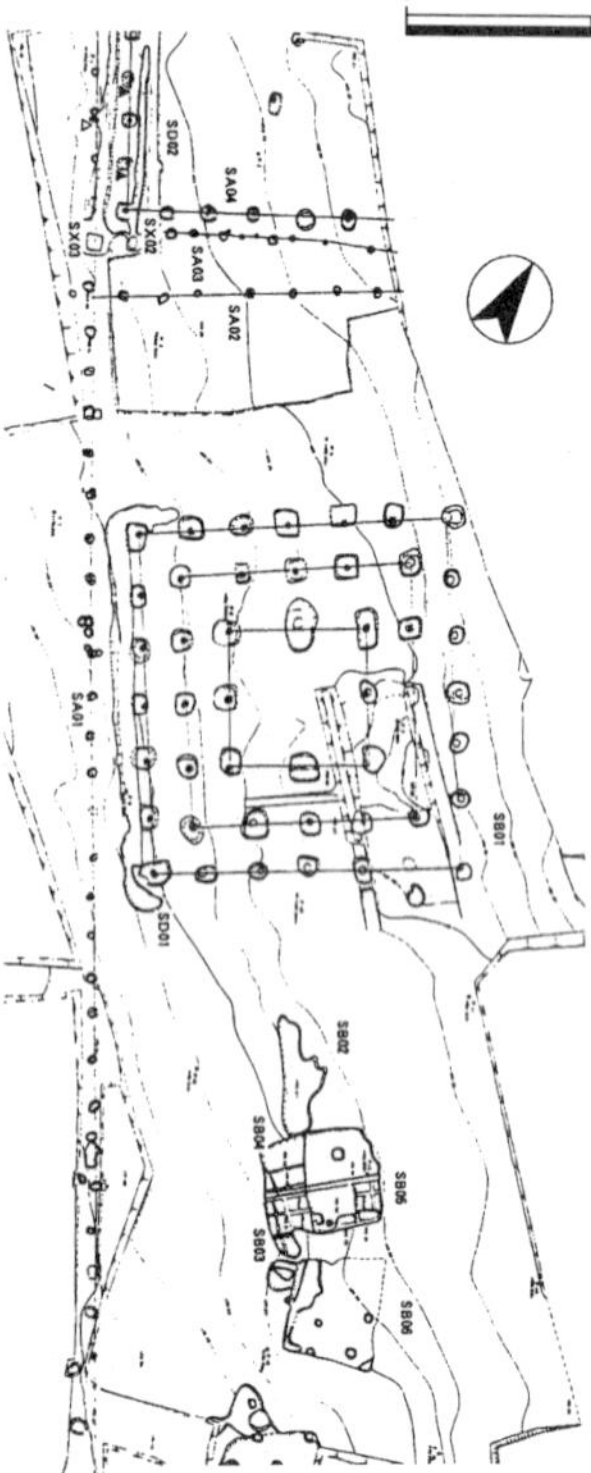

17. 南郷安田（奈良）

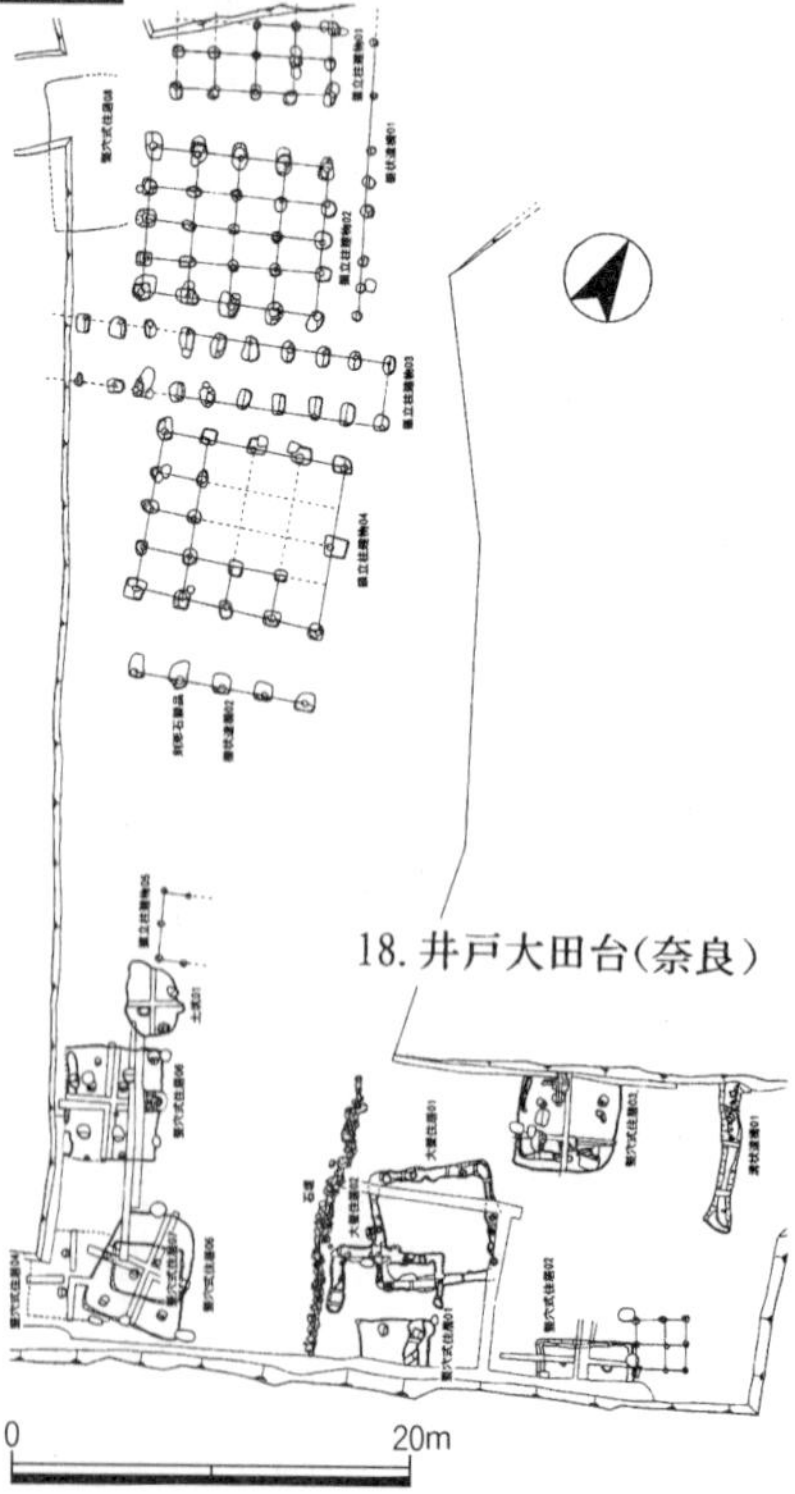

18. 井戸大田台（奈良）

図5　B型居館（I）

大溝形成期（第Ⅴ層）
大溝第Ⅳ層併行期
（大溝に貼石・立石が施される）
大溝第Ⅲ層併行期
古墳時代後期
飛鳥時代
奈良時代
平安時代～中世
不明
大溝Ⅴ層　古墳時代前期後半以降
Ⅳ層　古墳時代前期後半（4C後）
Ⅲ層　古墳時代中期（5C）
Ⅱ層　古墳時代後期～奈良時代
Ⅰ層
水の祭儀場
0　20m
A地区
A地区
B地区
0　200m
19. 城之越（三重）
城之越A地区とB地区
唐桶田遺跡
中溝Ⅱ遺跡
一本杉Ⅱ遺跡
水の祭儀場
中溝・深町遺跡
0　50m
20. 新田東部遺跡群（群馬）

図6　B型居館（Ⅱ）

と思います。

かような理解に立ちますと、城之越遺跡（三重、図6‐19）は、これまで水の祭儀場であるという評価だけで現在に至っていますが、湧水を対象とした祭儀場から一〇〇m近く離れた地点（A地区）に二棟の四面庇付大型掘立柱建物があり、さらにA地区の背後をなす丘陵の裏側にも同じ建築様式をもつ二棟の建物が並ぶ（B地区）わけで、それぞれの地区には柵や濠などの区画施設はないものの、開放的空間に営まれるA地区に対して、山裏の閉鎖的空間にあるB地区には用途の違いが想定されます。それが南郷遺跡群のさまざまな性格を持った遺跡に対応するものと理解できるなら、城之越遺跡も居館遺跡として再評価されるべきと考えます。

さらに新田東部遺跡群（群馬、図6‐20）もまた同様の理解が可能な事例です。以前の日本考古学協会大会で「水の祭儀」というシンポジウムを開催したおりにも話題になったのが、この遺跡群を構成する中溝・深町遺跡です。ここでは東西に長い長方形の溝を巡らせた区画内に、二棟の掘立柱建物が建つ空間があって、さらにそこから約三〇mばかり離れた地点に湧水点に石を貼って清浄な水が湧く場に棟筋をそろえた四面庇付掘立柱建物が建つ「水の祭儀場」が設けられます。さらにそこから一〇〇mばかり離れた地点には周溝を持つ大型建物があって首長の居住に係わる遺構とみられます。そこは唐桶田遺跡と呼称される地点です。この中溝・深町遺跡が「ハレの空間」と認識され、その北に「ケの空間」が展開するようです。これらの遺跡群の西には南流する一本の小河川があって（蛇行しながらも直線的に流れていることから、人工河川かもしれま

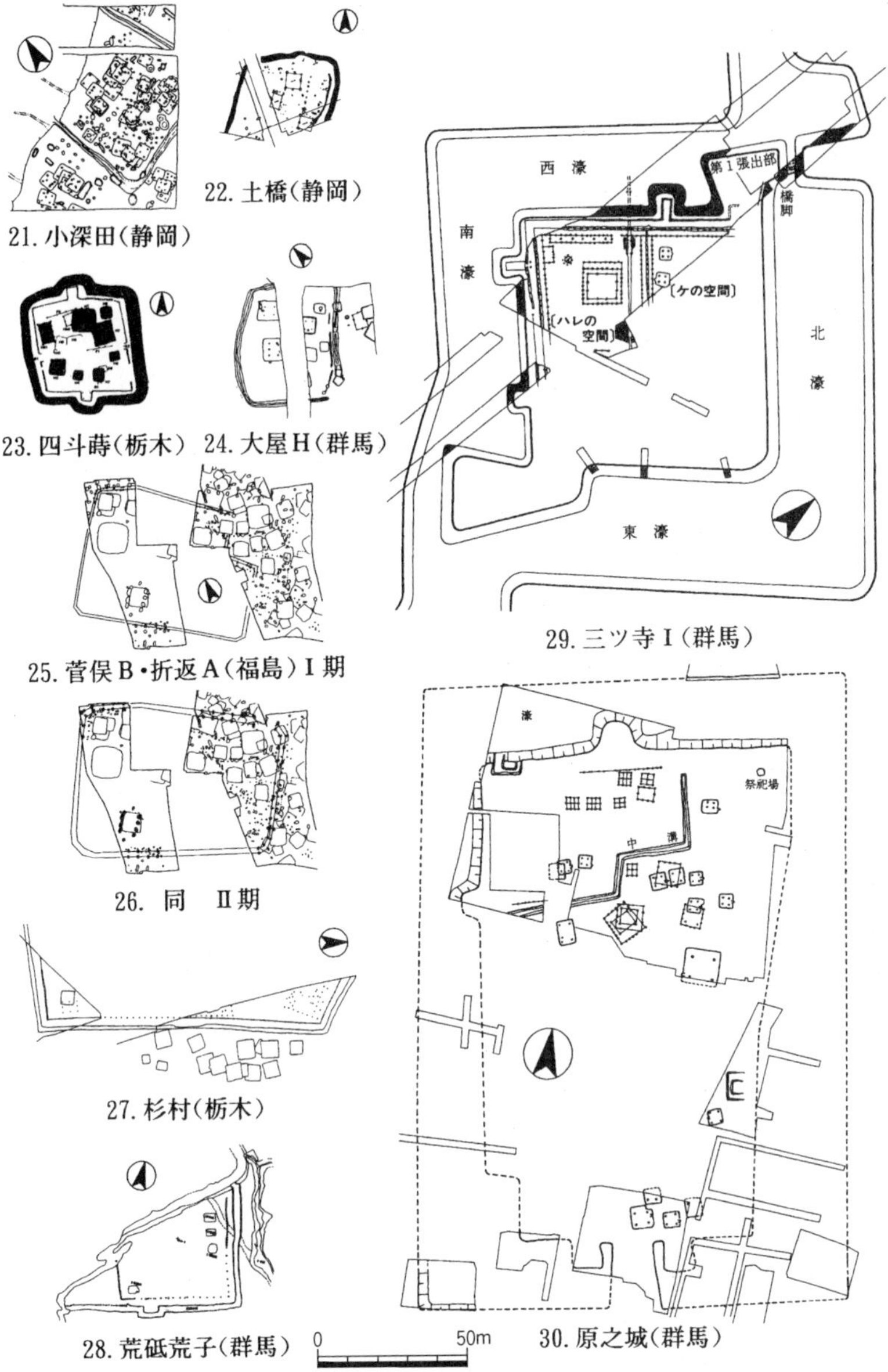
21. 小深田（静岡）
22. 土橋（静岡）
23. 四斗蒔（栃木）
24. 大屋H（群馬）
25. 菅俣B・折返A（福島）I期
26. 同　II期
27. 杉村（栃木）
28. 荒砥荒子（群馬）
西濠
第1張出部
橋脚
南濠
〔ケの空間〕
〔ハレの空間〕
北濠
東濠
29. 三ツ寺I（群馬）
濠
祭祀場
中濠
0
50m
30. 原之城（群馬）

図7　C型居館の成立

せん)、その西には竪穴建物と掘立柱建物が組合わさる一本杉Ⅱ遺跡が展開します。掘立柱建物が同時期の他の集落にくらべて多い点から、首長層とそれを支えた人々の居住域とみてよいと考えます。すなわち「ケの空間」がここにも拡がっていると理解すべきでしょう。居館空間は三ツ寺Ⅰ遺跡よりもはるかに広大な地域を包括することがわかります。けっして三ツ寺Ⅰ遺跡は大規模な居館ではないのです。

5. C型居館

このように検討をくわえてくると、冒頭に述べましたように三ツ寺Ⅰ遺跡の特異性が際立ってくるわけです。非常に大規模な濠を設け、しかも内部に「ハレの空間」と「ケの空間」をコンパクトに配置している。それが古墳時代中期後半以降の北関東地域に特有のものらしいことが鮮明になってくるわけです。当然、その背後に当該地域特有の歴史的背景があったことが想定されます。原之城遺跡もその範疇に含まれるでしょう。このタイプの居館をC型と分類しておきます。

私はこのC型居館の前段階が、前期前半の菅俣B・折返A遺跡(福島)にうかがえるとみています。図7-25がⅠ期、図7-26がⅡ期です。二重の柵で囲まれた空間の一方に寄って大きな竪穴建物があります。それが図8-44に示した菅俣B3号という壁立式建物です。その南にⅠ期の段階には小さめの竪穴建物が、そしてⅡ期の段階には棟持柱をもつ掘立柱建物が建ちます。このふたつの建物が建つ空間は図をご覧のとおり、非常に遺構が少ない地域です。それに比べてその東側の調査区をご覧いただくと、幾つもの竪穴建物が重複しています。あきらかにここでは地域を使い分けていたことがうかがえます。実際、この二重の柵を巡らせた空間内をさらに柵などで仕切ったかどうかは発掘が及んでいないのでわかりませんが、仮に発掘で仕切り遺構がみつからなくとも、空間を二分して利用していたことは確かだと思われます。三ツ寺Ｉ遺跡や原之城遺跡で見た、空間を二分するという観念が既に菅俣Ｂ・折返Ａ遺跡の段階で認められることに注意しておきたいと考えます。

こうした視点から東日本における、溝や柵で区画された遺跡をみてゆくと、四斗蒔（栃木、図7-23）、大屋Ｈ（群馬、図7-24）、土橋（静岡、図7-22）、さらに小深田（静岡、図7-21）といった関東・東海地方の遺跡は（時間的な問題ではなく）《遺構の発展形態の》段階として、やはり三ツ寺Ｉ遺跡に先行するあり方を指摘できる。これらは、さきほど鈴木さんのご発表で「小首長」という表現をお使いになったかと思いますが。そういうレベルのものと理解してはどうかと考えます。

6. 古墳時代の大型建物

さて、居館の中核となる古墳時代の大型建物についてみてゆくことにします。弥生時代の大型建物との最大の相違は、図8-32~38のように上屋が二間×二間、その周囲に四面庇を巡らせた建物だという点です。城之越遺跡Ａ-1では一六五㎡、同遺跡Ｂ-ＳＢ2では一七〇㎡もの床面積の建物が出現している。南郷安田遺跡の例でも一四二㎡で、もし縁と考えられる外側の柱列を床面積には算入すると二七二㎡という巨大なものとなります。

また後期後半には、このタイプとは別の梁間三間、桁行四～五間で束柱をもつ床張り大型建物が畿内に現れます。上之宮遺跡（図8-39・40）などがそれに該当し、飛鳥時代の宮殿建築との関連を考えるうえで参考となる建築でしょう。床張りではありませんが屋内棟持柱をもつ四六〇㎡もの床面積を測る阿部中山地区SB01（図8-41）がひときわ大きな例として知られます。

一方、東日本では、三ツ寺Ⅰ遺跡の「ハレの空間」の中心建物（図8-42）のようなタイプがあります。これは宮本長二郎さんがおっしゃっていますが、例えば菅俣B3号（図8-44）のような大型の竪穴建物において、壁溝内にピットが連なる壁立式建物がありますが、それが竪穴式かた平地建物となると三ツ寺Ⅰのような建物となると考えられます。原之城遺跡でも大型竪穴建物（図8-45）が居館内に営まれることも関連するとみています。東日本に集中するC型居館の中心に大型竪穴建物が散見されるのも、三ツ寺Ⅰ例の前段階と認識されます。

古墳時代の大型建物にみられるもうひとつの平面形式は、吉野ケ里遺跡北内郭の主屋などにみられる総柱建物の系譜をひくもので、梁間三～五間、桁行四～五間で、棟木・母屋桁・側桁を直接に通し柱で支えることで、いっそう大きな屋根を受けることが可能となり、床を束柱で支持して、梁間の大きい巨大な総柱建物が出現します。

このタイプの建物は、近年の発掘になる万行遺跡（石川、図9-46・47）をはじめ、法円坂遺

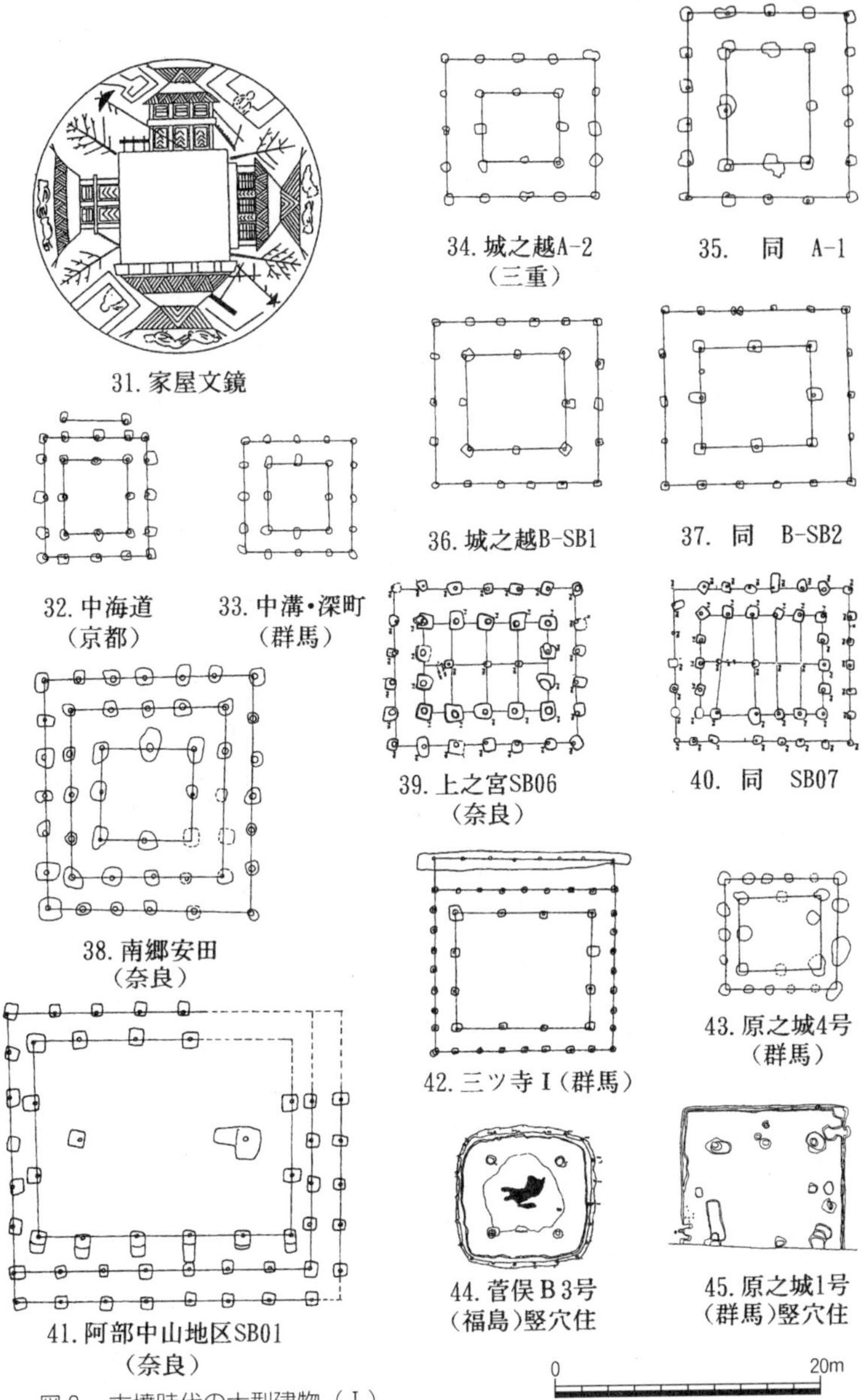
31.家屋文鏡
32.中海道
（京都）
33.中溝・深町
（群馬）
34.城之越A-2
（三重）
35.　同　A-1
36.城之越B-SB1
37.　同　B-SB2
38.南郷安田
（奈良）
39.上之宮SB06
（奈良）
40.　同　SB07
41.阿部中山地区SB01
（奈良）
42.三ツ寺Ｉ（群馬）
43.原之城4号
（群馬）
44.菅俣Ｂ3号
（福島）竪穴住
45.原之城1号
（群馬）竪穴住
0
20m

図８　古墳時代の大型建物（Ｉ）

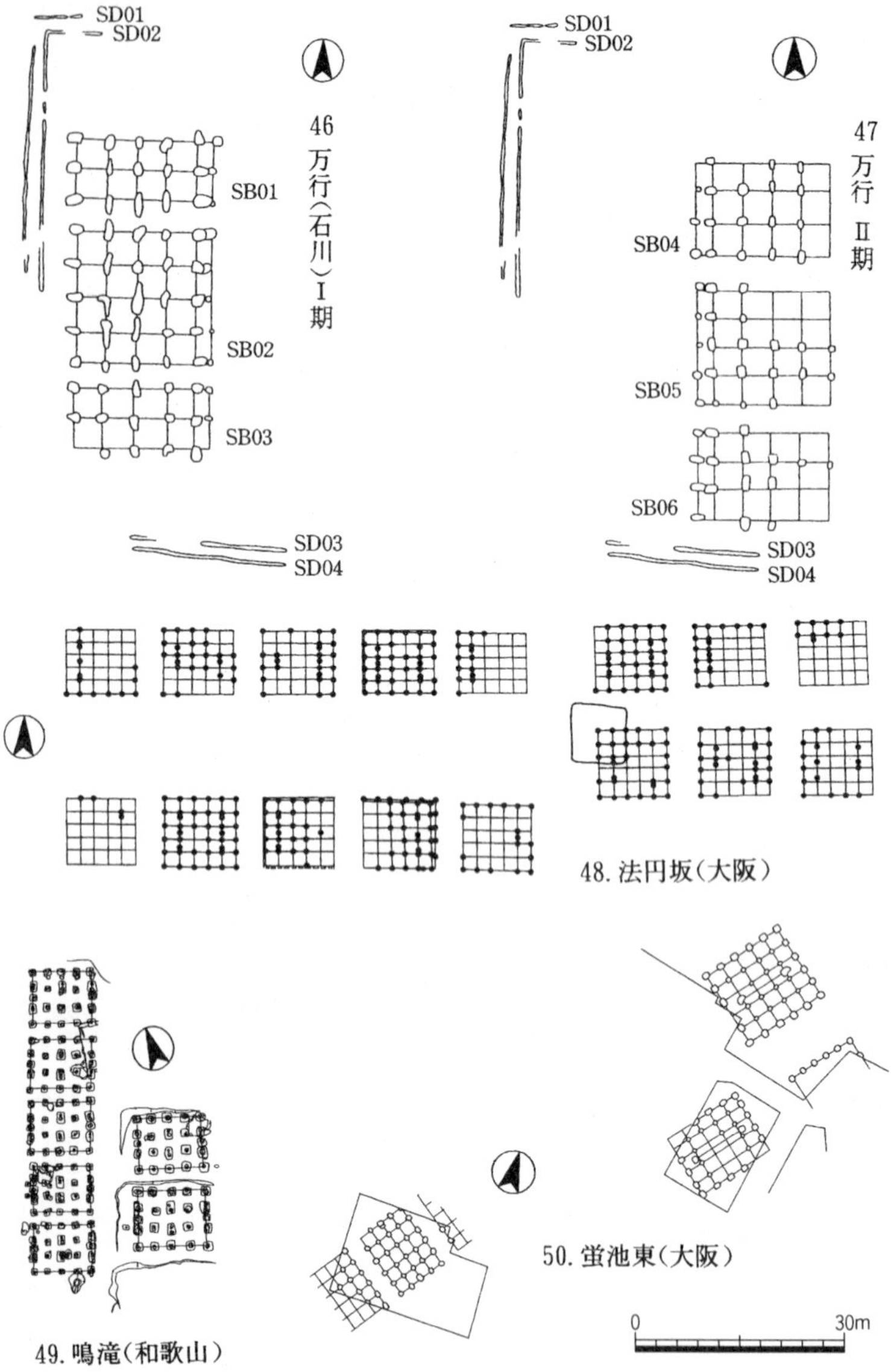
SD01
SD02
46 万行（石川）I期
SB01
SB02
SB03
SD03
SD04
SD01
SD02
47 万行 II期
SB04
SB05
SB06
SD03
SD04
48. 法円坂（大阪）
49. 鳴滝（和歌山）
50. 蛍池東（大阪）
0
30m

図9　総柱型高床建物群

跡（大阪、図9-48）、蛍池東遺跡（大阪、図9-50）、鳴滝遺跡（和歌山、図9-49）などのように、古墳時代には一定の計画性をもって並び建てられることから、クラとしての機能をもった建物になるようです。蛍池東例を除いた遺跡は、いずれも周辺に該期の首長墓が存在せず、また眼下に港津施設の存在が想定される点などからみてヤマト王権を経営主体とする施設とみなすことができようかと思います。

なお池上曽根遺跡をはじめ、近畿・東海における弥生集落の中心建物の建築様式に採用された梁間一～二間の独立棟持柱をもつ高床建物が、古墳時代にも「ハレの空間」の中心建物として存在し続けることは菅俣B3号や松野遺跡の例から明らかで、七世紀の西本6号遺跡（広島）でも指摘できることです。それは伊勢神宮正殿にみられる神明造りに繋がることも考慮されるべき点だろうと思います。

古墳時代の首長居館とそこに建てられた大型建物についての整理してみました。どうもありがとうございました。

（補）シンポジウム終了後の二〇〇五年二月には、南郷遺跡群に含まれる丘陵上から、濠と柵を巡らせた、五世紀前葉に属する大規模な「ハレの空間」が発掘された（極楽寺ヒビキ遺跡）。そこには大型四面庇掘立柱建物の前面に広大な祭儀用の広場が展開する。本文中の論点を裏付ける調査例と考える。

〈主要参考文献〉

浅川滋男（編）『先史日本の住居とその周辺』同成社、一九九八年
三宮昌弘「方形区画と首長居館の歴史的変遷」『尺度遺跡』Ⅰ、大阪文化財センター、一九九九年
都出比呂志「古墳時代の政治拠点」『論苑考古学』天山舎、一九九三年
坂　靖「古墳時代の階層別にみた居宅」『古代学研究』一四一、一九九八年
宮本長二郎『日本原始古代の住居建築』中央公論美術出版、一九九六年
若狭　徹『古墳時代の地域社会復元―三ツ寺Ⅰ遺跡』新泉社、二〇〇四年
辰巳和弘『高殿の古代学―豪族の居館と王権祭儀』白水社、一九九〇年
辰巳和弘「古墳時代首長祭儀の空間について」『古代学研究』一四一号、一九九八年
辰巳和弘「中央氏族の本拠とその構造」『畿内の巨大古墳とその時代』雄山閣、二〇〇四年

討論

弥生の大型建物とその展開

■司会

国立歴史民俗博物館教授／広瀬和雄

滋賀県安土城郭調査研究所主査／伊庭功

■発表者

財団法人栗東市文化体育振興事業団／近藤広

鳥取県教育委員会／濵田竜彦

佐賀県教育委員会／七田忠昭

浜松市博物館／鈴木敏則

徳島文理大学文学部／大久保徹也

芦屋市教育委員会／森岡秀人

福岡市教育委員会／久住猛雄

同志社大学／辰巳和弘

伊庭　今回のシンポジウムは大型建物と方形区画をテーマとして、それをいかに性格づけられるかということの再検討、特に集落内部での構造、つまり周辺にある遺構とともに検討するということ。それから、方形区画・大型建物を持つ集落をあわせた周辺の集落群の動態、あるいはその集落そのものの消長、そういうものを含め合わせて大型建物・方形区画の評価をしていきたいというのが狙いであります。

今までの皆さんの発表をうかがいまして、集落の中心部分を占める大型建物あるいは方形区画は、おおむね中期後半あるいは中期後葉という時期に出現・増加するということでよろしいかと思います。

その後、森岡さんがおっしゃったように、後期になって変質し、大体古墳時代に入るあたりでかなり方形区画などの形が整ってくる、その存在が明確になってくる、というまとめでよろしいかと思います。

とは言え、地域によってかなり差もあるようです。ご発表の中で久住さんと辰巳さんがともに挙げられた小迫辻原遺跡ですが、この遺跡でもって首長居館、日常生活をしているところといいますか、そういう部分と祭儀的なところが分離しているということ。要するに、方形区画であっても機能差があるケースがある。つまり、大型建物や方形区画を一つの機能に限定して解釈してしまうということの危うさが明らかになったと思います。このあたりから議論を進めていきたいと思いますが、これらの建物、遺構の性格の分離がどのあたりの時期からはじまるのかということですね。九州の久住さんからお願いします。

久住　方形区画と大型建物と両方について一度に喋ると大変なことになりますけれども…。まずは「方形区画」といっても、実際には方形でないものも存在します。ですから集落の特定の区画としては「特定環溝区画」としました。まずは、その点を注意していただきたいと思います。あと、方形区画に関してさらに言いますと、確かに様々な集落の立地状況や遺物、特に特殊遺物の出土状況など、あるいは周辺に大型建物や掘立柱建物が集中する等の理由から、おそらく首長層の居住域と考えられる例（例えば吉野ヶ里の南内郭なんかのように、首長が政治を行った場であると解釈できる場所もありますが）がある一方で、どうもそうではない例、内部にほとんど遺構がないというような祭祀場みたいな例（例えば原古賀三本谷遺跡など）もありますし、あるいは倉庫だけを囲ったり、工房を囲った例もあります。実際的にはそういう環溝が検出された場合には、集落の中でのあり方、遺構、遺物を見ながら解釈を限定していくのがまずは基本であると思います。

それでも一応、武末純一さんがおっしゃったようにA類型・B類型・C類型という大きな流れがありまして（発表では、その一部は疑問であるという話もしたのですが）、その中でC類型は古墳時代の首長居館につながるものであるという考え方は基本的によろしいかと思います。ただしC類型というのは拠点的な地域である玄海灘沿岸の一部、「奴国」といわれる地域の中枢部分には初めから（つまり、「A類型」が他で出現するのとほぼ同じ頃から）あったのではないかという推測もできます。また九州の場合、例えば非常に整った方形環溝が少なくとも弥生時代後期からはすでに存在し、古墳時代に向かうにつれて増加していく状況があります。そういう意味では、他の地域とはちょっと事情が違うのでありまして、北部九州における弥生時代後期後半から古墳時代初頭に推定される首長居館と一般集落といった集落間関係は、他の地域における古墳時代の集落間関係に非常に近くなっていたのではないかと思います。そういったことから、北部九州で弥生時代から古墳時代への方形環溝の展開が非常にスムーズにつながる点は、他の地域とだいぶ違うのではないかと言えると思います。

伊庭　ありがとうございました。

古墳時代になって機能分化していくということは重要な部分ですけれども、これは主に古墳時代の事例を整理なさったにいたるさんの目から見られても、弥生時代の例は古墳時代へスムーズにつながっているように見えるでしょうか。

辰巳　古墳時代に至る流れとしては、壕をめぐらせた広大な、いわゆる首長の生活域の中にマツリの場もあれば、倉庫域もある。また、住居空間もあれば、従者の生活域もあると。やがてそれぞれの場を柵や溝で区画するようになるわけです。そういう点では、流れの中ではなっている。

むしろ、それのほうが連続的だなというふうには思います。

ただ、先ほど久住さんがおっしゃったことで（皆さん方も気になったと思うんですが）ちょっと首をかしげたのは、居館というものは一体、どういうものを指すのかという部分なんです。例えばさっきの小迫辻原遺跡の例で（一八一頁の図24）では小迫辻原三号居館というふうに出てきます。こういうふうものをもって居館と言われましたが、これは私の言う「ハレの空間」だけ、いわゆる祭りの（私の言う祭儀的な）空間のみであって、首長としてのほかのいろんな諸活動がこの居館の中に含まれないということになってしまう。私は、この小迫辻原遺跡全体が一つの居館だというふうに見なします。先ほど例に出しました浜松市の大平遺跡も、あれ全体でもって居館だというふうに見ていかければならない。だからヤマト王権の居館というものはもっと広大であって、我々はいまだ大王の居館の片鱗をちらっと垣間見ているにすぎないのではないかと考えます。実態として、全貌を見ることはほとんど不可能だと思います。

久住　すみません、辰巳先生はちょっと誤解をされているみたいなんですけれど、小迫辻原「三号居館」という名称は、市教育委員会が史跡指定の関係でつけている名称であって、私自身は、この区画は「居館」ではないと発表で申し上げました。辰巳先生と同じように、方形環溝群総体でもって「首長居館」とすべきだと言っていますが、その辺がちょっと誤解なさっているようですので…。

辰巳　わかりました。
　それで、一つだけ。「居宅」という言葉の使用についてですが、私はつい最近、笑われるような経験をしたのですが、建物の登記のことを行政書士に頼まないで自分でやってみて思ったんです。いわゆる現在の登記簿なんかでは、住宅を「居宅」と呼んでいるんですね。居宅二階建て、三階建てというふうに呼んでいます。いわゆる土地は宅地であり、建物は居宅というように、登記簿ではなっています。だから、「居宅」という言葉を考古学がつくってそこに放りこむと、社会通念上で混乱するような話になってきはしないかなというのを、自分の経験でつい最近感じました。

伊庭　ありがとうございました。三号居館を「居宅」と言ったのは私でした。では久住さんと辰巳さん、この小迫辻原遺跡、ほぼ古墳時代初頭あたりからこういう構造が明確化するということで大体よろしいですね。

久住　先ほどから言ってますように、北部九州では弥生時代後期後半にはこういう首長居館ないし首長層居宅としての方形環溝が実際にあるんですよ。佐賀平野の事例などを見ると、要するに整った小さな方形環溝区画があるかないかという違いはあるんですけれども、実際に複数の「ハレの空間」と言えるような、祭祀的性格が考えられる環溝と、首長の居住空間としての環溝とが機能分化していると考えられる。おそらく様々な方形環溝が同時にたくさんあるような須玖遺跡群などでは、さらに早い時期から首長居館の環溝およびそのほかの機能に分化した環溝が出てくるんじゃないかと思いますので、ちょっと古墳時代初頭からとは言えません……。

伊庭　はい、そこに議論をもって行きたいんですけれども、例えば吉野ヶ里遺跡、もう少しゆるやかな形ですけれども、集落の中での機能分化がすすんでゆく部分が見られる。そのあたり、弥生時代後期の時期にすすんでいたであろうそういう機能分化の部分は、北部九州の弥生時代の歴史的展開の中でどのように評価するかというあたりを、七田さんと久住さんに整理をしていただきたいんですが…。

七田　吉野ヶ里遺跡の例をもう一度説明しますと、集落全体にめぐらされた環壕の内部に北内郭と南内郭という特別区画があるんですけれども（五七頁図1）、これは二つの集団の居住区という考え方も一部にはあります。しかし、建物構造の違い、北内郭では掘立柱建物が大半を占める一方で、南内郭では竪穴建物がほとんどを占めるということですが、そういう建物の形態の違いがまずあります。そして、出土遺物の違い、北内郭の内外では祭祀的な遺物が中期後半あたりから出ておりまして、最後には広型銅戈をこの内部に埋納するということも行われております。こうしたことから機能の違いといいましょうか、北内郭はどうも北の墳丘墓を対象にした祭儀の場、南内郭は首長層というか、大人層の人々の居住区域ではなかろうかと考えておりまして、これまでのお話とも整合するのではないかと思います。

外環濠西側のはずれにある倉庫群につきましても、やはりその西側はさらに濠で囲まれておりまして、一つの閉鎖的な空間をつくっており、これなども特殊な区画の一つといえるかもしれません。こういうことが弥生時代の終末期に、一つの集落内においてそれぞれの機能を有するエリアを溝によって囲む傾向の現れだろうと考えられます。

吉野ヶ里遺跡周辺にもこのような方形区画が（ほとんど弥生時代終末期、あるいは庄内併行期なんですけれども）たくさんございます。しかし、方形区画の周辺にさらに集落全体を取り囲むような環壕とか囲郭施設があったかどうかは、まだほとんどわかっておりません。他の集落もこのような状況だったかどうかはわかりませんが、吉野ヶ里遺跡についてはそういう感じでありまして、それぞれの区画の機能・性格の差を一応考えております。

久住　七田さんのお考えとは少し違うかもしれないんですが、吉野ヶ里遺跡では多分弥生時代終末期には外環濠が本来の機能を終えている、ほぼ埋没していると私は考えていますので、弥生終末期の集落構造としてはむしろ小迫辻原遺跡と似た状況にあるのではないかと私は思っています。要するに、古墳時代になると整った方形が主体になりますが、弥生時代ではまだ整った方形環溝は少ないという問題は、確かに弥生時代と古墳時代との違いをよく示していると思うのですけれども、それは九州ではきわめて漸移的なものであります。北部九州の場合には少なくとも、これをもって時代画期の指標とすることはできないように思います。実際に比恵遺跡なんかでは、かなり整った方形環溝区画（「第一号環溝」）がすでに後期初頭からありそうなんです。つまり、辰巳さんの議論になるんですけれども、辰巳さんがおっしゃった「A型居館」みたいな状況というのは、弥生時代後期には北部九州にすでにある程度存在すると。整った方形区画は少ないけれども、それに近いようなものがある。「B型居館」、非常に広範囲のすごいものですね、そういう例は比恵・那珂遺跡群みたいな遺跡が該当するということで、スムーズに古墳時代の集落像へつながっていくのではないかと思います。

伊庭　ありがとうございました。

続きまして、辰巳さんがおっしゃったA型居館とB型居館は広い範囲の遺跡の中で機能分化をするようなパターンでした。しかし、C型居館（その代表例である三ツ寺I遺跡はかなり大きいですけれども）は、比較的コンパクトにまとまる。その内部が機能分化しているかどうかというところはわからないとしても、こういうパターンで三ツ寺I遺跡よりもはるかに小さな規模の方形区画が東海・関東で連綿と見られるように見えます。こういうものが顕在化していく、あるいは大型化していくという傾向をトレースしていただけないでしょうか。その内部の機能分化のことについての見込みも踏まえて、鈴木さんからコメントをいただきたいんですが。

鈴木　答えになるかどうかわかりませんが、古墳時代前期になりますと、しっかりした方形の区画が出てきます。しかし、いずれも大規模なものではありません。主に首長の居住域を区画するもので、小深田遺跡でありますとか、橋本博文さんが中小の首長居宅とおしゃっている四斗蒔遺跡とか、同じく堀越遺跡といったような遺跡があります。これらは、首長とその家族が住む場所と、首長に伴う少数の倉庫などを囲んでいます。これらの区画の中には祭祀的空間までが含まれているかどうかはわかりません。つまり、これら小さい居館と言われているものは、辰巳さんがおっしゃったA型居館のごく一部分の要素を囲んだにすぎないと考えております。

そういう意味におきまして、これらが順調に発展して三ツ寺I遺跡のような形に至るのかは疑問です。また、三ツ寺I遺跡がどの程度の機能を内部に取り込んでいたかについても疑問をもっています。例えば、大型の倉庫群を伴ったとは当然思えないわけでして、また、大々的な工房もその中にはないだろうと考えられます。たかだか一辺八〇mエリアに囲み込める機能は限られています。小規模な方形区画が順調に一系列で発展して三ツ寺I遺跡になったかと言うと、それは難しいのではないかと思っています。

伊庭　ありがとうございました。ちょっと質問の出し方が悪くて鈴木さんを困らせてしまいました。ともかく、たとえ大型建物を囲む方形区画が出たとしても、かなり広い面積で遺跡の構造といいますか、それを比較してみることが必要だということで結構かと思います。

今、弥生時代と古墳時代、それから九州と東日本を比べてみたわけですけれども、久住さんと辰巳さんのお話で道筋がかなりクリアに見えたのではないかなと思います。それに合わせて近畿地方と中国・四国地方、この地域ではどうなのか。資料が限られているとおっしゃっていましたけれども、そこを強いて推測していただけないかと思うんですが。濱田さんからお願いしましょう。

濱田　基本的に山陰地方（大山山麓地域）では、方形区画は古墳時代前期前葉に出現するのではないかと考えています。弥生時代中期からみていきますと、大山山麓地域の弥生時代中期集落には、日常の生活の場と考えられる空間（空間A）と、集落を象徴する大型の建物跡が集まる公共的かつ祭祀的な空間（空間B）があります。それが、弥生時代後期になって、首長層の顕在化が始まると、竪穴住居跡五棟前後のまとまり（居住単位）が複数集合して、大きな集落を形成するようになります（なお、竪穴住居跡五棟前後からなる居住単位は、中期の一集落を構成する規模）。妻木晩田遺跡では後期後葉になると、二〇以上の居住単位が認められますが、この中に、中期の集落にあった空間Bや大型の建物跡といった施設を備えた居住単位がごく一部に認められます。例えば、妻木晩田遺跡では、松尾頭地区B群（四二頁図9）に平側二面に庇を伴う大型の掘立柱建物跡が存在していますが、想像をたくましくするなら、こういう場所が首長層の居住域であり、大規模集落を形作る各居住単位を取り結ぶ役割を果たしていたのではないかと思います。そういった意味で、後期になって、首長層が顕在化すると、首長層の居住域の中に、公共的、祭祀的な性格をもつ空間ないしは建物が取り込まれるのではないかと考えています。次に古墳時代前期の集落ですが、山陰地方の古墳時代前期を代表する集落遺跡である長瀬高浜遺跡（四八頁図11）では、弥生時代終末期までは、居住単位の中央に空閑地があって、その周辺に竪穴住居跡が点在し、大型建物跡があります。妻木晩田遺跡の松尾頭B群と非常によく似た集落構造をしています。ところが、次の古墳前期になりますと、その中にある大型建物が方形区画を伴うようになります。

つまり、首長層の顕在化にともなって、公共的、祭祀的な施設が特定の居住単位に取り込まれ、さらに古墳時代前期になりますと、居住単位の中にある大型建物が方形区画によって囲まれてしまいます。方形区画によって、その他の場所と一線を画した空間を獲得しているといえると思います。また、大型の建物跡が祭祀に関わる施設であったとするならば、弥生時代までは、生活の空間と祭祀の空間の境界が曖昧だったと考えることができるかもしれません。それが、古墳時代になると、方形区画によって囲繞されることで、日常の場とは隔絶した空間が成立すると考えています。

伊庭　ありがとうございました。

森岡さんと大久保さんは、近畿地方と瀬戸内沿岸地域では弥生時代後期に大型建物と方形区画が非常に見え難くなるとおっしゃったと思いますけれども、久住さんと辰巳さんが先ほどまとめられた、スムーズに古墳時代につながっていくという考え方をどういうふうに理解するか、お話しいただけますでしょうか。

大久保　今の濵田さんのお話も踏まえて申しますと、中・四国ではそのような区画は後期段階では見出せない。古墳時代に入って出現するものであるというふうに思います。

そうしますと、古墳時代に顕在化してくるいわゆる「居館」という形態、ここでも話題になっておりますさまざまな政治的な行為を執行する空間・施設というのが弥生時代後期段階にどのような形態になっているか問題です。いわゆる政治的行為が独立していない、なんてことはあり得ませんので、そうした行為の場が分散したりほかの施設の間に埋め込まれているような状態で存在するにちがいない、と考えています。そのための空間つまり政治行為の執行空間が独立するのが弥生時代末ないしは古墳時代初頭。その時、閉鎖された一定のエリアという形をとって現れる、と想定します。

それと、発言のついでに一言、ちょっと疑問を呈させていただきたいと思います。今回のみなさんのご報告を聞いておりまして、果たして「首長居館」という概念をどこまで適用できるのかなという疑問を多少持っております。どのような集団であっても、一定のエリアで集団の統合に果たすような祭祀的な行為、それから各地の現実的な統合調整行為—政治的な行為ですね、そしてそれに備えるための剰余の集積組織というのは必ず必要なわけであります。

私は、そういった祭祀的政治的なものが、首長の私的なといいますか首長本来の居宅と一体化したものに限って、「居館」というべきではないかと考えるのですが、どうでしょうか。仮にそれらが分散しているような状態のものまで「居館」という概念でとらえてよいのか、少し悩んでしまうところです。下手をすると「居館」という概念がとめどもなく拡張してしまうことになるのではないか。分析概念として有効性を少し減じてしまう恐れがあるんじゃないか、という心配をしております。

森岡　近畿の場合、機能分化ということは一般に環濠があるにしろないにしろ、弥生時代中期の中頃以降に進んだのではないかと思います。特に池上曽根遺跡なんかですと、秋山浩三さんが自然地形による分断なども考慮して分析されたように、建物の構成が全然違う、大型建物は求心的な構造をとっていますし（一四二頁図10）、加茂遺跡なんかでも方形周溝墓をもつ区域、竪穴住居が密集する地域とかの区画は、近畿一円の集落でかなり明確になります（一一五頁図4）。そういう点からみると、唐古・鍵遺跡の中期前半の建物、また遺跡の南のほうで発見された大体二〇mぐらい離れているのでしょうか、建物主軸に直交するような区画タイプの溝、さらに最近の九三次調査の大型建物にも溝が伴ってでてきております。こういうものは集落内部を分節しながら、中心的な大型建物の所在地へ移行しているように感じます。そうすると、特定の場所には固定されていませんが、唐古・鍵遺跡では集落の一部をコンパクトにブロック的に区画しているのではないでしょうか。

それが後期になりますと、確かに明確な資料は出ていないというのが実情なんですけれども、そのなかでも建物構成を見ると、滋賀県湖南地方の伊勢遺跡をはじめ下鈎遺跡とか下長遺跡、あるいは山城の大藪遺跡界隈を含めた地域は、ヤマトの地ではないだろうかと言っているわけですね。これに対して近畿北部（近江北部、反後とか丹波など）、それから摂津とか河内とかの大阪湾沿岸などはまた別の様相をもつようです。つまり、後期の弥生社会は近畿地方を一つにまとめて考えることができないように変わってきている。北部九州や山陰地方などでは、ある程度まとまった動きがあろうかと思いますけれども、近畿地方では後期の動向が見えなくなるというか、近畿地方内部の地域それぞれが異なる社会の動きを示しているようです。その中で注目される伊勢遺跡の評価としては、規格性のある建物を一定の区域に建てていて、それが一般集落の様子、日常生活空間と全く違った構造を示しているという点から、非常に革新的な動きと言えるのではなかろうかと思います。

ですから、文化レベル・社会レベルを比較するときに、先ほどの大平遺跡が関東地方の古墳時代の代表的な状況としますと、近畿地方では弥生時代中期の集落にすでにあるものと、ある種同レベルの段階のものとして見てしまうところがあります。実際の時間の尺度でいうと随分差があるんですが、系譜関係でいうとどうなのかなという点があるんですよね。私からの問題提起ということで…。

伊庭　ありがとうございました。

ここまで、一概に大型建物・方形区画と呼ばれているものを、より大きな範囲で位置づけたうえで、いわゆる「首長居館」というものの性格づけていく必要があるというふうに議論が流れてきました。しかしその一方で、大久保さんがおっしゃったように、あんまり大きくしてしまうと、「首長居館」「居館」といった言葉が分析概念として有効性が失われてくる。

今回のご発表で皆さんがおっしゃったように、大型建物あるいは方形区画という遺構の形態だけで性格づけすることは非常に難しいことでありますから、この双方をどのようにバランスを維持しながら有効に切り込んでゆく概念装置を構築していくべきか、大久保さんはどのようにお考えでしょうか。今思いつかれたばかりの問題に対してすぐ質問というのは酷かもしれませんが…。

大久保　酷です（笑）。今までの議論をずっと見ましても、首長居館というのは、首長制の一つのスタイルとか性格を特徴づける考古資料として取り上げられてきたものだと思うんですね。最初に提示されたのは三ツ寺Ｉ遺跡とか原之城遺跡でございますから、それらで私なりにイメージしますと、非常に限られた空間の中に首長の肉体そのものの再生産をする場と政治的な執行の場が統合している、という特殊なあり方だと思うんですよ。政治的支配の場というか、政治的行為の執行空間と首長の肉体的再生産の場、こういうものが一カ所に閉ざされた空間の中に必ずしも統合されなくてもいい。分散的にあっても構わないわけです。特に剰余の集積機関であるとか必要な特殊な生産組織などが空間的に結集されていることは、必ずしも必要なことではない。分散しても全く構わない。それがなぜか三ツ寺I遺跡とか原之城遺跡においてはある程度統合されるという、特殊な状態が見られる。そういうものに限って「居館」というふうに限定したほうが(古墳時代後期と限定された形になるかもしれませんが)、一つの政治支配のスタイルを象徴する考古資料として使えるのではないか、と考えるわけです。それを具体的に言えば、古墳時代前期、あるいは九州では弥生時代後期後半ぐらいから始まるにしても、まだそのような形の統合は完成していない。まだ分散している。ただし、それぞれの施設というのは他のいろんな他の施設とオープンな関係で連続していない。閉鎖されている。そうしたいわば施設群を何と呼んだらいいのかまだ定見はありません。ただ、分けたほうが議論はすっきりしないかという気がしているだけです。思いつきのようで済みません。

伊庭　酷な質問で済みません。辰巳さん、いかがですか。

辰巳　今、大久保さんに指摘されたことは、私が今回の発表のレジュメをつくりながら、常に頭の中にあったんです。どうしても三ツ寺I遺跡と同じようなものが出てこないということは、むしろこの遺跡の歴史的評価を再検討する必要があるんじゃないかということで、そういうところから今回の発表は考え始めました。今回、私が「居館」という言葉を括弧でくくったのはそこに理由がありまして、従来いわゆる「居館」と呼ばれているものの意味が、この括弧の中に表れている。ですから、先ほど大久保さんがおっしゃったように、私の考えているように大平遺跡が居館であれば、それをさかのぼらせて唐古・鍵遺跡も居館になるというご意見ですが、それはごもっともです。極端に言えば、吉野ヶ里遺跡もそうなんです。吉野ヶ里遺跡全体を一つの「居館」の範疇の中に入れてしまうということになりますので、これは自己矛盾みたいなものですけれど、今回はよく承知してしゃべっております。

要するに古墳時代の研究の中で「居館」と呼ばれてきたものは、あまりにも何でもかんでも方形に区画したものを居館だと、大きな建物が出れば居館だという、あるいはまた祭殿だという、こういうくくり方というのは非常に危険だということを言いたかったのです。それと逆に言うと、南郷遺跡群のようにもっと広大なものとして一つの首長の空間というものがあるんだということをあえて言いたかったんです。ですから、まだ私自身もこれで完璧にまとまったとは思っておりません。

鈴木　今、大平遺跡と唐古遺跡が同じだと言われましたが、それについて私は反論したいと思います。確かに唐古遺跡は中核集落の中でもその上位の中核集落だろうと思いますが、一般農民も加わって集落が構成されていたと考えられます。大平遺跡の場合は、そうした階層は基本的に含まれず、谷を挟んで西側に一般農民の集落でありますす中平・坊ヶ跡遺跡という、多分五万㎡以上に広がる集落があるわけです。大平遺跡は掘立柱建物の規模や配置などから、どう考えても全国の例から見ると低い階層の首長居館ということになろうかと思います。大平遺跡は、そうした首長の一族が居住していた集落だろうと思いますが、反面、集落構成員に一般農民を含まない首長集落といった特徴があります。

そこで、豪族居館とは何かといった場合に、首長の日常生活の場であることはもちろんとして、それに加えて、権力の行使の場であるとか祭祀の場、それに倉庫群、さらに手工業生産の内、特殊な工人などを取り込む、といった要素を持って豪族居館という話をされてきたわけです。しかし、私は首長居館というのは第一義的に、首長の住まいということでくるべきと考えています。それに祭祀的、政治的な空間であるとか、倉庫群というのが付随する。それは全部ではなくてもいいんです。それらが付随して何らかの施設で囲繞されるといったような建物群を首長居館と考えたらどうだろうか、と今思っております。

広瀬　ちょっと話が大きくなってきましたが、あまり時間がありませんので、少し基礎的なことを二点ほどご意見をうかがいます。

一つはやはり大型建物の機能です。先ほど久住さんも遺構と遺物から限定しなければいけないといわれました。これまでの弥生時代研究では北部九州などを中心に、副葬品をもった大型甕棺の出現をもって首長の顕現を説いてきた。それが古墳時代の前方後円墳につながっていくのだという考え方できました。そして、その生活拠点を集落の方に探そうということで、大きな建物が出てきたらすぐにそれは首長居館だろうという推定を今までしてきました。しかし、今日提示されました資料を見せていただくと、まったく多岐多様にわたるわけですね。たとえば北部九州では梁間が四~五間もあるような、久住さんが久保園タイプとおっしゃったものとか、あるいは先ほど高殿か倉かで辰巳さんと久住さんのご意見が違いましたが、石川県の万行遺跡の例とかです。そういう地域的色彩豊かな大型建物がある一方で、そうした地域を超えるような建物、例えば独立棟持柱建物は弥生時代終末~古墳時代初めまでを含めれば鹿児島から福島県まで広がっています。

つまり、地域的な多様性をもつ種類の建物と、地域を超える種類の建物の二通りが提出されたと思います。そのあたりを今まで出されたご意見の中から、構造的なもの、出土品のありよう、あるいは絵画土器からの手がかり、建物の建っている位置とかいろんな条件があると思うのですが、これらの諸条件をもとに資料を絞り込んでいく必要があるでしょう。そこで弥生時代に限定して、意見のある方は積極的に言っていただけますでしょうか。そうでなければ、今日、皆さんにせっかくお集まりいただいたのに、またもとの木阿弥になりそうです。いつまでも大きな建物がみつかったら、首長居館だとか、祭祀の場だとか、公共的施設とか、宗廟とかと言うわけにはいかないと思います…。こういう議論はいつも大久保さんに振るのですが、どうですか。

大久保　ほんとうに難しいこと…、としか言いようがないと思います。性質がわからないから、ほんとうにどういう言葉で呼んでいいか困るところなんですが…。

今まで広瀬さんなどがお使いになっていらっしゃる「神殿」という言葉については少し距離をおきたいと思っています。根本では広瀬さんの提起されたカミ観念の評価に行き着いてしまいますので、ちょっとここでは控えておきましょう。ここのところまで踏み込んで議論しないとただ「神殿」とだけいってもあまり議論が深まらないように思えますし。

もう少し論点をぼかした言い方を敢えてしてみますと、大型建物一般が特定の機能（この場合は神殿ということでしょうが）に特化しているかどうか。というところから検討を始めるべきかもしれません。当然難しいでしょう。ですから広瀬さんもまず特殊な構造の建物-独立棟持柱建物-に「神殿」の可能性を想定されているわけでしょう。たしかにこの場合は土器絵画の主題としてわりと登場する、という特色がありますから、そうした点で特殊な性格が想定される可能性が高いのでしょうが、それでも「神殿」というからには、そこに結びつくカミ観念の問題をクリアーしなければいけません。この点は広瀬さんは全体的なお考えを出していて、それとの関係で「神殿」という評価を与えられているわけですが、その前提部分で私はいまのところ足踏みしてしまっている状態です。

また集落内の他の施設との関係、オープンか遮断されているか、どのような機能区間と関係しそうか、という追求の方向でアプローチすることが大切でしょうが、その場合も一律ではない。ただし九州でひょっとしたら、七田さんと久住さんが言われているような、墓域との関係、埋葬祭祀と何らかの関係がありそうな大形建物というのはもう一度真剣に検討しなければいけないと思います。しかし、そうした施設はほかの地域にはない。私はそうした施設は弥生時代の埋葬祭祀の性格から見て普遍的には想定しにくいだろうと思います。

ですから大形建物一般に具体的な用途を当てはめることは難しいでしょうし、それを規模や構造で分けても、現時点では例えばこれは神殿、これは政庁といった解釈を進める材料はまだ足りないと考えています。ご期待を裏切って申し訳ありませんがそういうことです。

広瀬　ほかの方、森岡さんどうですか。

森岡　さっき絵画の話が出ましたけれども、銅鐸に描かれている絵は昔から倉庫といわれていて、一つの用途が与えられてきました。最近では、土器絵画に描かれているものでは切妻屋根の建物と寄棟屋根の建物がセットになって出たり、あるいは絵画では分散していますけれども、集落の中では、上屋構造を異にする建物がセット関係を持つということ。そういう弥生人が選ぶ絵画の画題は、一般に農村風景の一部を描いている、農耕次第の風景とかいわれているイメージがありますが、いまやキャンバスの状態が違うだけで、何か特定のものを描こうとしていると言えようかと思います。特に画題の範囲ですね、絵画に描かれる建物の対象範囲がどうかという点でも検討の余地があるかと思います。そういう視点でいくと、先ほど私が類型化した（二二八頁図6）をながめますと、原則的に古い時期からある「八雲型」とか「池上曽根型」とかずっと系列的に独立棟持柱を持つものは、確かに建築様式でいうと系譜的に重なりそうなんですね。しかし、それは実際に側面観（つまり上部構造）と柱の部分とがどういうふうな空間構造になるかというと、かなり違うように見えるんです。「伊勢型」は、設計図があるようなうわ背のある立体視に意味のある規格的な建物です。そうすると、絵画でやはり「伊勢型」のようなものは不要でして、こういうものが土器とか銅鐸から否定されるということは、逆にいうと、土器をつくる人が画題として選ばない、選ばれなくなったということが言える。弥生時代後半の社会には、こういうふうに独立棟持柱で、広瀬さん流に言うと神殿のようなものが長期間、絵画の対象になっているように思うんですが、後期の始まりで「池上曽根型」のようなこういう大型建物を造らないと。だから、記念物としての大型建物は中期末をもって終焉したという意味では、弥生社会の中で系譜が断絶していると思います。

今日の私の話は、司会者の広瀬さんには発言の機会が少ないだろうということで、広瀬さんが全面的に神殿論というのを出されてきたら、暗に否定しておこうというのが狙いで文章をつくりました（笑）。指名されましたので、そのさわりを発言しましたが、また反論があるかもしれません。

広瀬　私も司会のままでいいのですけれども（笑）。

もう一つだけ、次の問いに移りたいのですが、辰巳さんは方形プランで総柱の建物跡を、これは明解に倉だとおっしゃいました。これは皆さん、一番納得しやすいと思います。弥生時代の終わりごろ、あるいはもうちょっと古いのですが、方形プランで総柱の大型建物は倉だ、これはわかりやすいですね。昔から、束柱があるのは倉だといわれております。それに対して、例えば樽味四反地遺跡のようなものや万行遺跡のようなもの、ああいうものは倉でいいのでしょうか。状況証拠やあの周辺のものを含めて…。だいたい、法円坂遺跡とか鳴滝遺跡とかは倉だと考えられておりますが、それに対して、弥生時代のものはどうでしょう。

久住　万行遺跡の場合は、後の鳴滝遺跡や法円坂遺跡（難波宮下層）に比べて、倉庫としては柱間幅が広すぎるという問題点があります。束柱もありません。吉野ヶ里遺跡の場合は同じような形式の建築ですが（「吉野ケ里タイプ」）、倉ではなく高床の祭殿として想定されているわけです。しかも、並び倉という場合にはほとんど同じ形態の倉が並ぶのが普通ですけれども、万行遺跡の場合は違った形態のものが並んでいる。しかもいずれも庇を持つ。さらに長方形の区画があって、それを踏襲して、区画内の反対側にもう一回建て直す。最後には方形区画に建物を伴う方形環溝、いわゆる「居館」といわれているものになる。ということは、初めからそういう居館ないしは高殿として建設され、それが更新されていくということではないか。こうしたことから、そういう居館ないしは高殿の一つだと考えた方がいいのではないかということですね。

建築形式は全く違いますけれども、例えば長瀬高浜遺跡では、地域的・個性的な非常に大きな高床建物が何度も建て直されて、最後は普通の小さい建物が伴う方形区画に変化するわけですけれども、それと状況的には似ているのではないかと。弥生時代中期の延長上で非常に大きな建物を建てる風習が各地にあって、それが古墳時代になると、よくある一般的に「居館」と言われている建物、つまり形式化した種類のものがそういう空間に建て直される。そういう流れで考えるべきではないかと思います。

それに実際の建て替えのあり方でいえば、法円坂遺跡は全く同じところに建て替えないしは補修をしようとしてますね。万行遺跡の場合は区画内でも反対側に建て直していて、そういう建て替えを避けています。こういう点からみても、これは高殿の更新のあり方とみられます。五世紀代以降に出てくる非常に大きな倉庫とは、建築形式上のあり方が全然違います。そういうふうに考えた方がよろしいかと思います。

広瀬　辰巳さんには反論をしばらく我慢していただいて（笑）、今日のもう一つのテーマの方形区画です。区画というのはなぜ四角いかという点について、私は七田さんが中国風の系譜と考えておられることに興味がありますが、今日はちょっと置いておいて、区画するということ。これは中と外を分けるということですよね。それが象徴的なものもあれば、辰巳さんがおっしゃった三ツ寺I遺跡みたいに、防御だとだれもが認めるものもあるわけです。今日のお話をお聞きしていると、大型建物をどう分け隔てるかということで、一つは板塀という例が挙げられました（土塁と言うのもありますが）。内部空間がまったく見えない、クローズな区画のしかた。それから、柵列とよばれたもの。ただ、柱列＝柵ですので、「柵列」という言葉はやめるべきだと思います。つまり柵ですと。現代にいう「柵」という言葉で指しているものは中が見えます。あるいは大久保さんが報告なさった四国地方の例だったら、文京遺跡のような大型建物はまったく区画をもたない。

このように、オープンの度合いが三段階、中が見えない区画、中が見える区画、そして区画がない場合がある、というふうにお聞きしました。その点について、皆さんのご担当の地域で、どういうものがどのように区画をされるのかお聞きしたいと思います。これは先ほどの大型建物の機能に関わってくると思うのですが。自分のエリアのことだけでいいですから、そちらのほうから順番にお願いします。

近藤　滋賀県の伊勢遺跡と下鈎遺跡ですが、伊勢遺跡の場合は方形区画といわれているところは、柱穴の並びから柵が二重に囲んでいる状況が見られますが、先ほど言いましたように下鈎遺跡にも同じような区画があります。これは細い周溝が確認されている場所に、たぶん板塀のようなものによって建物を囲んでいたという感じを受けます。それと、二二頁図13の針江川北遺跡ですが、最初の段階では建物が溝に囲まれていなかったのですが、次の時期にSB-15という建物が矢板状のもので円形に囲まれるようになっていくという変化があります。

濱田　長瀬高浜遺跡では、古墳時代前期前葉に、前方後方型にみぞを巡らせた建物跡があって、その周囲に方形の柵が巡っています（四九頁図12右上）。この方形に巡る柵の南面に入口がありまして、建物が正面から見通せないように、入口部分の柵を前後にくいちがうように重ね、入口を鍵状にしています。仮に、柵が板塀であったならば、外から中は完全に見通せない状態であったと考えられます。その是非はわかりませんが、いずれにしても、正面から直ぐにアプローチできないようにしてあることは間違いありません。

七田　佐賀平野のほうですけれども、弥生時代後期後半、終末期の環濠区画に伴って、実際の遺構としては柵跡なんかは見つかっておりません。ただ、吉野ヶ里遺跡の例では幾つかあるんですけれども、環壕を掘削際に土を外側に積んでる。その土塁の上に柵が並んでいた可能性を考えています。吉野ヶ里北内郭の入口は二条の環濠の陸橋部を左右にずらし、柱と塀によって内部が見られないようにしていることは先に述べました。

鈴木　東日本の例では、静岡県の小黒遺跡ですね（八八頁図6中）。独立棟持柱建物三棟が濠と土塁で囲まれております。ただ、土塁につきましては、どの程度の高さがあったかというのは分かりません。その濠の内側には立板を並べた板塀があったようで、それを支える柱がその内外に伴っています。支柱を伴う塀ですので、もしかすると高さが人の背丈ぐらいあったと考えても不思議ではありません。視界を遮断する施設だった可能性は十分にあると思います。

あと、弥生時代終末期の植出遺跡では、集落の中を区画する柵がありますが、これなんかは簡単なもので人や建物が見えていてもいいように思います（八八頁図6上）。方形区画といっても柵のような簡単な施設は、古墳時代を待たず、弥生時代の終わりには出現していると思っております。

次に大平遺跡ですが、集落北側には大きな柱穴列があります。多分板塀だろうと思います。これはちょうど台地縁辺にありますので、北側からは集落内部が見えないだろうと思います。それと、倉庫群のところにも布掘の溝があるわけで、これなんかも板塀を想定することは可能でしょうが、見えない空間となっていたかどうかについては疑問です。

大久保　あまりいい例はなんですけれども、今、広瀬さんが言われたように、内部が見えたか見えなかったかという点でいいますと、津寺遺跡の区画溝は小柱穴を伴いますので、視野から遮断されているようです。また樽味四反地遺跡では、大形建物は区画の外の可能性が高いようですが、建物北側の直線溝の南辺に小柱穴群が並ぶようです（一〇三頁図2）。ですから逆に区画のうちからは建物が閉ざされているという関係になるかもしれません。中身が判らなくて区画だけの例、岡山県雄町遺跡や徳島県石井遺跡では、そうした目隠し施設ははっきりしません。

せっかくですからついでに申しますと、「見える見えない」に関係して重要なことは今挙げた事例ではただ建物単体で区画しているのではなく、建物に付随して一定の空間エリアをともなっているという点が一つのポイントになるのではないかと思います。弥生時代中期の加茂遺跡ではたしか建物単体を囲む設備が想定されていたと思いますが、それとは違う。建物そのものだけでなくてそこに若干の空白地があって、そこに収容するだけの人数、あるいは限られた空間の中でやる行為そのものが他の場所から切り離されている、という状態が用意されているのだと思います。

森岡　区画で、広瀬さんが先ほど言われた囲郭施設のことなんですけれど、第一のポイントは面積の問題。内部にどれだけの建物があって、それぞれ機能分化した建物であるのか、たった一棟だけなのか、それを見ることによって大きな違いが出てくると思うんですね。例えば京都府中海道遺跡は楼観なのか、祭殿、あるいは首長の居宅なのか、一棟だけしか施設がないケースであります（一四三頁図11）。それに対して尺度遺跡の例では、方形区画が一辺三六〜三七ｍぐらいで復元されていますが、これは杭状の柵ですから、あまり高いとは考えられないんですね、痕跡の深さからみても（一四三頁図12）。伊勢遺跡の場合ですと、あの地域ではむしろ建物の高さを重視したほうがいいと思います。側面に立って内部の建物が見えなくなるような柵ではなくて、むしろ建物の高さを考えますと、伊勢遺跡では囲いがあっても十分見えるようなものである。囲んでいる柵は中の建物を見せないような種類のものではないと思います。そういう高さを誇示するようなものについては、もともと見えることを前提につくられている建物を想定すべきではないかなと思います。

いずれにしても、板塀にしろ柵にしろ土塁にしろ、我々が復元する遺構は削られてわからないものがたくさんあるし、さらに遺構の深さも廃絶後の状況によって変わるものですので、高さについては板塀の復元しかまだ検討されていない。それから、また建物の高さにしても、建築学に依存する場合が多いですから、我々としては逃げている部分が多いんですけれども、やはり弥生時代の建物の中には、高さが要求されているものと、さほど要求されていないものがあるようです。そのうち高さが要求されていないと考えられるものに、首長の直接の住まいと考えるべきものがあるのではないかなと思ったりはします。それは弥生都市の存否問題に影響を与えている可能性は高いというふうに思うんですけれど…。

区画のバリエーションについては、あまり筋道立ったことが言えないんですけれども、このぐらいで勘弁してください。

久住　北部九州の大型建物とその周りの囲郭施設の関係ですが、大型建物は必ずしも明瞭な囲郭施設を持つとは限らない、という話はいたしました。特に柚比本村遺跡や吉武高木遺跡みたいに非常に巨大な建物でも、これらには囲郭施設などはほとんどなさそうです。

例えば一の町遺跡の二次調査では、多数の建物があってその中に大型建物があり、その中に一応方形を志向するような形に柵列などで囲んでいる可能性はありそうなんですが、完全に仕切って見えなくするようなものではなさそうです（一六七頁図14）。あるいは明瞭な方形環溝が出現している弥生時代後期以降の段階でも、古墳時代の居館のように、環溝に加えて柵・塀によって厳重に囲郭するというのはあまりないと思います。…もっとも、比恵遺跡など削平されているものが多いですから分かりませんけれども。少なくとも、今のところは一の町遺跡に可能性が高い以外は、柵・塀による厳重な囲郭施設は遺構としては検出されていません。ただし、一の町遺跡では環溝が欠如することを付け加えておきます。例えば、小さい環溝ですが、蒲田水ヶ元遺跡というものがあるんですけれども（一七七頁図22）、この中の建物は祭殿と思われるんですが、周囲に浅い溝しかないんです（土器はかなり捨てられていますが）。だからおそらく外から見えるわけですね。

一つ気になるのは、鏡山猛氏が報告した比恵遺跡の中で、環溝の内側に柵や柱列があるというような記述があります。非常に残念ながら、これらはほとんど削平されている状況ですから再検証はできないのですけれど、このことから例えば須玖・岡本遺跡群とか三雲遺跡群の中枢部に存在するであろう方形環溝にそういった構造があるのかどうかというのは、今後の問題になるかと思います。その他、例えば吉野ヶ里遺跡の北内郭・南内郭みたいに入り口部分を厳重にしているとか、外から少し見えるんだけれども、防御性という意味でかなり厳重な囲郭施設を持っているものも一方では存在しますあります。

外から見えるか見えないかということでいきますと、さきほど私が少し言いましたけれど、環溝の内側に伴う布掘構造の柵（塀）ですね。おそらく塀になるようなこうしたもののなかで九州で確実に一番古いのは、私のⅠB期併行（＝弥生時代終末新相）に成立する小迫辻原遺跡の「2号環濠」の一部にあるんですが（削平により全周するか不明）、あとは古墳時代初頭以降（ⅡA期以降）です。そこに何か、特に居館や祭殿と言われる建物を囲む溝に対する考えの違いというか、そういうものの変化が生じている可能性があるだろうと思っております。

広瀬 時間が来たので終わりますが、今のシーンを少しだけ最後に言っておきますと、森岡さんがいみじくも言っておられましたように、内部が見えるか、見えないかということはやっぱり大事だと思うのですね。

それともう一つは、大型建物が首長の屋敷みたいなものだとすれば、それを囲む塀があって、もし内部が見えなければ（こういう話をすると、すぐ『魏志倭人伝』の「卑弥呼見る者少なし」というのを思い浮かべるのですが）、首長と民衆というのですか、共同体成員の格差が大きいと言えるのではないか。たとえば、柵に囲まれていない文京遺跡は首長と成員の距離が近い。ところが、摂津加茂遺跡のように内部が見えないような囲郭施設が考えられる遺跡であれば、ちょっと距離があるのかな、と考えられるかもしれない。あるいは、首長の持っている呪術性というのでしょうか、マジカルな側面というのですか、そういうものを象徴すると考えることができるかもしれない。そういうことを時間と空間で分節化していけば、抽象的な論議ではなくて、考古学の遺跡・遺物からある程度、弥生時代あるいは古墳時代の首長の性格、もしくは首長と共同体成員の関係のあり方といいますか、そういうものに迫れるかなと考えました。この区画のありようというのは、遺構である程度わかると思いますので、今の質問の意図は（最後に言うのも何なんですが）そういうことです。

辰巳　反論するようですけれども、弥生時代はともかく古墳時代になると、恐らく結界しているかどうかだけの問題だと思います。要するに柵でもって向こうは透けて見えているんだけれども入れない、あるいは溝だけだったとしてもとにかく向こう側へは行けない、そしてそういうところに祭儀用建物があるということ。ですから、物理的に見える見えないということよりも、結界して中に入れるか入れないかということだと思うんです。

広瀬　まさにそういうご指摘こそ重要だと思うのです（笑）。

伊庭　ありがとうございました。もう時間がなくなってきましたけれども、最後に一言だけでお答えください。森岡さんと近藤さんです。

実は昨日の打ち合わせで話していたことなんですが、近畿地方の大型建物は中期後半には盛んに見られるんですが、弥生時代後期には見られないようです。北部九州では弥生時代中期からスムーズに古墳時代へ移行するように見えるのに、古墳出現地であるにもかかわらず近畿地方ではなぜ断絶するんだろうか、ということを問題にしたんですけれども、やりだすときりがなくなるのでやめておきましょうということになったんです。

これに対して森岡さんはご発表の中で、もっと広い範囲での首長居館といいますか、そういうものが成立するのではないか。つまり、それだけ広いエリアに数少なく点在するのではないか、ということに少しだけ触れられました。そのことを近畿地方で現在ほとんど唯一と言って良い弥生時代後期の大型建物である伊勢遺跡に当てはめた場合、どのぐらいの広さに伊勢遺跡の首長の影響力を考えておられるのか、という質問を森岡さんに。そして、近藤さんには森岡さんのお答えが果たして首肯できるものかどうかを、一言だけお答え願いたいと思います。

森岡　本来でしたら、弥生時代後期における地域文化の動向の相違とか、祭祀土器の共通圏の問題などがあるかと思います。伊勢遺跡を含めた湖南地域の特色ある土器の空間構造での閉鎖状況や、特に近江弥生社会全体を考えますと、琵琶湖沿岸の地域を治める南部、あるいは山城盆地、例えば中臣遺跡のあるような地域から、山城盆地を抜けて乙訓地域まで影響をもたらすぐらいの範囲を考えてもいいのではないかと思いますけれども…。まあ、それは大きめに見積もった場合でございます。

グローバルに見ますと、近畿地方全体に何十もある、酒井龍一さんがおっしゃったような拠点集落が数十あるという言い方で十分じゃないかなと…。そのように中期の求心的な集落は数多く考えられる一方で、弥生時代後期の首長居館や共同祭場を持つ場所は限定されてくる、というふうに推測をしております（笑）。それが今後発掘調査で、他の地域でも伊勢タイプといった建物構造の形で出てくれれば、私の考え方も保証されることになるかと思います。これはあくまでも推測でございます。

伊庭　ありがとうございました。資料の少ないところを無理にコメントをお願いしたわけですけれども、今度は近藤さんに今のご意見を認めてよいかどうかお答えいただきたい。イエス・ノーだけで結構ですので。

近藤　個人的には伊勢遺跡の首長の影響力がそこまで広いとは思わないですが、他の地域の土器が入るとか、似たような建物があるということから、広域的な交流があるというのは認めたいとは思っています。

　野洲川の右岸に銅鐸を二四個埋納した大岩山遺跡がありますが、それに基づいて推測すると野洲川流域全体の範囲、もう少し狭めて野洲川左岸地域の下鈎遺跡と伊勢遺跡の二遺跡をあわせた範囲が「クニ」といいますか、「クニ」というかは別として、これが最小単位になるんじゃないかと考えておりますけれど。

伊庭　ありがとうございました。資料の少ないところを無理にコメントをいただきました。

　時間が随分過ぎてしまいました。時間があれば会場からもコメントをいただこうと考えておりましたけれども、司会の不手際で時間がなくなってしまいました。この討論で掘り下げが浅い部分があるとすれば、私の不手際のせいであると思います。どうかみなさま、ご容赦ください。

　以上でこのシンポジウムを終わりにしたいと思います。どうも長時間ありがとうございました。

（閉会挨拶）

高倉洋彰　日本考古学協会幹事の高倉と申します。

　今日は「弥生集落における大型建物・方形区画の出現と展開」というテーマで、最新のデータに基づいて貴重な意見の交換があったと思っております。この場合、竪穴建物の大型建物もないことはないんですけれども、基本的には掘立柱建物、方形区画というものは中国的な要素と考えていいのではないかと思います。そうしますと、弥生時代における弥生文化の伝播が朝鮮半島に端を発する。朝鮮半島的集落景観下で、中国的集落景観の出現、そしてやがては列島の集落景観が中国的に変わっていく、そういう経過を今日論じていただいたのではないかと思っております。

と同時に、従来はともすれば遺物から、例えば前漢鏡とか鉄製武器とか、そういうことで九州中心の論理が多くありましたけれども、集落形態あるいは住居形態ということで、論議が九州規模から列島規模に広がっていく、これこそ弥生文化研究の新しい展開が図れる。そういう意味で大変貴重な討論会であったろうかと思っています。

願わくば、来春の千葉大学で開催される日本考古学協会総会でお目にかかることを楽しみにして今回は終わらせていただきます。どうもありがとうございました。(拍手)

―了―

おわりに

本書に収録した研究報告とシンポジウムでは、八名が三十分程度の時間で研究発表し、そのあと本書の編者二名の司会で一時間あまりの討論を行った。内容の豊富さに比べてかなり短い時間であったが、まずは発表していただいた方々のご努力に心から敬意を表したい。

研究報告では中部・関東地方から北部九州にわたる各地の最新資料が示され、それぞれの分析は遺構の形態論にとどまることなく、大型建物等を有する集落の構造と展開に及んでいる。結果として日本列島の広い範囲を対象に、弥生集落を俯瞰することができたのではなかろうか。また、シンポジウムの会場で頒布した資料集『日本考古学協会二〇〇三年度滋賀大会資料集』には、この報告のために収集・整理された資料とともに、発表者の意を尽くした論文を掲載している。本書を資料集とあわせて読んでもらえれば、発表者の意図をより深く理解することができるだろう。また、辰巳和弘さんから古墳時代「首長居館」についての研究発表をいただいたことによって、奥行きのある議論を行うことができた。

いま、討論の記録を振り返ると、大型建物と方形区画の地域色、遺構の性格に関して考察すべきポイント、方形区画の出現は北部九州で先行することなど、重要な論点を拾い上げることができる。当日は時間の都合もあって、これらの論点を十分に深めることができなかった。事前の準備不足と拙い司会ぶりを、発表者の方々と会場を埋め尽くして熱心に聞いてくださった参加者の皆さんにお詫び申し上げげたい。

研究発表された皆さんは、それぞれの職場の第一線で活躍されている方々である。本書の刊行にあたって、非常に多忙な時間を縫って原稿の作成と校正をしていただいたことに、ここに改めて感謝申し上げる次第である。また、日本考古学協会滋賀大会に会場を提供し、さまざまなご支援をたまわった滋賀県立大学と、本大会の実行委員長を引き受けられた前滋賀県立大学学長西川幸治先生、大会開催のためにご尽力いただいた小笠原好彦、菅谷文則、高橋美久二のお三方をはじめ、実行委員会を構成した地元の研究者、行政の文化財担当者、学生諸君にも心からお礼を申し上げたい。こうした方々のご努力がなければ、本書をこのような形で刊行することはできなかっただろう。また、編集の遅れを辛抱強く催促して本書を刊行してくださったサンライズ出版の岩根治美さんにも、心からお礼申し上げたい。

二〇〇六年一月三一日

広瀬　和雄

■編者（討論司会）略歴

広瀬　和雄（ひろせ　かずお）
1947年生まれ　同志社大学商学部卒業（文学博士）
国立歴史民俗博物館教授
著書：『縄文から弥生への新歴史像』（1997角川書店）
『日本古代史－都市と神殿の誕生』（1997新人物往来社）
『前方後円墳国家』（2003角川書店）
『古墳時代の政治構造』（共著，2004青木書店）

伊庭　功（いば　いさお）
1962年生まれ　立命館大学文学部卒業
滋賀県安土城郭調査研究所主査
著書：「粟津湖底遺跡から見た縄文時代の生業と環境」（『国立歴史民俗博物館研究報告』第81集1999）
「縄文時代に栽培はあったか」（『近江の考古と歴史』真陽社　2001）
「近江南部の中期弥生土器」（『古代文化』55-5　2002）

■執筆者

近藤　　広（財団法人栗東市文化体育振興事業団）
濵田　竜彦（鳥取県教育委員会）
七田　忠昭（佐賀県教育委員会）
鈴木　敏則（浜松市博物館）
大久保徹也（徳島文理大学文学部）
森岡　秀人（芦屋市教育委員会）
久住　猛雄（福岡市教育委員会）
辰巳　和弘（同志社大学）

日本考古学協会2003年度滋賀大会シンポジウム1
弥生の大型建物とその展開

2006年4月30日　初版　第1刷発行

編　集　　広瀬和雄・伊庭功
版　権　　©日本考古学協会
発行者　　岩根順子
発行所　　サンライズ出版株式会社
〒522－0004
滋賀県彦根市鳥居本町655－1
TEL　0749－22－0627
FAX　0749－23－7720

ISBN4-88325-293-0 C3021
印刷・製本　サンライズ出版㈱
定価はカバーに表示しています